汽车域控制器

AUTOSAR 平台开发与搭建

谭杨　张聪　陶思思　等编著

化学工业出版社

·北京·

内 容 简 介

本书详细介绍了AUTOSAR在工程应用中从设计到落地的实践过程，共分6章。首先探讨了车载计算的软件架构在AUTOSAR领域的演进发展；之后以AUTOSAR软件的灵活部署与快速迭代为线索，通过AUTOSAR软件簇按系统、通信、应用软件簇的功能分组设计思路，辅以TDA4 SoC芯片的示例开发，全面展示了基于AUTOSAR软件栈搭建异构软件平台的过程以及软件栈集成诸多问题的应对方法。本书从工程实践出发，以通俗易懂的语言和工程开发图解示例揭示了AUTOSAR软件栈配置与集成的具体实施过程。

本书可作为汽车电子相关专业高年级本科生和研究生的参考书，也可作为汽车电子行业软件工程师学习参考资料。

图书在版编目（CIP）数据

汽车域控制器AUTOSAR平台开发与搭建 / 谭杨等编著. 北京：化学工业出版社，2024. 8. -- ISBN 978-7-122-45897-1

I. U463.6

中国国家版本馆CIP数据核字第2024FJ5347号

责任编辑：陈景薇 辛 田　　　　　　　文字编辑：冯国庆
责任校对：李雨函　　　　　　　　　　　装帧设计：王晓宇

出版发行：化学工业出版社
　　　　（北京市东城区青年湖南街13号　邮政编码100011）
印　　刷：北京云浩印刷有限责任公司
装　　订：三河市振勇印装有限公司
787mm×1092mm　1/16　印张15　字数390千字
2024年10月北京第1版第1次印刷

购书咨询：010-64518888　　　　　　　售后服务：010-64518899
网　　址：http://www.cip.com.cn
凡购买本书，如有缺损质量问题，本社销售中心负责调换。

定　价：98.00元　　　　　　　　　　　　　　　版权所有　违者必究

前言 Preface

随着汽车新能源化与智能化的逐步推进以及芯片技术的强势崛起，整车电子电气架构的发展日新月异，由此衍生出的功能域架构、区域架构、整车计算平台等一系列软件平台也将这一架构的变革推向了高潮。2020年11月，国务院颁布《智能网联汽车技术路线图2.0》，对智能网联汽车的发展路线、愿景和战略目标做出了规划。

AUTOSAR作为行业普遍使用的软件标准，它也在一定程度上扮演着这一波技术变革浪潮的坚定支持者与推手。技术变革所带来的诸如系统定义的冲突、软件早期验证的挑战、开发模式与流程的变化、开发效率的提高等诸多挑战，无一例外作用到了软件开发人员以及他们参与的AUTOSAR软件开发活动中。

本书中，笔者从多年AUTOSAR工程应用经验与研究实践出发，结合AUTOSAR技术的发展以及汽车行业软件开发活动的组织、过程，以典型的域控制器的开发为线索，详细介绍了经典AUTOSAR在工程应用中从设计到落地的实践过程。

本书所列举的设计过程以及图解均以ETAS经典AUTOSAR系统解决方案RTA-CAR为基础，结合RTA-CAR软件集成包在主流的域控制器硬件平台上的搭建，旨在为读者使用AUTOSAR软件平台持续开发与持续集成提供一些参考。

本书共分为6章。

第1章展望了下一代车载计算的软件架构。第2章介绍了AUTOSAR为新一代软件架构提供的技术支撑，也是域控制器软件开发中经常面临且需要考虑和解决的问题，诸如多软件分区设计、多功能簇状态管理与调度、多功能簇数据交互与同步、通信簇快速启动等。第3~5章以RTA-CAR软件集成包为基础，介绍了域控制器AUTOSAR软件平台典型的基础软件服务功能的配置与模块间集成，也介绍了软件平台的开发与搭建，重点为帮助AUTOSAR用户应用RTA-CAR来解决第2章的技术要点。同时着眼于用户需求快速迭代与持续开发，介绍了一定的自动化开发方法与工具。第6章以异构核架构TDA4芯片为例，详细介绍了域控制器AUTOSAR软件的代码集成重点和难点，以及从启动加载到软件运行，最后到下电的过程。

本书主要由谭杨、张聪、陶思思、王琦珑撰写。

阅读本书时，需要读者对AUTOSAR方法论有比较全面的了解，并且具有一定程度的经典AUTOSAR的设计与开发工具的使用以及项目经验。同时，鉴于笔者受工程应用的知识面以及技术面的约束，文中所述内容难免存在纰漏，期待行业专家斧正。

编著者

目录 Contents

第1章 AUTOSAR 应对下一代车载计算的软件架构 1

1.1 功能簇与软件簇 / 1
1.2 AUTOSAR Composition / 2
1.3 软件簇之间的通信 / 3
    1.3.1 软件簇通信时效性 / 3
    1.3.2 软件簇通信可靠性 / 5
1.4 软件簇的存储分配 / 5
1.5 基于 Soc 的软件簇示例 / 6
    1.5.1 面向功能域的多域融合架构 / 6
    1.5.2 面向整车计算的架构 / 7
1.6 要点回顾 / 8

第2章 AUTOSAR 技术架构 9

2.1 网络描述的持续迭代开发 / 10
    2.1.1 BIP 的 AUTOSAR 网络描述 / 10
    2.1.2 BIP 的 AUTOSAR 诊断描述 / 11
    2.1.3 CAN 网络描述的持续迭代配置 / 11
    2.1.4 以太网网络描述的持续迭代配置 / 14
2.2 AUTOSAR 系统的快速部署 / 19
    2.2.1 定制 EcuC 通信参数的配置 / 19
    2.2.2 通过 AUTOSAR 信号映射生成 EcuC ComSignal 的通知 / 20
2.3 AUTOSAR SOME/IP / 20
    2.3.1 什么是 SOME/IP / 21
    2.3.2 SOME/IP 系统描述 / 23
2.4 AUTOSAR 多软件分区 Partition 实现 / 28
    2.4.1 软件分区与软件簇 / 28
    2.4.2 软件分区与 OS Application / 29
    2.4.3 要点回顾 / 31

2.5 Cluster 簇模式管理 / 32
    2.5.1 软件簇模式定义与模式管理 / 32
    2.5.2 通信簇 Cluster 快速启动 / 33

2.6 多软件簇调度 / 36
    2.6.1 AUTOSAR 单调度表显示同步调度 / 36
    2.6.2 AUTOSAR 多调度表按软件分区调度 / 37
    2.6.3 AUTOSAR 调度表配置流程 / 39

2.7 软件簇 Cluster 数据同步 / 41
    2.7.1 基于 AUTOSAR IOC 的软件分区数据通信 / 41
    2.7.2 Sender-Receiver 接口类型的 AUTOSAR IOC / 42
    2.7.3 Client-Server 接口类型的 AUTOSAR IOC / 42

2.8 基于 Cobra-BIP 持续开发与部署 / 43

2.9 AUTOSAR BSW 拆分式配置 / 46
    2.9.1 更改 BIP 的基础软件配置 / 46
    2.9.2 添加新的 BSW 模块配置 / 47

2.10 要点回顾 / 48

3.1 看门狗管理 / 49
    3.1.1 概念 / 49
    3.1.2 BSW 配置 / 51
    3.1.3 Alive 监控 / 60
    3.1.4 Deadline 监控 / 61
    3.1.5 Logical 程序流监控 / 62
    3.1.6 Watchdog Device——片内看门狗 / 64
    3.1.7 基于 ISOLAR 的 Cobra-MCAL 生成 / 68
    3.1.8 Watchdog Device——外部看门狗 / 73
    3.1.9 WdgM 的 RTE 服务应用 / 78

第 3 章
基于 TDA4VM BIP 的 SysCluster 系统软件簇
49

3.2 非易失性数据管理 / 82

    3.2.1 概念 / 82

    3.2.2 基础存储元素 / 84

    3.2.3 存储操作 / 87

    3.2.4 存储栈的配置与生成 / 88

3.3 使用 Cobra-BIP 的系统服务 / 96

    3.3.1 模式应用 / 96

    3.3.2 非易失性数据应用 / 99

    3.3.3 监控软件执行 / 101

3.4 TDA4VM 的系统软件簇 / 104

    3.4.1 跨域系统软件簇间通信 / 104

    3.4.2 计算域的系统软件簇运行 / 105

3.5 系统软件簇 BSW 集成 / 107

    3.5.1 BSW 平台集成 / 107

    3.5.2 Det 集成 / 107

    3.5.3 EcuM 集成 / 107

    3.5.4 BswM 集成 / 110

    3.5.5 Nv 栈集成 / 110

    3.5.6 WdgM 集成 / 112

    3.5.7 Diag 栈集成 / 113

    3.5.8 RTE 集成 / 114

    3.5.9 OS 适配新的目标处理器 / 115

    3.5.10 生成 BSW 代码 / 115

3.6 生成 MCAL 代码 / 116

    3.6.1 安装并运行 Cobra McalImporter / 116

    3.6.2 安装并运行 Cobra McalGen / 117

3.7 要点回顾 / 119

第 4 章 基于 TDA4VM BIP 的 ComCluster 通信软件簇

4.1 AUTOSAR Com IPdu 通信 / 121
 4.1.1 Cobra-BIP 信号接口的自动更新 / 121
 4.1.2 发送方向 ComSignal 通知 / 125
 4.1.3 接收方向 ComSignal 通知 / 128
 4.1.4 ComIPdu 发送模式选择 / 132
 4.1.5 IPdu 收发通知实现报文有效性检查 / 133
 4.1.6 PDU 的带宽优化发送 / 136

4.2 CAN 通信 / 138
 4.2.1 CAN 配置自动推送 / 139
 4.2.2 MCAL 的配置生成 / 140
 4.2.3 CAN 总线关闭 / 144

4.3 AUTOSAR CAN 网络管理 / 146
 4.3.1 CanNM 的超时参数 / 148
 4.3.2 CanNM 报文数据 / 149
 4.3.3 部分网络 / 150

4.4 Gateway 网关路由 / 155
 4.4.1 路由的主要功能与原理 / 155
 4.4.2 路由性能 / 157
 4.4.3 AUTOSAR 信号路由 / 158
 4.4.4 AUTOSAR PDU 路由 / 161
 4.4.5 AUTOSAR Tp 路由 / 169

4.5 以太网配置 / 172
 4.5.1 基于 TDA4 的以太网应用 / 174
 4.5.2 SOME/IP 的服务调用 / 180
 4.5.3 以太网的报文格式与内容解析 / 182

4.6 通信软件簇 BSW 集成 / 188
 4.6.1 EcuC PDU 集成 / 188
 4.6.2 Com-BswM 集成 / 188
 4.6.3 CanSM-Dem 集成 / 190
 4.6.4 ComM-Dcm 集成 / 190
 4.6.5 Can-MCAL 集成 / 191

4.7 要点回顾 / 192

第 5 章
基于 TDA4VM BIP 的 AppCluster 应用软件簇
193

5.1 用户应用的部署 / 193
    5.1.1 提取 ECU / 196
    5.1.2 用户应用的分区分配 / 196
    5.1.3 用户应用的任务调度分配 / 197
    5.1.4 生成任务调度 OS 与应用的 AUTOSAR 接口代码 / 197

5.2 测量与标定 / 198

5.3 基于 Cobra-BIP 描述测量标定 / 202
    5.3.1 创建 AUTOSAR 测量量 / 202
    5.3.2 创建 AUTOSAR 标定量 / 205
    5.3.3 使用 AUTOSAR MCSD 生成 A2L 文件 / 214

5.4 要点回顾 / 215

第 6 章
AUTOSAR 软件持续集成
216

6.1 TDA4 异构核运行环境 / 216
    6.1.1 TDA4 实时安全域的启动 / 216
    6.1.2 TDA4 计算域的启动 / 217
    6.1.3 异构核的域间通信 / 219
    6.1.4 域间通信 Mailbox 与 DirectIpc 配置 / 220
    6.1.5 域间通信 Mailbox 与 DirectIpc 生成 / 222

6.2 BSW 与 MCAL 代码集成 / 225
    6.2.1 EcuM-MCU / 225
    6.2.2 CanIf-CAN / 226
    6.2.3 Wdg-MCAL / 226
    6.2.4 Fee-Fls / 226

6.3 BSW 与非 MCAL 代码集成 / 227
    6.3.1 目标时钟 / 227
    6.3.2 EcuM 上下电 / 227

6.4 Memory 存储分配 / 228
    6.4.1 AUTOSAR 的 Memory 抽象化 / 228
    6.4.2 Memory 存储分配的持续集成 / 229
    6.4.3 安装并运行 Cobra MemMap / 229

6.5 编译环境适配 / 231
    6.5.1 更改编译选项 / 231
    6.5.2 添加编译代码 / 231
    6.5.3 适配新的目标处理器 / 231
    6.5.4 适配新的编译器 / 231

6.6 要点回顾 / 232

第1章　AUTOSAR应对下一代车载计算的软件架构

随着车辆智能化与互联化要求的不断演进，越来越多的上下游方案设计影响并参与到整车功能从定义、分解、设计开发到部署的过程中。车载软件架构的设计过程（图1-1）越来越要求面向功能域、区域以及整车计算的角度去分层、分区域设计，并考虑运行期间功能的升级与软件的更新，从而达到功能应用的分布式开发以及开发的独立性与敏捷性。

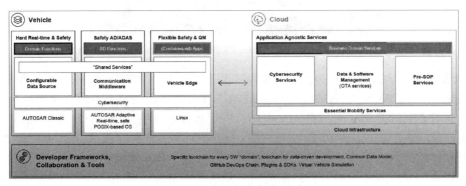

图1-1　车载软件架构设计

AUTOSAR作为这一时期流行的软件架构，随着规范的不断迭代更新，也推出了适应下一代车载计算软件架构的方法——功能簇。

1.1　功能簇与软件簇

功能簇是一系列为了实现一类目的相近的功能的集合。该集合的定义可以收放，但须考虑功能内聚，从而适应在整车软件架构中的灵活部署与更新升级。

因此功能架构设计人员往往根据功能的应用场景、信号与逻辑关系来进行功能设计，并根据不同应用功能的内聚强度进一步将其"软件簇"化。AUTOSAR通过composition设计过程来完成无论是经典AUTOSAR还是自适应AUTOSAR的"功能簇"设计环节。

在AUTOSAR方法论中，整车拓扑分为整车网络、ECU控制器、微控制器和微处理器、machine（机器）。每个ECU往往有多个微控制器或者微处理器核，而每个微控制器都是提供一系列诸如计算、中断、定时、存储等硬件资源的machine。

无论是否采用微控制器级的hypervisor（例如RTA-HVR），每个machine都提供一组硬件资源来运行一个经典AUTOSAR软件实体，也就是软件簇。如图1-2所示，定义了两个软件簇，即Host Software Cluster与Applicative Software Cluster。

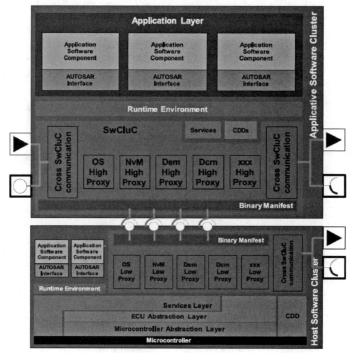

图 1-2　Host Software Cluster 与 Applicative Software Cluster

Host 软件簇包含经典 AUTOSAR 的大多数基础软件（BSW）服务层、操作系统、微控制器抽象层（MCAL），它负责 machine 的动态行为管理，例如上下电、睡眠唤醒、中断、调度等。同时它通过基础软件的 Proxy 模块为应用软件簇提供基础软件服务调用。

应用软件簇主要实现应用功能以及与应用功能强耦合的基础软件（BSW）组件，而其他的基础软件组件由应用软件簇的 Proxy 模块封装并从 host 软件簇来获取相应的服务。它的调度形式主要是时间驱动的调度以及应用级别的服务事件，它不响应也不处理中断。

可见，"软件簇"把经典 AUTOSAR 架构的软件分割成了独立的部分。每一个软件簇都是一个可以单独编译和部署的软件栈。它们在一个大型 SoC 的软件架构中都可以是一个单独的 image 或者 bin 文件。

而如图 1-2 所示的软件簇架构中，软件架构设计人员往往会仔细考虑并设计软件簇本身的 build 方式，以及软件簇与软件簇之间的通信方式。前者在本书的第 6 章会以 Basic Integration Package(BIP) 为例加以展开讲解，而后者往往由 AUTOSAR 功能架构设计工具（例如 ISOLAR-A）加以辅助，从 composition 设计阶段的设计（ISOLAR-A）、微控制器或者微处理器核或者 machine 阶段的 deployment 部署（ECU Extract），到 machine 阶段的配置实现（ISOLAR-B）。

1.2　AUTOSAR Composition

AUTOSAR Composition 作为软件簇设计工具（图 1-3），提供了原子软件组件（SW-C）的封装。

- 每一个封装 composition 都是一个软件簇，它对外提供类似 SW-C 一样的设计元素（通过 port 引用不同类型 interface 与 composition 外部功能进行通信）。
- 不同的软件簇应用 composition 的 hirarchical 分层方法有机地连接起来，构成更为庞大的软件集合。

- 软件簇之间 Port Interface 构成了簇与簇之间的 VFB 通信。
- 软件簇内部原子组件 SWC-C 通过簇内 Port Interface 相互连接构成簇内部 VFB 通信。

通过 composition 来封装软件簇的设计原则之一"低耦合",即在一个系统设计中,每一个软件簇应尽可能少地使用或者不使用其他软件簇提供的信息,也就是说封装后的 composition 之间的接口(interface)数量应该远远小于原子软件组件(SW-C)之间的接口(interface)数量。根据一般工程经验,应保证:

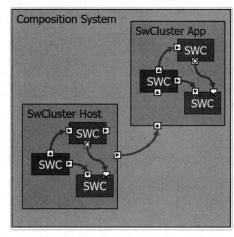

图 1-3　AUTOSAR Composition

- composition interface 数量不超过 SW-C interface 数量的 1/10;
- composition interface 的意义应尽可能地在设计和部署阶段稳定不变。

1.3　软件簇之间的通信

对于在 composition 设计阶段的无数软件簇而言,它们不同的部署方式往往会借助不同的配置和通信组件来实现。

一般来说,根据部署方式的不同,软件簇之间的通信方式会不同,见表 1-1。

表 1-1　软件簇之间的通信方式

软件簇通信设计	软件簇通信场景	软件簇部署	软件簇通信实现
AUTOSAR VFB	软件簇内部交互	同一个 machine	AUTOSAR RTE
	软件簇与软件簇的交互	同一个 machine	AUTOSAR IOC
		machine 与 machine 的交互	VDE
		微控制器核或者微处理器核之间的交互	Ipc
		ECU 与 ECU 之间的交互	网络 I-Signal 通信,SOME/IP 通信,SOME/IP-SD 通信,DDS 通信

软件簇可以说是自经典 AUTOSAR 发展多年以来的一大更新,而软件簇的部署对象也从 ECU 进一步抽象成了 machine。这为随之而来的 Soc 级别的多核通信、Soc 实时域与运算域的域间通信以及基于 hypervisor 的域间通信提供了方法化的工具。

然而对于软件设计而言,"简单即可靠"的原则仍然适用于基于软件簇的部署。本书 2.3 节将进一步讨论如何通过软件分区 partition 来实现软件簇的部署。

1.3.1　软件簇通信时效性

软件设计人员在设计基于软件簇的架构时,另一个设计因素是簇与簇之间的通信时效性,即原子软件组件(SW-C)与其 peer-to-peer 对端的原子软件组件(SW-C)信息交互的时延。

根据一般工程经验,不同部署形式的簇间通信时延小到微秒级,大到百毫秒级。软件设计人员应考虑原子软件组件(SW-C)的信号与服务的时延要求进行簇的部署设计,见表 1-2。

表 1-2　簇的部署设计

软件簇通信场景	软件簇部署	软件簇通信实现	通信时延
软件簇内部交互	同一个 machine	AUTOSAR RTE	微秒级
软件簇与软件簇的交互	同一个 machine	AUTOSAR IOC	微秒级至百微秒级
	machine 与 machine 的交互	VDE	毫秒级至十毫秒级
	微控制器核或者微处理器核之间交互	Ipc	微秒级至百微秒级
	ECU 与 ECU 之间的交互	网络 I-Signal 通信或者 SOME/IP-SD 通信	毫秒级至百毫秒级

根据一般工程经验，软件设计人员设计软件簇间通信时可采用"松"时间耦合原则。
- 避免簇间通信的时间顺序（数据流）强依赖。
- 避免簇间使用同步接口，例如 Synchronized Client-Server Interface。
- 避免簇间通信的执行顺序（控制流）强依赖。

而簇设计阶段无法回避的簇间依赖可以采用以下手段来保证。

① 在更早期的原子软件组件（SW-C）设计阶段进一步优化和解耦。

例如，原子软件组件（SW-C）B 的计算输出可能因为原子软件组件（SW-C）A 输入的第 N 个值或第 $N-1$ 个值的不同而造成影响，甚至使得原子软件组件（SW-C）B 输出完全不可接受的结果。

通过逻辑执行时间（logical execution time，LET）把具体的簇间依赖抽象化，可以帮助设计稳定的软件行为。LET 把总体的调度分解为逻辑执行时间片（LET frames）。每个 LET frame 从它的 release point 开始，到它的 termination point 结束。每个 LET frame 内的软件簇通信的发送方总是在它的 LET frame 结束前发送，而接收方总是在它的 LET frame 开始时接收。

如图 1-4 中的两个软件簇的 runnable Rp 与 Rr 的数据流，Rp 与 Rr 所在的软件簇分别运行于 Core1 和 Core2 的两个 Task 中。场景 1 第 N 个 LET 中，Rp 晚于 Rr，导致 Rr 使用 Rp 第 $N-1$ 个数值。场景 2 第 N 个 LET 中，Rp 早于 Rr，导致 Rr，使用 Rp 第 N 个数值。这样按照期望的数据流要求，可以优化原子软件组件（SW-C）的数据流。

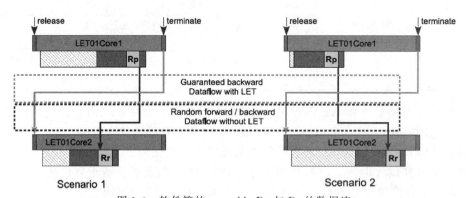

图 1-4　软件簇的 runnable Rp 与 Rr 的数据流

② 在软件簇的调度设计上保证 "freedom from unintended side effect[①]"。

[①] 软件簇设计的 freedom from unintended side effect 不同于 ISO 26262 的安全目标 freedom form interference（FFI）。FFI 是对共存于同一 machine 的不同安全等级的软件设计免于相互干扰并采用安全机制，在产生干扰时采取安全措施，免于失效。

AUTOSAR OS 在多软件簇的调度中无法完全确保"freedom from unintended side effect"。在基于优先级的调度中,一个在运行的软件任务可能会占用比预期更多的但也是被允许的计算时间,从而影响与其优先级相同或更低的软件任务的运行时刻。因此,在多软件簇设计的早期应进行总体的调度设计,计算出任务调度的时间预算 TB❶,并在软件簇持续集成和测试阶段加以监控和评估,以保证簇间依赖得以遵从。

③ 通过明晰的软件簇集成和测试约束加以充分验证。

随着软件簇的持续集成,OS 任务的运行时间以及任务内的 runnable 运行时刻随之变化。这对有簇间通信依赖的软件运行行为会带来危害。

本书 6.4 节将以 BIP 的时间监控模块 Rtm 为例介绍如何监控软件簇的运行时间。

1.3.2 软件簇通信可靠性

经典 AUTOSAR 架构要求 ECU 内部通信所占用和消耗的 RAM 空间要足够安全可靠。因此同一个 machine 上的软件簇之间的交互才足够安全可靠。

软件设计人员在设计基于软件簇的架构时,同时要考虑 machine 内部通信的数据完整性。一般可以通过选用足够可靠并且带有 ECC RAM 的硬件,同时采用经典 AUTOSAR 的 partition 方法,每个软件簇分配为同一个 partition 来对不同的软件簇进行分区管理。

当安全性要求足够高的时候,也需要在经典 AUTOSAR 架构的 partition 方法的基础上增加空间隔离(存储保护机制❷)和时间隔离(时间保护机制❷)。

根据一般工程经验,部署到一个 machine 上的软件簇数量一般为 2~20 个。然而随着部署在同一 machine 的软件簇增加,所需要的 partition 数量以及 partition 的存储空间分段也越来越多❸。这可能会带来过多的 machine 资源开销,增加系统调度和响应时延,因此需要在系统设计和优化阶段加以关注。

1.4 软件簇的存储分配

通常,微控制器和微处理器都包含不同类型的存储空间(例如 RAM、FLASH 程序 ROM、FLASH 数据 ROM)。不同存储空间的不同存储区域也经常设计为不同的应用场景(例如某段 RAM 区域可能对不同的 core 有不同的访问速度)。

将一个完整的经典 AUTOSAR 栈拆分为不同的可单独编译的软件簇,不仅在设计阶段需要考虑软件簇功能性的"低耦合"、时效性的"松耦合",也需要考虑在部署阶段的存储空间大小以及存储空间地址的划分。

这往往会由设计人员根据 machine 的存储空间特点(例如 RAM、FLASH、访问速度、MPU 保护边界等)将存储空间分区为不同逻辑片段,用以存储不同软件簇 partition 分区的代码、配置数据、匹配数据、变量等。图 1-5 通过示例展示不同的逻辑存储空间是如何分配给不同软件簇存储的。

- 不同软件簇 QM 安全等级的变量共用 RAM 的 QM 变量区。
- 每个软件簇高安全等级的变量单独存储在 RAM 的 ASIL 变量区,并加以存储保护机制。

---

❶ time budget(TB):软件 entity 的实际最大运行时间应小于其在非抢占调度中的最小响应时间。
❷ 经典 AUTOSAR 的功能安全机制。
❸ 不考虑虚拟内存管理的系统。

- 不同软件簇 QM 安全等级的代码共用 FLASH 代码 ROM 的 QM 代码区。
- 每个软件簇高安全等级的代码单独存储在 FLASH 代码 ROM 的 ASIL 代码区，并加以存储保护机制。
- 不同软件簇"常量"共用 FLASH 数据 ROM 的常量数据区。
- 不同软件簇"匹配量"共用 FLASH 数据 ROM 的匹配数据区。

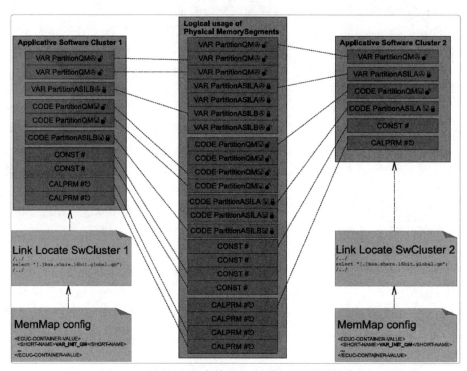

图 1-5　不同的逻辑存储空间分配给不同软件簇存储

AUTOSAR 的 Memory Mapping 提供了一套系统性的方法，帮助设计人员对存储空间加以分配和部署。本书 7.6 节会以 BIP 为例加以展开讲解。

1.5　基于 Soc 的软件簇示例

在基于大型 Soc 进行面向功能域、区域以及整车计算的软件簇设计中，德州仪器（TI）的 TDA4VM 因其较高的算力、多核（Cortex M、R、A 核，DSP 核等）、多域架构成为一款流行的域控平台。

基于软件簇的概念，在 TDA4 上则可以部署不同类型的示例架构。以 TDA4 的 Cortex R 核为例，可以部署以下应用架构。

1.5.1　面向功能域的多域融合架构

面向功能域的多域融合架构如图 1-6 所示。
- 适用于诸如 CCU（通信控制器）、中央网关、智驾域的多域融合应用。
- 多软件簇架构。
- 松耦合：每个域运行单独的安全车控操作系统，如 RTA-OS。

功能域架构的特点见表 1-3。

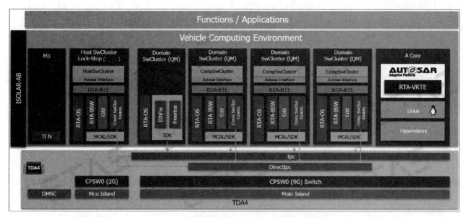

图 1-6 面向功能域的多域融合架构

表 1-3 功能域架构的特点

特点	MCU 域	Main 域
软件簇	Host 软件簇	域应用(多)软件簇
域应用	实时安全域(RTA-CAR)	智能驾驶域(RTA-CAR)
实时性	小于微秒级任务调度/中断响应	小于微秒级任务调度/中断响应
功能安全性	支持最高 ASIL-D	QM~ASIL-B
簇内交互	AUTOSAR RTE	AUTOSAR RTE
簇间交互	Ipc,DirectIpc	Ipc,DirectIpc
ECU 间交互	网络 I-Signal,SOME/IP-SD 通信	网络 I-Signal,SOME/IP-SD 通信

1.5.2 面向整车计算的架构

面向整车计算的架构如图 1-7 所示。
- 适用于诸如智驾域、车载计算应用。
- 大软件簇架构。
- 紧耦合：计算域运行一个安全车控操作系统，如 RTA-OS。

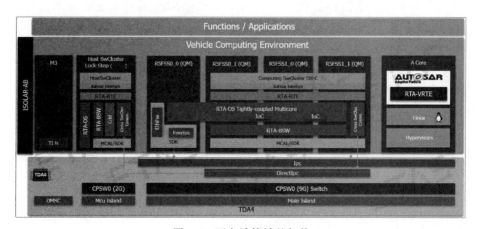

图 1-7 面向计算域的架构

当考虑计算域的功能安全应用时,Main 域可以部署锁步核架构的混合 ASIL 分区来实现功能安全 ASIL-B 的应用(图 1-8)。计算域架构的特点见表 1-4。

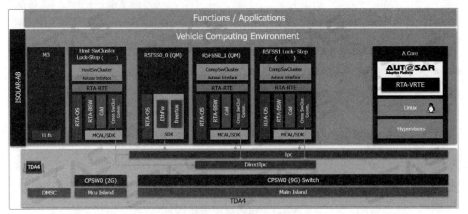

图 1-8 面向计算域的安全架构

表 1-4 计算域架构的特点

特点	MCU 域	Main 域
软件簇	Host 软件簇	计算应用(大)软件簇
域应用	实时安全域(RTA-CAR)	智能驾驶域(RTA-CAR)、计算域
实时性	小于微秒级任务调度/中断响应	小于微秒级任务调度/中断响应
功能安全性	支持最高 ASIL-D	QM~ASIL-B
簇内交互	AUTOSAR RTE	AUTOSAR RTE
计算域簇间交互	—	AUTOSAR IOC
簇间交互	Ipc,DirectIpc	Ipc,DirectIpc
ECU 间交互	网络 I-Signal,SOME/IP-SD 通信	网络 I-Signal,SOME/IP-SD 通信

1.6 要点回顾

借助"软件簇"的模块化开发方法,AUTOSAR 进一步降低簇与簇之间的耦合性,增强设计灵活性。从而在一个软件簇更新时,对系统其他簇的影响和变更频率尽可能地降到最低。

如果多核微控制器芯片、具有较强算力的异构 Soc 芯片就像是车载软件中间件的舞台,那么产业内新一代整车功能域架构、区域架构、整车计算架构等软件开发架构则是这一时期流行的剧本。而 AUTOSAR 作为诸多大剧的主要表演者,越来越需要发挥出它的灵活部署与快速迭代的优势。

第 2 章　AUTOSAR技术架构

　　AUTOSAR 技术架构的核心是能够支持基于 AUTOSAR 的双向工程开发。为了完成一个 ECU[①] 软件的开发，往往需要若干次迭代循环。AUTOSAR 技术架构应能支持系统的 A 样、B 样、C 样从功能逻辑架构→技术架构→测试验证的持续快速迭代（图 2-1）。

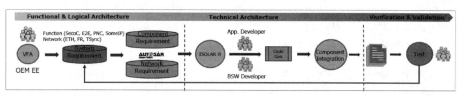

图 2-1　AUTOSAR 软件开发部署阶段

　　在这一迭代循环中，AUTOSAR Authoring Tool ISOLAR-A 完成软件簇、系统和网络描述的更新，并将更新内容提取（EcuExtract），ECU 配置工具 ISOLAR-B 完成基础软件相应的配置更新，并通过 RTA-CAR 代码生成器生成迭代更新的基础软件配置代码（图 2-2）。

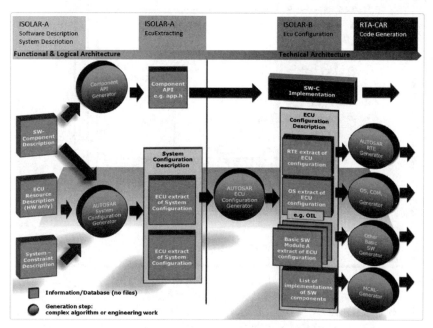

图 2-2　AUTOSAR 软件开发部署过程

---

① 本章描述中不区分 ECU 与 machine，统一以 ECU 来表述。

2.1 网络描述的持续迭代开发

BIP 提供 AUTOSAR 系统开发阶段网络描述和 AUTOSAR 诊断描述模板以及一套 Cobra 工具插件。通过使用这些模板和工具插件，ISOLAR-A 可以自动为用户部署网络通信和诊断配置到 ECU 配置工具 ISOLAR-B 中。

2.1.1 BIP 的 AUTOSAR 网络描述

BIP 软件集成包的网络描述包含一个或多个网络（例如 CAN 网络、Ethernet 网络、FlexRay 网络等取决于 BIP 的类型），以及通过一个或多个控制器（例如 CAN 控制器、Ethernet 控制器等取决于 BIP 的类型）与该网络相连接的一个 ECU 节点 ETAS。

与 OEM integration package（OIP）不同，BIP 软件集成包中提供的网络配置描述 arxml 文件与 ECU 节点配置描述 arxml 文件为用户描述了一个 AUTOSAR 规范化的 ECU 网络与诊断配置，使得用户可以基于这些配置方便地迭代网络配置需求。

例如，在图 2-3 的 BIP 中，包含一个网络 Can_Network_ETAS，以及通过一个控制器 ETAS_CAN 与该网络相连接的一个 ECU 节点 ETAS。

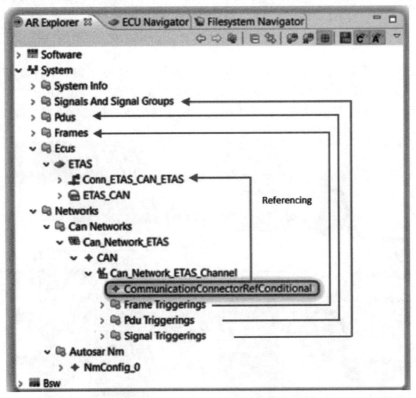

图 2-3 BIP 的 AUTOSAR 网络描述示例

网络描述、控制器以及 ECU 节点通过本书 2.2 节的配置和操作，一键导入 BIP DBC 文件夹"［ProjectRoot］\BSW\DBC"下的 DBC 样例。DBC 样例包含了四类 PDUs。

- ISignal IPdu：基于信号通信的交互层 PDUs。
- Dcm IPdu：诊断通信 PDU。

- General PurposeIPdu：测量标定 PDUs。
- NM PDU：AUTOSAR 网络管理 PDUs。

BIP 的 AUTOSAR 网络描述内容见图 2-4。

Network Cluster	Type of Network	Network	ECU Node	Type of Frame	Type of Pdu
AUTOSAR NM	CAN	Can_Network_ETAS	ETAS	CAN Frame	I-Signal IPdu Dcm IPdu General Purpose IPdu NM Pdu
	Ethernet	N.A.	N.A.	N.A.	N.A.
	FlexRay	N.A.	N.A.	N.A.	N.A.
	LIN	N.A.	N.A.	N.A.	N.A.

图 2-4　BIP 的 AUTOSAR 网络描述内容

2.1.2　BIP 的 AUTOSAR 诊断描述

AUTOSAR 自 4.2 版本的定义开始定义了系统级诊断数据库的描述规则（DEXT）。通过使用 DEXT，更有助于 OEM 与 Tiers 在 AUTOSAR 开发环境下交互诊断数据库的需求。

BIP 提供了一套 AUTOSAR Dext 诊断数据库范例（图 2-5），涵盖 Dem 诊断事件与 Dcm 诊断通信。通过使用该范例，参考 2.2 节的配置和操作，可以借助 ISOLARA-A 的自动部署功能自动配置到 ISOLAR-B 的 ECU 配置中，加快用户的配置和集成迭代时间。

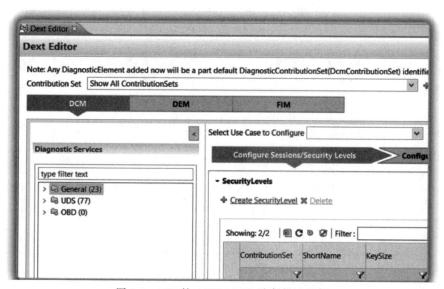

图 2-5　BIP 的 AUTOSAR 诊断描述示例

2.1.3　CAN 网络描述的持续迭代配置

BIP 包含与 RTA-CAR 版本相匹配的 ISOLAR 插件工具 Cobra_DBCImport。通过使用 Cobra，用户可以随着网络描述的更新迭代来更新基于 ISOLAR-A 的网络描述，如下所示。

- 根据增加的 DBCs 来增加新的网络 cluster。
- 增加/移除/改变报文 frames。
- 增加/移除/改变信号描述。

注意：每当用户的 ISOLAR-A 网络描述迭代更新后，都要使得更新的信号、报文、网络信息被完全部署到 ECU 配置和软件簇的 VFB 连接中，用户需要按照以下配置步骤操作。

根据 2.2 节的配置操作更新 ECU 的信号/PDUs/网络配置。

根据 3.5.10 小节的配置操作为更新后的信号/PDUs/网络生成 BSW 配置代码。如果用户的 ECU 名称、PDUs 发生改变，也请按照 4.6 节的配置操作更新 EcuC arxml 集成。

按照 4.1.1 小节的配置操作更新信号 Sender-Receiver Interface。

(1) 配置 Cobra_DBCImport 插件

① 输入。

Parameter.ini，DBC files。

② 输出。

系统描述文件。

③ 参数。

- ProjectPath：在软件导航窗口选中工程获得工程路径。
- ini：参数设置 ini 文件的名称。

④ 工作流程。

首先，编辑 [ProjectRoot]\BSW 路径下的 Parameter.ini 文件配置导入，如图 2-6 所示。高亮的参数是用户通常可以修改的参数，见表 2-1。

表 2-1　Cobra _ DBCImport 参数

属性	描述
ECUs	ECU 名称可以在 DBC_Parameters 中列出来，多个 ECU 名称之间用逗号隔开 提示：需要配置的 ECU 应作为目标 ECU 放在首位
DBC 文件	在 DBC_FileList_Parameters 部分，可以配置多个通道的 DBC 文件 提示：DBC 文件必须存放在工程路径下的 DBC 文件夹中 提示：格式为<NodeName>@<NetworkName>=<DBC_file1.dbc>,<DBC_file2.dbc>（如果一个网络有多个 DBC） 这里 NodeName 指系统描述中 ECU 的 CanCommunicationController
输出文件名	用户可以通过 Config_GenOutFileName 自定义输出文件名
波特率和 CAN 驱动设置	如果所有的网络和 CAN 驱动使用同样的参数值，用户仅需要配置 CanBaudrate_default 和 CanControllerConfiguration_default 段的参数 提示：如果网络支持 CAN FD，CANFD_Baudrate 这一行需要取消注释

将 Parameter.ini 文件和所有必要的 DBC 文件放在工程路径下，如图 2-7 所示。Parameter.ini 可以任意命名，但同时也要将 2.1.4 小节提到的参数 ini 进行更改。

(2) Cobra 的安装与运行

要安装 Cobra，用户可以通过工具栏中的 ISOLAR-AB｜Run｜External Tools｜External Tools Configuration，右键单击"Program"来添加新配置，如图 2-8 所示。

如图 2-9 所示，按照步骤①~④设置 Cobra_ImportDBC 工具环境并单击"Run"运行。

作为 Cobra_ImportDBC 的运行结果，控制台将生成系统描述文件到 BIP 配置根路径 [ProjectRoot] \ BSW 的信息打印成功，如图 2-10 所示。

```
Parameter.ini
 1  [Arxml_Packagepath]
 2  Config_BswArpackagePath = /ETAS_Project/EcucModuleConfigurationValuess
 3
 4  ;***
 5  [Project_Path]
 6  ParamDef_Path = /ecu_config/paramdefs
 7                              目标ECU
 8  ;***
 9  [DBC_Paramters]
10  Ecu_Config_Node = BDU,AC,ACU,AFS,APS,APTC,AVAS,BMS,DCDC,DSM,DVR,EAC,EPS,ESP,HU
11
12
13  ;*** (NodeName@NetworkName=DBC files)
14  [DBC_FileList_Paramters]
15  CANNODE_ADAS@Can_Network_0_ADAS =                                      .dbc
16  CANNODE_Body@Can_Network_1_Body =                                      .dbc
17  CANNODE_Diag@Can_Network_2_Diag =                                      .dbc
18  CANNODE_Info@Can_Network_3_Info =                                      .dbc
19  CANNODE_PT@Can_Network_4_PT =                                   .dbc
20  CANNODE_Tbox@Can_Network_5_Tbox =                                      .dbc
21
22
23
24  [ImportDbcConfigParameters]
25  Config_GenOutFileName = DBC_ImportGenOut.arxml
26  ; Recommend AppendFrameNameToSignalName to be True
27  Config_AppendFrameNameToSignalName = True
28  Config_EnableCompuMethodsConvert = True
29  Config_DIAG = True
30  Config_NM = True
31  Config_XCP = True
32
33  ;***
34  [CanBaudrate_default]
35  # Baudrate in kbps
36  CAN_BaudRate = 500
37  ;CANFD_BaudRate = 2000  如果网络支持CAN FD，则取消这一行注释
38
39  ;[CanControllerConfiguration_<Node Name>]
40  [CanControllerConfiguration_default]
41  CAN_TimeSyn_PropSeg = 0
42  CAN_TimeSyn_Sjw = 0
43  CAN_TimeSyn_Tseg1 = 10
44  CAN_TimeSyn_Tseg2 = 0
45  CanControllerBaudRateConfigID = 1
46
47  CANFD_PaddingValues = 255
48  CANFD_TimeSyn_PropSeg = 0
49  CANFD_TimeSyn_Sjw = 0
50  CANFD_TimeSyn_Tseg1 = 10
51  CANFD_TimeSyn_Tseg2 = 0
52  CANFD_TrcvDelaycompensationOffset =
53  CANFD_TxBitRateSwitch = false
54
55  CanBusoffProcessing = POLLING
56  CanRxProcessing = POLLING
57  CanTxProcessing = POLLING
58  CanWakeupProcessing = POLLING
59  BaseAddress = 0
60  CanWakeupSupport = false
61
```

图 2-6 Cobra Parameter.ini 文件配置导入

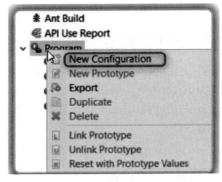

图 2-7 Cobra DBC 导入的文件结构　　　图 2-8 安装 Cobra_ImportDBC 插件

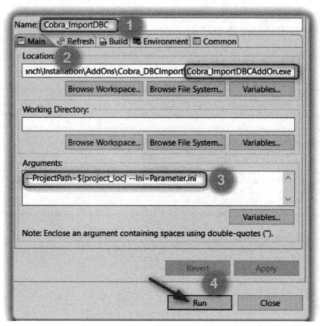

图 2-9 安装 Cobra_ImportDBC 插件

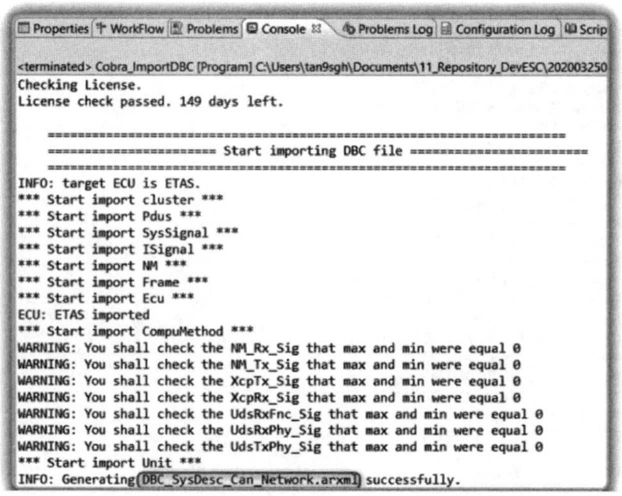

图 2-10 Cobra_ImportDBC 生成

2.1.4 以太网网络描述的持续迭代配置

BIP 包含与 RTA-CAR 版本相匹配的 ISOLAR 插件工具 Cobra_EthSysDesc。通过使用 Cobra，用户可以在 excel 简单直观的界面下输入自己需要配置的网络、MAC、IP、Socket 套接字等参数。然后由 Cobra 自动为用户创建以太网网络描述，并自动生成 AUTOSAR 以太网栈的配置。

第一步：在以太网描述模板 [ProjectRoot]\Ethernet_Config_Template.xlsx 中配置以太网参数。

第二步：运行 Cobra_EthSysDesc。

例如，描述图 2-11 中的网络。

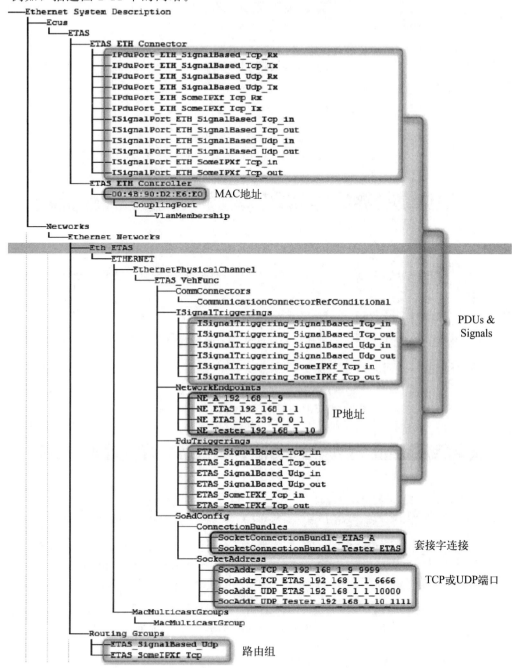

图 2-11　BIP 的 Cobra 以太网网络描述格式

（1）配置 Cobra_SysDesc 参数

用户在 Ethernet_Config_Template.xlsx 中填入以下信息。

① 给定 ECU 名称和 MAC 地址，如图 2-12 所示。

② 定义网络 Endpoint、IPV4 地址和子网掩码，如图 2-13 所示。

③ 定义 Socket 地址，Port 端口号，并将 PDUs 分配给对应的网络和 ECU，如图 2-14 所示。

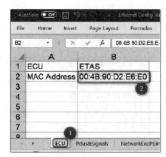

图 2-12 BIP 的 Cobra 以太网 MAC 地址设置

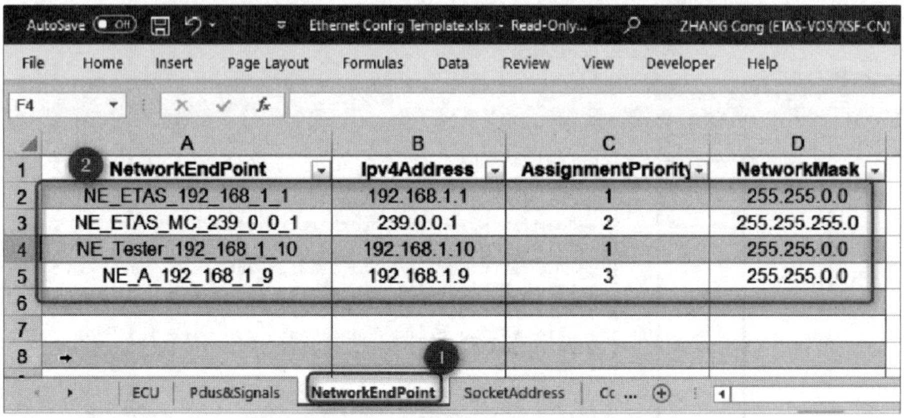

图 2-13 BIP 的 Cobra 以太网 IP 地址设置

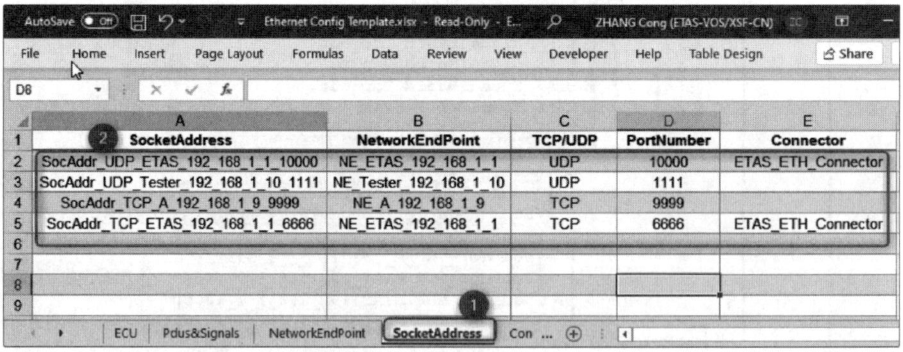

图 2-14 BIP 的 Cobra 以太网 Socket 与端口设置

④ 定义 Socket 链接,如图 2-15 所示。
⑤ 定义 Routing Groups,如图 2-16 所示。
⑥ 定义以太网信号/PDUs 名称以及长度、方向信息,如图 2-17 所示。
⑦ 定义服务 Service 和事件 Event ID(仅使用服务发现时需要)。

(2) Cobra 的安装与运行

要安装 Cobra,用户可以通过工具栏中的 ISOLAR-AB | Run | External Tools | External Tools Configuration,右键单击"Program"来添加新配置,如图 2-18 所示。

按照步骤①~④设置 Cobra_EthSysDesc 工具环境并单击"Run"运行,如图 2-19 所示。

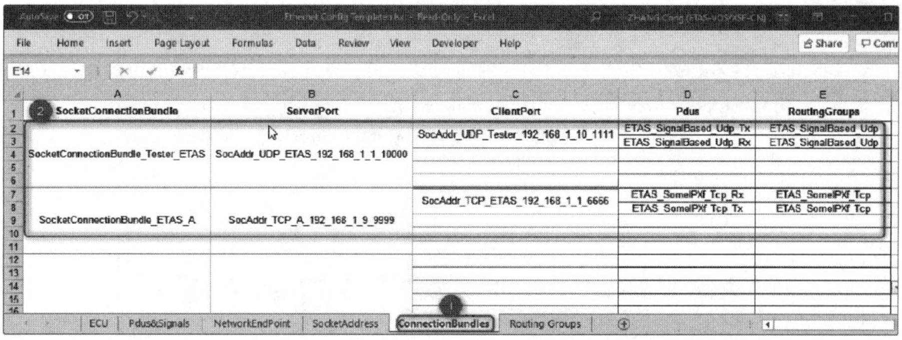

图 2-15　BIP 的 Cobra 以太网 Socket 链接设置

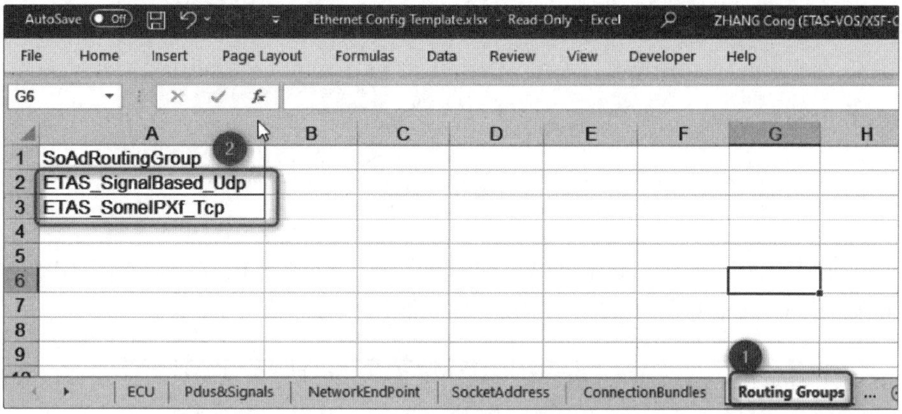

图 2-16　BIP 的 Cobra 以太网路由设置

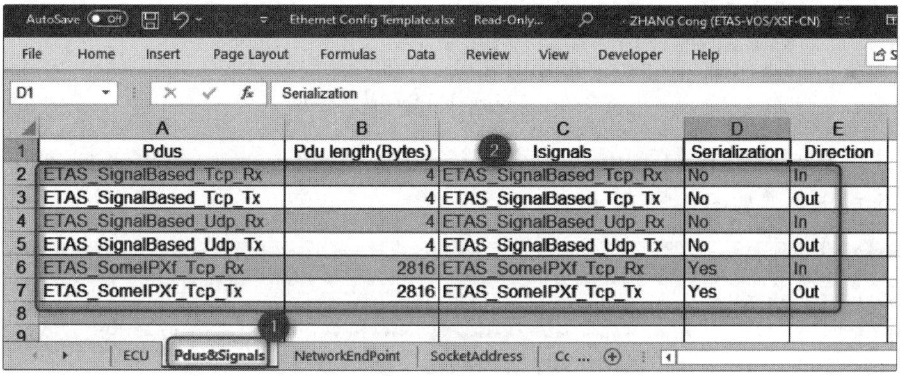

图 2-17　BIP 的 Cobra 以太网信号设置

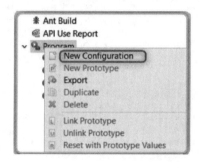

图 2-18　安装 Cobra EthSysDesc 以太网导入插件

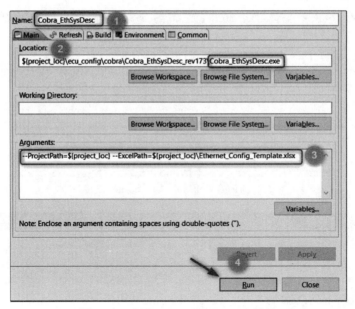

图 2-19 配置 Cobra_EthSysDesc 插件

作为 Cobra_EthSysDesc 的运行结果，控制台将生成系统描述文件到 BIP 配置根路径 [ProjectRoot]\BSW 的信息打印成功，如图 2-20 所示。

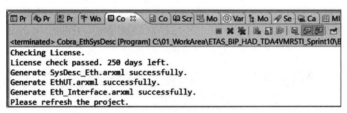

图 2-20 Cobra_EthSysDesc 生成

例如，在上面的示例配置中，一个包含 TCP 与 UDP 通信的以太网网络 ETAS_VehFunc 生成出来，如图 2-21 所示。

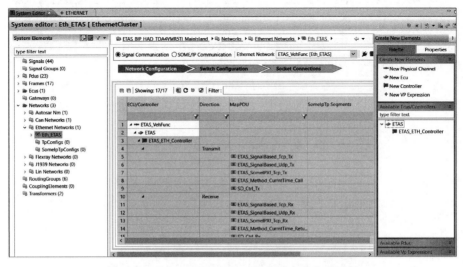

图 2-21 Cobra_EthSysDesc 以太网自动生成示例

2.2 AUTOSAR 系统的快速部署

将 ECU ETAS 参考系统和网络描述（网络、帧、信号等）部署到 ECU，用户应单击工具栏＜Generate ECU Configuration Wizard...＞，打开配置生成对话框，如图 2-22 所示。

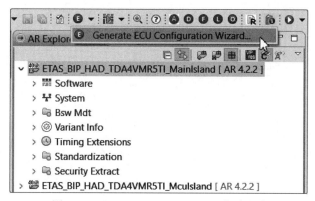

图 2-22　AUTOSAR EcucValue 自动生成

选择输出路径到［ProjectRoot］\BSW|ecu_config\bsw\gen 并勾选＜Generate separate file for each Module＞，点击＜OK＞开始生成配置 arxml 文件到输出路径，如图 2-23 中 ①～③所示。

信息：如果找不到"gen"文件夹，则需要手动创建。

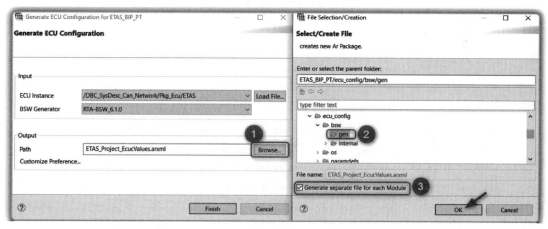

图 2-23　AUTOSAR EcucValue 自动生成配置

信息：控制台窗口将显示系统描述成功部署到 ISOLAR-B ECU Navigator 窗口中的 EcuC，如图 2-24 所示。

2.2.1　定制 EcuC 通信参数的配置

网络设计阶段（ISOLAR-A 系统）的 AUTOSAR 通信描述可能不包含在 ECU 设计（ISOLAR-B ECU Navigator）中需要完成的用于代码生成的所有信息，例如 ECU CAN 控制器和以太网控制器的物理参数。

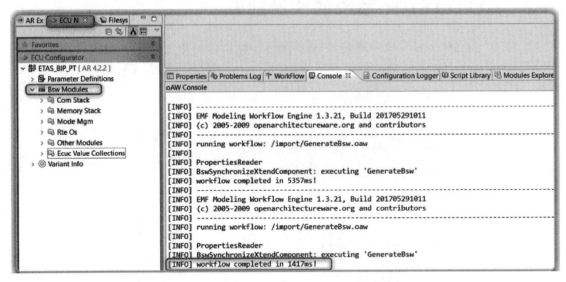

图 2-24　AUTOSAR EcucValue 自动生成结果

因此，用户往往需要在 ISOLAR-B ECU Navigator 中查看并手动完成网络设计阶段中缺少的其他的通信配置参数。

这需要全面了解 AUTOSAR BSW 标准和 RTA-CAR AUTOSAR 工具链功能。

提示：BIP 提供了一个属性文件［ProjectRoot］\BSW\ecu_config\bsw\settings\algo.properties，该文件允许用户自定义这些参数的值，用户可以根据项目需要调整这些参数。读者可以在 RTA-BSW_User_Guide_EN.pdf 第 3.5.2 小节中找到有关 algo.properties 语法的更多信息。

2.2.2　通过 AUTOSAR 信号映射生成 EcuC ComSignal 的通知

当系统描述中已经存在这些 SenderReceiverToSignalMappings 时，＜Generate ECU Configuration Wizard...＞将为 RX 信号生成额外的 Com 模块配置。
- ComNotification：接收到信号时调用的 RTE 通知函数名称。
- ComTimeoutNotification：信号接收超时时调用的 RTE 通知函数名称。

提示：使用系统中提供的 SystemDataMapping，BIP 将 AUTOSAR 系统（System）模块生成到与通信矩阵（PDU、信号等）相同的 arxml 文件中，以便＜Generate ECU Configuration Wizard...＞生成/Com/ComConfig/ComSignal/RX ComSignals 的 ComNotification。

用户在迭代过程中，当需要生成新的通信矩阵时，也需要注意把通信矩阵描述生成到与系统相同的 arxml 文件中。

2.3　AUTOSAR SOME/IP

作为一个从事汽车电子技术的开发人员，有人可能会问，为什么汽车技术发展这么多年都没有用以太网，偏偏近十年车载以太网开始逐渐商用了呢？21 世纪初，宝马公司决定从 2008 年起开始量产的汽车中引入一个中央网关 ECU，随着车内娱乐系统的普及以及不同功能系统的总线传输媒介的不同，该网关负责实现在车内不同的总线间进行数据路由，以及作为与外界诊断接口和程序刷新的接口。

因此车载以太网的引入可以解决高精度地图等大数据的存储、总线带宽的瓶颈、远程诊断、远程软件更新、大数据传输和车联网的使用场景。

与标准互联网不同，汽车以太网电缆有五种类型，即 100BASE-T1、1000BASE-T1、10BASE-T、100BASE-TX 和 1000BASE-T。与 CAN 总线、MOST 环形和 FlexRay 星形拓扑不同，以太网主干网基于交换拓扑，即点对点通信，如图 2-25 所示。

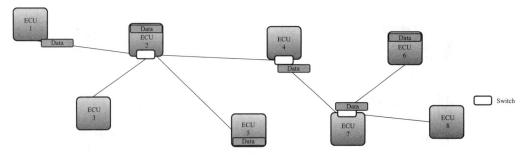

图 2-25　车载以太网拓扑

以太网不是一个新概念，它的应用场景基本上来自 IT 领域，所以车载以太网沿用并裁剪了原生的 OSI 七层参考模型，沿用了网络拓扑以及数据帧结构，网线种类略有不同（2pin 或者 4pin）。

参考 OSI 模型，从 AUTOSAR 的车载以太网应用前景来看，主要关注以太网（图 2-26）上的 DoIP、SOME/IP 和 XCP。

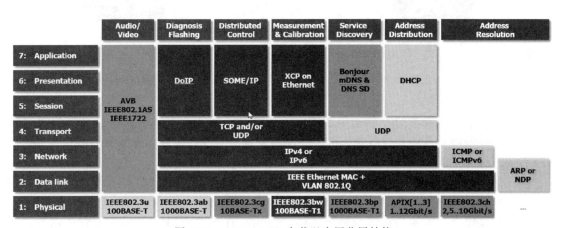

图 2-26　AUTOSAR 车载以太网分层结构

2.3.1　什么是 SOME/IP

SOME/IP 是 "scalable service-oriented middleware over IP" 的缩写，是 OSI 参考模型中的 5 层协议，将车载报文封装在 TCP/UDP 之上，来完成应用程序端到端的通信。

图 2-27 展示了 AUTOSAR SOME/IP 端到端的通信简要框架。
- 服务端提供了一个实现服务接口的服务实例。
- 客户端使用 SOME/IP 通信服务来使用服务实例。

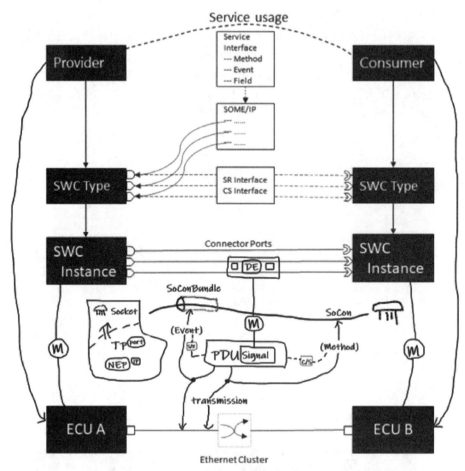

图 2-27 AUTOSAR SOME/IP-SD 端到端的通信简要框架

SOME/IP-SD 的出现使得汽车的功能不再是静态的，可以按需提供服务，灵活管理，适用不同的应用场景。

人们都相信随着技术的不断完善、迭代，基于服务的通信方式的优越性会慢慢体现出来。尤其是娱乐域、自动驾驶域越来越关注性能而非实时性，所以动态配置的需求体现得越来越明显。

实际上，SOME/IP 应是面向服务的，面向信号一点是没有意义的。此外，只有大数据通信（LdCom）才是合理的，因为在 SOME/IP 中，数据序列化（transformer）扮演着数据序列化和反序列化的角色，这与传统通信（Com）有很大不同。Com 关心数据内容，因为帧中的信号被预先定义为 DBC 或系统描述文件（arxml）中的布局。而在使用 SOME/IP 时，不用关心信号。

因此，可以简单地将以太网通信分为三种用例，即 Non-SOME/IP（无服务发现）、SOME/IP（无服务发现）和 SOME/IP-SD（具有服务发现）。

（1）Non-SOME/IP（无服务发现）
- LdCom 不是强制性的。如果使用 LdCom，则必须使用 transformer。
- transformer 未应用。就像通过以太网的信号传输，它只是基于信号的以太网通信。
- 如果使用 transformer，应用程序数据将由发送方序列化，并由接收方反序列化。发送方和接收方运行相同的序列化协议。这也是一种基于信号的通信,但有点复杂。

(2) SOME/IP(无服务发现)
- 需要 LdCom。
- 需要 transformer。
- 管理网络上的分布式服务。
- 以三种方式交换复杂数据类型的服务,即远程过程调用(RPC)、Event 通知事件和 Field 字段。

(3) SOME/IP-SD(具有服务发现)
- 通过 Offers 在网络中提供服务。
- 可以通过"查找"找到服务。
- 通过"订阅"管理事件组的使用。
- Method 调用(不需要订阅)。

由于 transformer 是用来定义数据结构的,所以在应用时必须为它定义 ADT/IDT/基类型/数据映射。

值得指出的是,尽管 SOME/IP 是基于服务的,可是我们也不必使用 SD 服务发现功能。就好像车辆中的通信,而不是 V2X,我们知道所有服务,我们知道所有节点都可以提供什么服务。

当然在 V2X 应用中需要 SD 服务发现。例如"我想知道 A 餐厅是否会在中午 12 点在上海营业,然后我可以询问。"

2.3.2 SOME/IP 系统描述

SOME/IP 的描述是围绕服务进行的,服务的方方面面如图 2-28 所示。

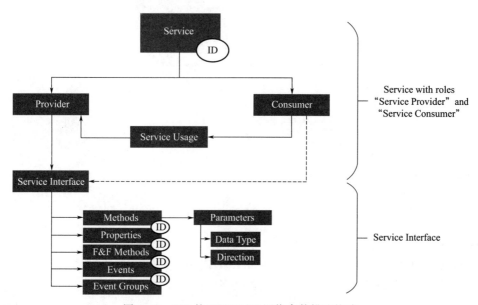

图 2-28 BIP 的 SOME/IP 网络参数描述格式

AUTOSAR 是一种自上而下的设计方法论,一切的开始都是先定义系统描述,即所谓的整车网络或者一个子网甚至一个 ECU 节点的网络。

描述一个面向服务的系统，需要以下 10 个步骤（以下通过举例子的方式讲述每个步骤定义了哪些内容，图片均来自 Vector PREEVision）。

（1）Service Definition 服务定义

比如在自动驾驶域里，系统架构师要给该域定义一个 Traffic Sign Recognition（识别交通指示牌）的服务，该服务要定义对应的 Provider、Consumer、Service Interface 以及该服务接口能提供具体服务的内容有哪些，如图 2-29 所示。

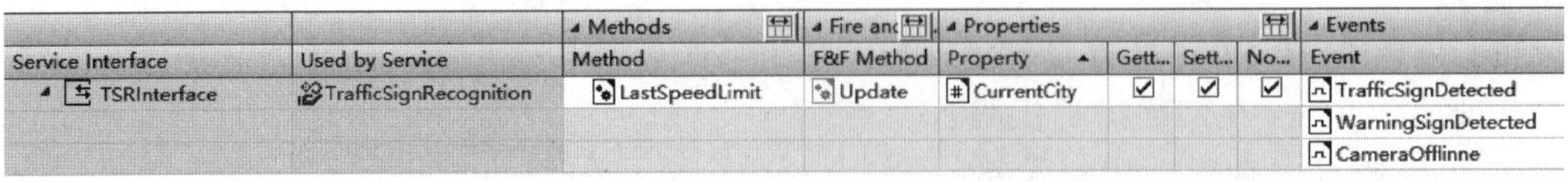

图 2-29　BIP 的 AUTOSAR SOME/IP 网络服务定义

（2）Service Implementation 服务描述

描述该服务对应的服务接口里的内容，有哪些方法（Method）、哪些事件（Event）、哪些领域（Field）及它们的接口（Interface）名称是什么，如图 2-30 所示。

图 2-30　BIP 的 AUTOSAR SOME/IP 网络服务描述

（3）Network Design 网络设计

描述网络里的节点、总线等信息，如图 2-31 所示。

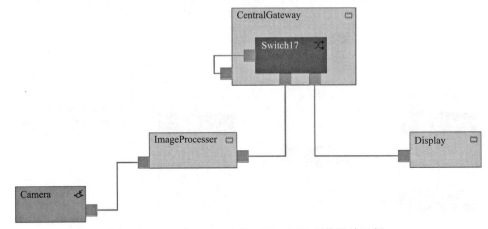

图 2-31　BIP 的 AUTOSAR SOME/IP 网络设计示例

（4）Service Deployment 服务部署

描述该服务部署在哪些 ECU 上。对某个 ECU 来说，定义它对该服务是 Provider 还是 Consumer，以及该服务被用在什么 Socket 套接字上，如图 2-32 所示。

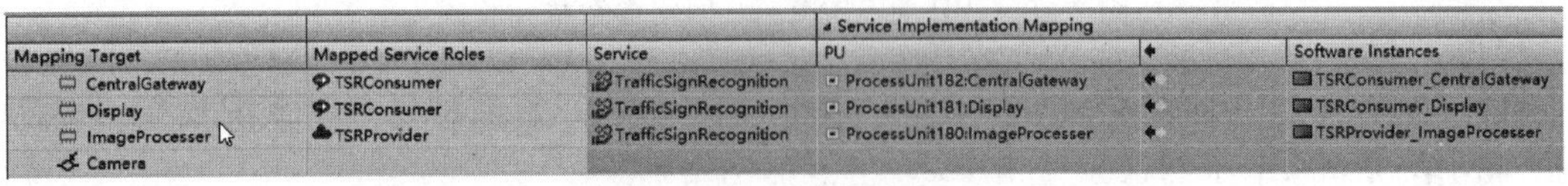

图 2-32　BIP 的 AUTOSAR SOME/IP 服务部署

（5）Software Architecture 软件架构

描述 Provider 和 Consumer 的 Port Interface，如图 2-33 所示。

Provider　Consumer

Component	Provided Port	Provided Port Interface	Connected Component	Required Port	Required Port Interface
RootComposition22					
CompositionPrototype48	SenderPort85:SomeIpTrafficSignDetectedInterfa	SomeIpTrafficSignDetectedInte...	TSRConsumer_Display	SomeIpTrafficSignDetectedInterface:SomeIpTra...	SomeIpTrafficSignDetectedInterf...
			TSRConsumer_CentralGateway	SomeIpTrafficSignDetectedInterface:SomeIpTra...	SomeIpTrafficSignDetectedInterf...
TSRConsumer_CentralGateway	UpdateInterface:UpdateInterface	UpdateInterface	TSRProvider_ImageProcesser	UpdateInterface:UpdateInterface	UpdateInterface
TSRConsumer_Display	UpdateInterface:UpdateInterface	UpdateInterface	TSRProvider_ImageProcesser	UpdateInterface:UpdateInterface	UpdateInterface
TSRProvider_ImageProcesser	TSRInterfaceInterface:TSRInterfaceInterface	TSRInterfaceInterface	TSRConsumer_Display	TSRInterfaceInterface:TSRInterfaceInterface	TSRInterfaceInterface
			TSRConsumer_CentralGateway	TSRInterfaceInterface:TSRInterfaceInterface	TSRInterfaceInterface
	SomeIpCameraOfflinneInterface:SomeIpCamer.	SomeIpCameraOfflinneInterface	TSRConsumer_CentralGateway	SomeIpCameraOfflinneInterface:SomeIpCamer...	SomeIpCameraOfflinneInterface
			TSRConsumer_Display	SomeIpCameraOfflinneInterface:SomeIpCamer...	SomeIpCameraOfflinneInterface
	onChange_CurrentCityInterface:onChange_Curr.	onChange_CurrentCityInterface	TSRConsumer_Display	onChange_CurrentCityInterface:onChange_Curr...	onChange_CurrentCityInterface
			TSRConsumer_CentralGateway	onChange_CurrentCityInterface:onChange_Curr...	onChange_CurrentCityInterface
	SomeIpWarningSignDetectedInterface:SomeI...	SomeIpWarningSignDetectedIn...	TSRConsumer_Display	SomeIpWarningSignDetectedInterface:SomeI...	SomeIpWarningSignDetectedInt...
			TSRConsumer_CentralGateway	SomeIpWarningSignDetectedInterface:SomeI...	SomeIpWarningSignDetectedInt...
	SomeIpTrafficSignDetectedInterface:SomeIpTra	SomeIpTrafficSignDetectedInte...	TSRConsumer_Display	SomeIpTrafficSignDetectedInterface:SomeIpTra...	SomeIpTrafficSignDetectedInterf...
			TSRConsumer_CentralGateway	SomeIpTrafficSignDetectedInterface:SomeIpTra...	SomeIpTrafficSignDetectedInterf...

图 2-33　BIP 的 AUTOSAR SOME/IP 服务架构

（6）Switch Configuration 交换机配置

描述 Switch 的属性：VLAN 信息，MAC 转发信息。

（7）Ethernet Communication 以太网通信

描述该网络下的 ECU 的属性：MAC 地址、在哪些 VLAN 里、IP 地址、Socket 信息等，如图 2-34 和图 2-35 所示。

ECU	ID	BC	Controller	Physical Layer T...	CNB	MAC-Address	MAC Kind	PCP	VLAN	If	NEP	IPv4 Config
CentralGateway	1	⊥	BA_CentralGateway_0	1000 BASE T1	MASTER	AA:BB:CC:DD:00:01	Hardware	3	Vlan18			192.168.255.1
												239.255.66.255
												239.255.66.1
Display	2	⊥	BA_Display_0	1000 BASE T1	MASTER	AA:BB:CC:DD:00:02	Flashed	1	Vlan18			192.168.255.2
												239.255.66.255
ImageProcesser	3	⊥	BA_ImageProcesser_0	1000 BASE T1	MASTER	AA:BB:CC:DD:00:03	Flashed	7	Vlan18			192.168.255.3
												239.255.66.255

ECU	BC	VLAN	IF	Socket Address	AEP	TP	Port #	Network Endpoint	Ipv4 Address	M...	Mac Multicast Address
CentralGateway	⊥	Vlan18	CentralGateway_BusSyste...	SD_SoAddr	A	Udp Tp19	30490	NetworkEndpoint68_MC	239.255.66.255		
				MC_TSR_Events	A	Udp Tp20	7777	MC_TSR_Events_NEP	239.255.66.1		01:00:5E:FF:42:01
				CGWSocket	A	Tcp Tp32	7	NE_CentralGateway_BusSystem1...	192.168.255.1		
				SD_SoAddr	A	Udp Tp19	30490	NetworkEndpoint71	192.168.66.1		
Display	⊥	Vlan18	Display_BusSystem116	SD_SoAddr	A	Udp Tp19	30490	NetworkEndpoint68_MC	239.255.66.255		
				MC_TSR_Events	A	Udp Tp20	7777	MC_TSR_Events_NEP	239.255.66.1		01:00:5E:FF:42:01
				DisplaySocket	A	Tcp Tp33	66	NE_Display_BusSystem116	192.168.255.2		
				SD_SoAddr	A	Udp Tp19	30490	NetworkEndpoint69	192.168.66.2		
ImageProcesser	⊥	Vlan18	ImageProcesser_BusSyste...	SD_SoAddr	A	Udp Tp19	30490	NetworkEndpoint68_MC	239.255.66.255		
				IPCSocket	A	Tcp Tp32	7	NE_ImageProcesser_BusSyste...	192.168.255.3		
				SD_SoAddr	A	Udp Tp19	30490	NetworkEndpoint70	192.168.66.3		

图 2-34　BIP 的 AUTOSAR SOME/IP 以太网传输参数

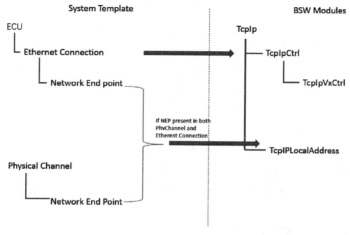

图 2-35

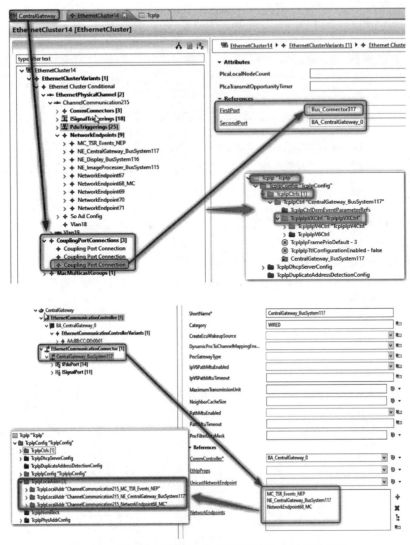

图 2-35 BIP 的 AUTOSAR SOMEIP 以太网参数示例

(8) Socket Adaptor 套接字适配器

Socket 可以通俗地理解为两端通信的道路。

在这条道路的两端是两个网络节点（由 IP 地址和 port 号组成），一端是 Socket Server，另外一端是 Socket Client。而在道路上行走的是 PDU。因此要给每个 PDU 分配 Header ID，这样在同一条道路上的 PDU 才可以被识别出来。一个 Socket Server 可以对应多个 Socket Client。

这样理解下来，多条道路组合在一起叫作 Socket Connection Bundle，单条道路叫作 Socket Connection 连接，一个 bundle 可以有一个或多个连接。

所以 Socket Adaptor 在基于 Socket 的以太网通信和面向 AUTOSAR PDU 的通信之间进行转换。因此在描述套接字适配器时，要把每个 PDU 对应的 Socket Connection 描述出来，如图 2-36 所示。

(9) Data Serialization 数据序列化

序列化是将数据与结构体进行对应（图 2-37）。接收数据时会对数据进行拆解，发送数

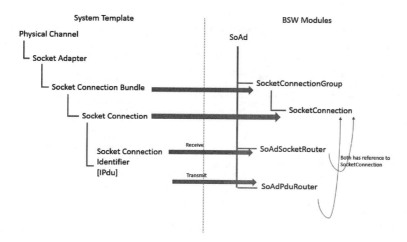

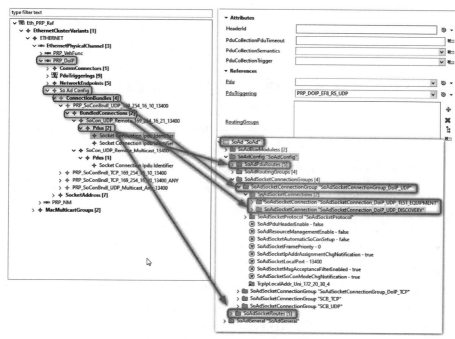

图 2-36　BIP 的 AUTOSAR SOME/IP 以太网套接字示例

据时会按照预定的结构进行封装（图 2-38）。序列化的对象是信号，每个信号会对应到第（8）点提到的 PDU。

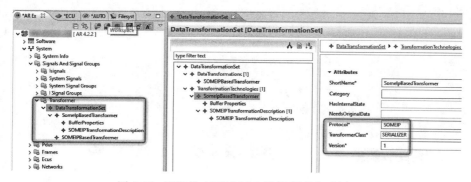

图 2-37　BIP 的 AUTOSAR 数据序列化示例 1

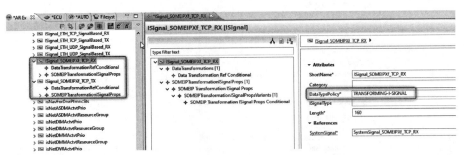

图 2-38 BIP 的 AUTOSAR 数据序列化示例 2

(10) Service Discovery 服务发现

作为服务消费者，它可以通过多播搜索服务，在网络中找到服务，可以调用方法，也可以通过通知来订阅服务提供者提供的事件信息。

作为服务提供者，将通过多播形式来发布服务的可用性和位置，以提供服务。

所以 SD 模块是合成服务发现所需要的 Socket、PDUs 以及 Routing Groups 信息。

2.4 AUTOSAR 多软件分区 Partition 实现

软件分区（EcuPartition）提供了在单一 machine 上部署和区分多软件簇的方法，可以在 1 个 EcuPartition 上部署 1 个软件簇，也可以在 1 个 EcuPartition 上部署多个软件簇。由于 EcuPartition 是通过 OsApplication 来实现的，因此即使在不考虑部署软件安全机制的前提下，软件分区本身也能达到一定程度的软件簇与软件簇的存储隔离、运行隔离的目的。

2.4.1 软件分区与软件簇

在较小的项目应用中，为了易于维护，ECU 的应用及所有服务模块都被分配在 1 个分区和 1 个 CPU 核中。

对于较大型的项目，往往采用多核 MCU 或者异构 Soc 这样的大型芯片，来完成相对更多的应用。而对这样的应用，一方面如果所有模块都映射到 1 个分区和 1 个内核，CPU 负载会非常高，系统实时性的维护成本与难度会比较高，很难对资源和时间进行管理；另一方面，在架构设计上往往需要按照功能进行软件簇的分区设计，并以软件簇的形式分区调度和管理。

因此，可以将软件拆分为多软件簇，每个软件簇将处理一些特定的功能。

AUTOSAR 多软件簇分区如图 2-39 所示。

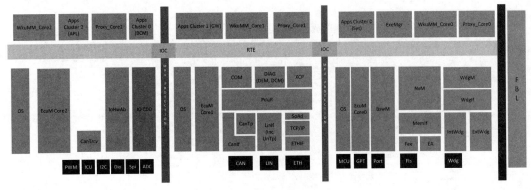

图 2-39 AUTOSAR 多软件簇分区

该系统包括 3 个软件簇。
- 软件簇 1 是系统软件簇，处理模式管理（EcuM master、BswM）、内存管理器（NvM、Fee、Fls）、看门狗栈（WdgM、WdgIf、Wdg 驱动程序）。
- 软件簇 2 是通信软件簇，控制和处理所有通信栈，包括 CAN、LIN、ETH 通信和网关功能。
- 软件簇 3 是应用软件簇，既处理应用程序，也处理硬件控制，如 DIO、PWM、ICU、ADC 等功能。

注意：
- EcuM 应在所有 3 个分区中，用于处理每个分区的状态。这样系统软件簇中有一个 EcuM 主节点，另外的软件簇中有 2 个 EcuM 从节点。
- 1 个 AUTOSAR 栈上的模块应位于 1 个软件簇中。

2.4.2 软件分区与 OS Application

对于多软件簇系统，AUTOSAR 在 BSW 和 OS 中提供了配置多分区和应用程序的功能。

(1) 创建分区（图 2-40）

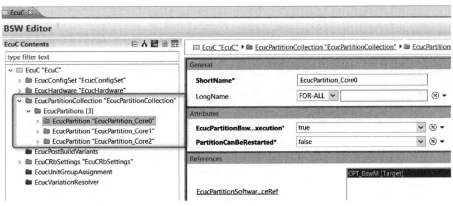

图 2-40　EcuC 分区配置

- EcucPartitionBswModuleExecution：表示该分区将执行 BSW Modules。BSW 模块只能在这样的分区中执行。
- PartitionCanBeRestarted：指定 Partition 是否可以重启的要求。如果设置为 true，则在此分区中执行的所有软件都应能够进行重启。

(2) 指定 AUTOSAR Cores

通过在 EcuC 下配置一组 EcucCoreDefinition，来指定运行 AUTOSAR 软件的内核，如图 2-41 所示。

- EcucCoreId：内核的 ID。

对于多核 MCU 或者异构 Soc 芯片，可能有其他内核在 EcuC 配置中不可见，因为它们不是 AUTOSAR 调度所必需的（非 AUTOSAR 内核）。在这种情况下，这些内核不一定要在 EcucCoreDefinition 中配置。

(3) OsApplication——为分区调度分配 AUTOSAR 内核（图 2-42）

- OsTrusted：该参数指定 OsApplication 是否受 OS 信任的调度。
  - true：OsApplication 受信任。

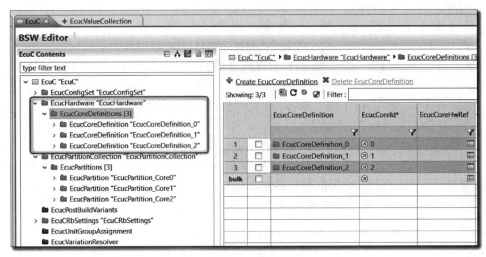

图 2-41　EcuC 核的定义

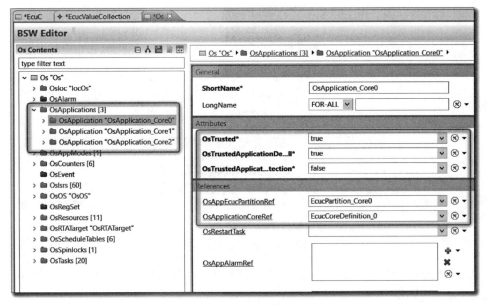

图 2-42　EcuC 核的配置

- false：OsApplication 不受信任（默认）。
- OsTrustedApplicationWithProtection：该参数指定受信任的 OsApplication 是否在内存保护下执行。
  - true：OsApplication 在受保护的环境中运行，这意味着写访问受到限制。
  - false：OsApplication 具有完全写访问权限（默认）。
- OsAppEcucPartitionRef，OsApplicationCoreRef：引用配置的分区和内核。

(4) 指定分区需要运行的软件组件

① 用鼠标右键点击 ECU Extract，选择"Open with"，如图 2-43 所示。

② 将组件映射到分区，如图 2-44 所示。

软件集成专家应遵循设计将组件映射到对应的分区。

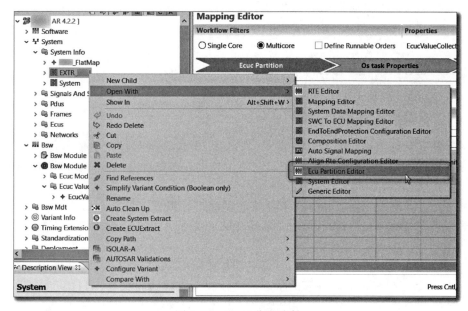

图 2-43 EcuC 分区映射

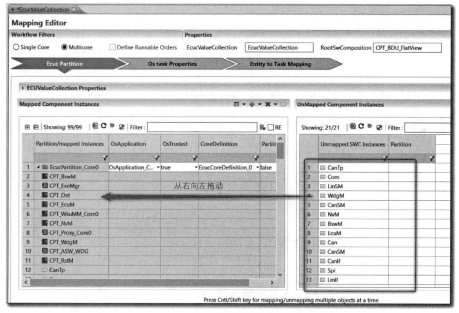

图 2-44 软件组件的分区映射

2.4.3 要点回顾

部署经典 AUTOSAR 的 machine 大多为资源受限的微控制器（核）。为区分软件运行而引入的 EcuPartition 在一定程度上会带来额外的运行开销，例如运行不同软件簇的软件会需要 OS 做 Task 的上下文切换以及一定的用户态切换（比如核的状态、MPU 的保护约束范围、时间保护的设置等）。

因此随着设计人员在单 machine 上部署越来越多的 EcuPartition，系统的额外开销也将变得可观。系统设计人员应秉承"尽可能在单一 EcuPartition 上部署多软件簇"的原则进行部署。

2.5 Cluster 簇模式管理

2.5.1 软件簇模式定义与模式管理

在多软件簇系统中，需要设计软件簇（分区）模式管理与控制功能。每个软件簇（分区）都应该有自己的状态机。这些状态机与每个软件簇都是独立的，并由软件簇（分区）本身控制。

除此之外，还有一个系统状态机来处理整个系统的状态。

在上述模式切换中，ECU 有 1 个主状态机（图 2-45）和 2 个软件簇状态机（图 2-46 及图 2-47）。

① 主状态机是整个系统的状态，负责启动和关闭 ECU。
② 软件簇状态机是特定软件簇的状态机，控制着软件簇的状态。

所有这些状态机都应由架构设计以及软件集成专家来设计，由 BSW 配置开发人员使用 BswM 来配置。

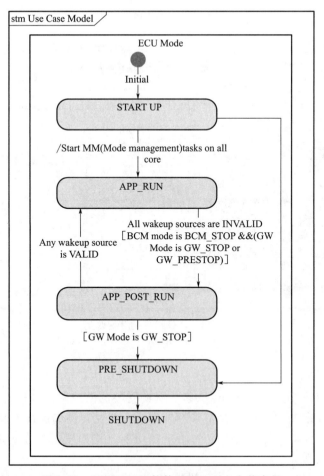

图 2-45　AUTOSAR 软件系统上下电主状态机

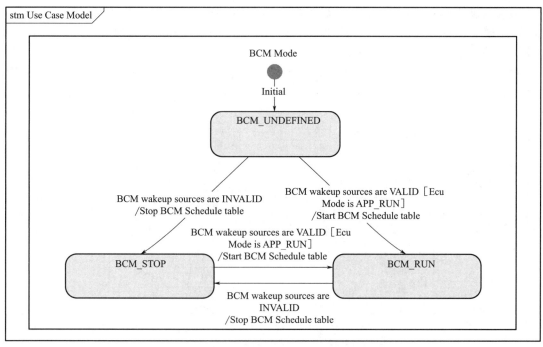

图 2-46 应用软件 Cluster 状态机

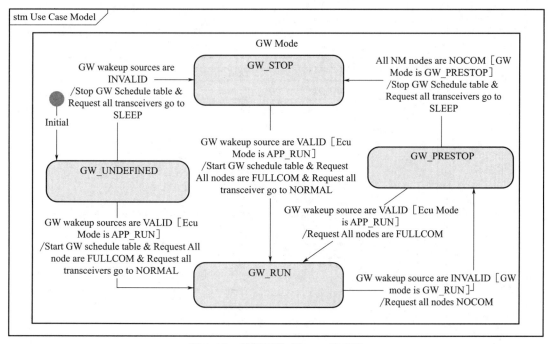

图 2-47 通信网关 Cluster 状态机

2.5.2 通信簇 Cluster 快速启动

在系统中,启动时间往往是软件的关键要求。启动时间被许多模块消耗。Mem 栈和通信栈是两个最大的模块,在启动阶段需要大量时间。在本小节中,将讨论和描述通信启动顺序。

通信（仅针对 CAN）初始化主要涉及 Com、PDUR、ComM、CanSMCanIf、CanDrv、CanTrcv 模块。在这些模块中，CanSM 负责 CanDriver 和 Can 收发器的管理。CanSM 将初始化、启动和停止 CanDrv 和 CanTrcv。

对于常见的情况，CanSM 控制 Can 收发器。在这种情况下，CanSM 和 CanTrcv 的启动时间会很长，因为 CanSM 需要检查 CanTrcv 的状态并等待 CanTrvc 的反馈，这个过程需要很长时间，如图 2-48 所示。

因此，可以通过删除 CanSM 中的 CanTrcv 来减少 CanSM 初始化时间。通过此动

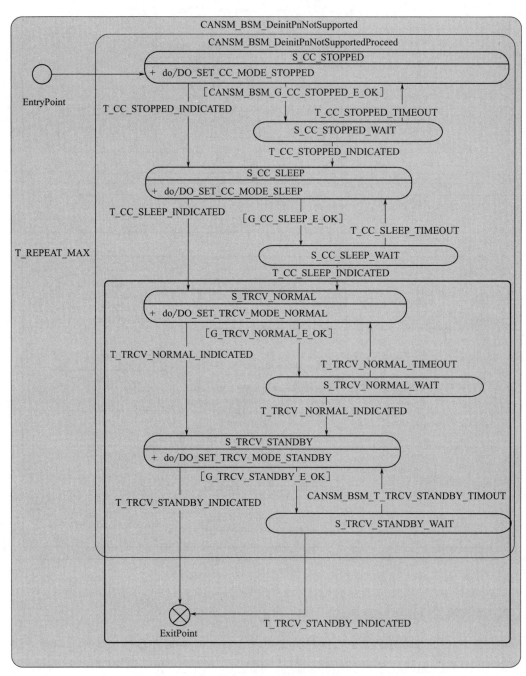

图 2-48 CanSM 中的 CanTrcv 示例

作，软件集成专家应负责自行初始化 Can transceivers，则图 2-49 中黑框中的状态不存在。

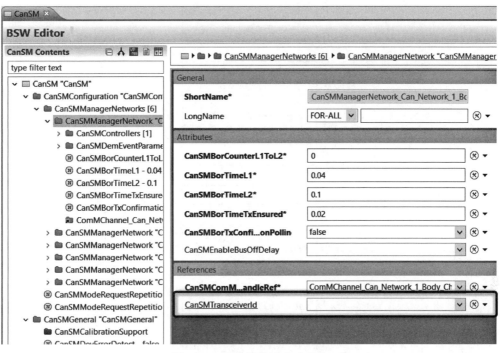

图 2-49　通信簇快速启动优化

注意：此操作不遵循 AUTOSAR 规范，因此在集成前应进行考虑和讨论。

当 CanSM 未链接到 CanTrcv 时，CanTrcv 应由软件集成专家处理。例如，在所有 Drivers 的初始化和 OS 启动及 SBC 初始化（释放 FsOB 并启用 Can TX 引脚）后，可以在 Startup 任务中进行初始化，如图 2-50 所示。

```
*/
TASK(OsTask_Core2_Startup)
{
    FS6510Drv_Init();
    Spi_SetAsyncMode(SPI_INTERRUPT_MODE);

    CD1030Drv_Init(1);
    CD1030Drv_Init(2);
    CD1030Drv_Init(0);        // CD1030-0 should be called after 1 and 2 as user manual from supplier

    /* Reserved Task for extension. */
    CanTrcv_Init(NULL_PTR);

    /* Get input from CD1030 for wakeup sources validation later */
    CD1030_MainFunction();

    (void)CDD_Init();
}
/*
```

图 2-50　CanTrcv 初始化

CAN stack 初始化流程如图 2-51 所示。

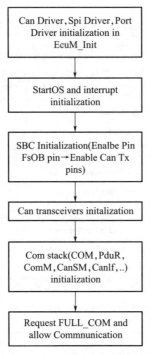

图 2-51　CAN stack 初始化流程

2.6　多软件簇调度

在 AUTOSAROS 中，任务是由 OS 在 RTE 配置和集成期间根据 OS 调度表配置来调度的。有两种常见的调度表机制，如下所示。
- 单一调度表：只有一个调度表负责所有应用簇（分区）中的任务调度。
- 多个调度表：系统中有一些调度表。每个应用簇（分区）有一个或一些调度表。

2.6.1　AUTOSAR 单调度表显示同步调度

默认情况下，RTA-RTE 仅支持所有应用程序的单个调度表。因此，在多分区系统中需要调度同步。

使用单调度表时，只有主分区（master core）有调度表。OS 主调度程序将通过触发 OS 从调度程序所在分区的软件中断传输调度需求，来调度其他分区的任务，然后 OS 从调度程序将处理下一步以激活任务（图 2-52）。

调度表启动后，OS 会从头到尾扫描调度表，到达末尾时从头开始重新启动。如果需要激活的任务属于 OS 从应用程序，OS 将转发激活到任务所属的应用程序。

这种机制在调度表管理方面有优势，因为只需要处理一张调度表，不同软件簇的应用在 OS 同一个调度上下文中显示同步，但缺点是从应用程序的任务依赖于主应用程序。

注意：在单调度表调度机制中，软件中断由 OS 处理，因此用户无须在 RTA-OS 中配置这些中断。

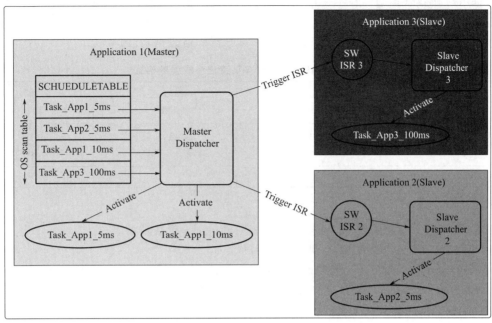

图 2-52 单调度表机制

2.6.2 AUTOSAR 多调度表按软件分区调度

如 2.6.1 小节所述，为了避免单一调度表的缺点，可以使用多调度表机制（图 2-53）。

调度表按照软件分区进行拆分。每个分区都有自己的调度表（可以超过一个调度表），分区将自行处理和管理（启动、停止）调度表。

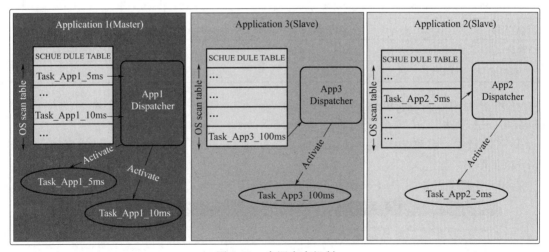

图 2-53 多调度表机制

注意：在一个应用程序中可以设计不止一个调度表。

由于 RTA-RTE 不支持多调度表，所以使用 Cobra_MultiScheduleTable 生成多调度表。Cobra_MultiScheduleTable 从 osNeeds.arxml 中的原调度表中根据 Tasks 的名称生成多个调度表。

根据用户配置（通过 excel 表），Cobra_MultiScheduleTable 生成多个调度表并更新到 osNeeds.arxml 中。

多调度表配置文件（MultiScheduleTable.xlsx）的格式见表 2-2。

表 2-2　BIP 的 Cobra 多调度表生成参数格式

OSCounter （OS 计数器）	ScheduleTable （调度表）	Keywords （关键字）	Excludes （排除）
CounterName （计数器名称）	ScheduleTableName （调度表名称）	key1,key2 （关键字 1,关键字 2）	exl1,exl2 （排除 1,排除 2）
...	...	...	...

生成规则如下。
- OSCounter（OS 计数器）：控制调度表时间的 OS 计数器的名称。
- ScheduleTable（调度表）：调度表的名称。
- Keywords（关键字）：包含此"关键字"的任务将映射到相应的"ScheduleTable"。
- Excludes（排除）：包含此"排除"的任务将不会映射到相应的"ScheduleTable"，排除的优先级高于关键字。

BIP 的 Cobra 多调度表生成参数范例见表 2-3。

表 2-3　BIP 的 Cobra 多调度表生成参数范例

OSCounter （OS 计数器）	ScheduleTable （调度表）	Keywords （关键字）	Excludes （排除）
MM_0_RTE_TickCounter	MM_0_ScheduleTable	Core0,MM	
SYS_RTE_TickCounter	SYS_ScheduleTable	Core0	MM
MM_1_RTE_TickCounter	MM_1_ScheduleTable	Core1,MM	
GW_RTE_TickCounter	GW_ScheduleTable	Core1	MM
MM_2_RTE_TickCounter	MM_2_ScheduleTable	Core2,MM	
BCM_RTE_TickCounter	BCM_ScheduleTable	Core2	MM

- 第一行中，名称包含"---＜Core0＞----＜MM＞---"的任务属于"MM_0_ScheduleTable"表。
- 第二行中，名称包含"---＜Core0＞----"，同时不包含"MM"的任务属于"SYS_ScheduleTable"表。

Cobra 多调度表如图 2-54 所示。

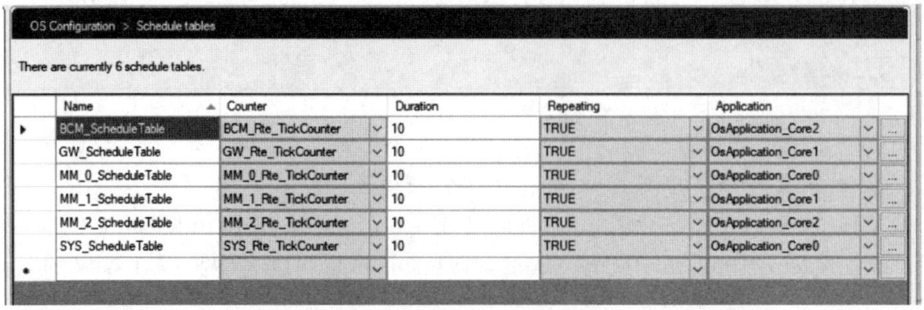

图 2-54　Cobra 多调度表

2.6.3 AUTOSAR 调度表配置流程

RTA-OS 提供了一个调度程序，可以根据在配置时分配的固定优先级在任务之间切换。对于配置，需要遵循以下步骤。

① 分区配置（参考 2.1 节）。

② 在 ISOLAR-AB 中打开"RTE Editor"窗口，如图 2-55 所示。

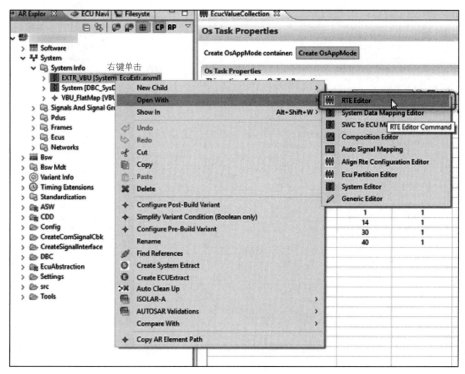

图 2-55　打开"RTE Editor"窗口

③ 弹出"RTE Editor"窗口后，移动到"OS Task Properties"选项卡并创建 OS 任务及其属性，如图 2-56 所示。

- OS Task：任务名称。
- OS Task Priority：定义任务的优先级。数字越大，优先级越高。
- OS Task Activation：最大激活次数。如果运行期间任务同时激活次数超过配置最大允许的激活次数，则操作系统会给出错误提示。
- 操作系统任务计划。
  - FULL：此任务由 OS 调度表调度，具有固定周期的循环任务。
  - NON：此任务将在特定事件中调用。
- OS Applications：指该任务所属的 OS 应用。

④ 切换到"可运行实体到 Task 的映射"，如图 2-57 所示。

- 未映射的实体显示在右侧。
- 任务列表显示在左侧。
- 将未映射的实体拖放到所需任务中。

应在这里将所有的实体映射到对应的任务中。

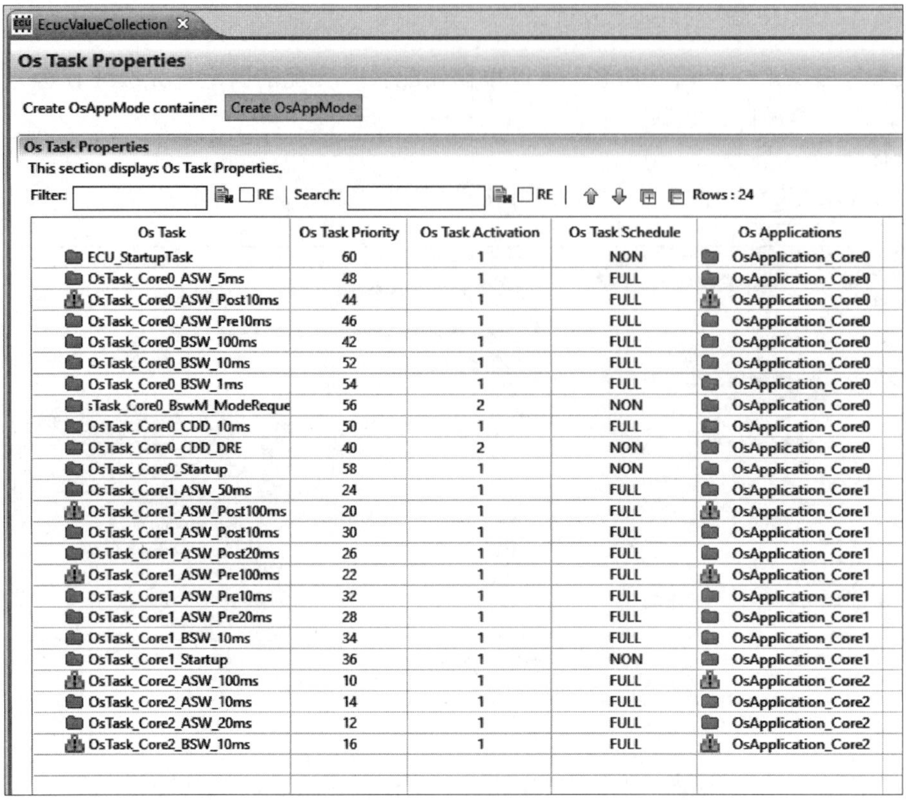

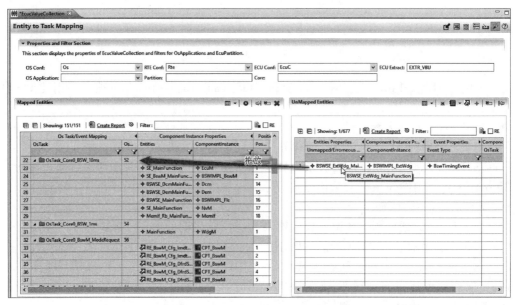

图 2-56 OS Task 属性配置

图 2-57 可运行实体到 Task 的映射

⑤ 运行 RTE 生成。运行 RTE 生成后，生成 osNeeds.arxml 和 iocNeeds.arxml，这两个文件应添加到 OS 配置中（图 2-58）。

```xml
<?xml version="1.0" encoding="utf-8"?>
<RTAOS_Project version="1.0">
  <Working name="..\..\..\..\BSW\ecu_config\bsw\StaticConfig\Rte_Os\Os_Target_EcucValues.arxml" />
  <File name="..\..\..\..\BSW\ecu_config\bsw\StaticConfig\Rte_Os\Os_EcucValues.arxml" />
  <File name="..\..\..\..\BSW\ecu_config\bsw\StaticConfig\Rte_Os\Os_Target_EcucValues.arxml" />
  <File name="..\..\..\..\BSW\ecu_config\bsw\StaticConfig\Other_Modules\EcuC_EcucValues.arxml" />
  <File name="..\..\..\..\BSW\src\rte\osNeeds.arxml" />
  <File name="..\..\..\..\BSW\src\rte\iocNeeds.arxml" />
  <Options>
    <Option name="BuildGui.IncludePaths">
    ..\..\MCAL\MCAL_Modules\Base_TS_T2D51M20I2R0\include\;..\config\Samples\Includes\;..\..\..\..\BSW\src\rt
    e;..\..\..\..\Integration\Rte\api</Option>
    <Option name="BuildGui.OutputFolder">..\OsGen</Option>
    <Option name="BuildGui.LastBuildCommand">rtaosgen.exe --output:..\OsGen
    --include:..\..\MCAL\MCAL_Modules\Base_TS_T2D51M20I2R0\include\ --include:..\config\Samples\Includes\
    --output:[*.c]..\..\OsSrc --output:[*.s]..\..\OsSrc --include:..\..\..\..\BSW\src\rte
    --include:..\..\..\..\Integration\Rte\api --build:clean BDU.rtaos</Option>
    <Option name="BuildGui.CleanRebuild">TRUE</Option>
    <Option name="BuildGui.OutputLocations">[*.c]..\..\OsSrc;[*.s]..\..\OsSrc</Option>
  </Options>
</RTAOS_Project>
```

图 2-58　添加 osNeeds. arxml 和 iocNeeds. arxml 到 RTA-OS 中

注意： 如果需要多调度表，请参阅 2.6.2 小节。

⑥ 打开 RTA-OS 工具配置 OS，如图 2-59 所示。在 RTA-OS 中，需要重新配置参考应用程序。

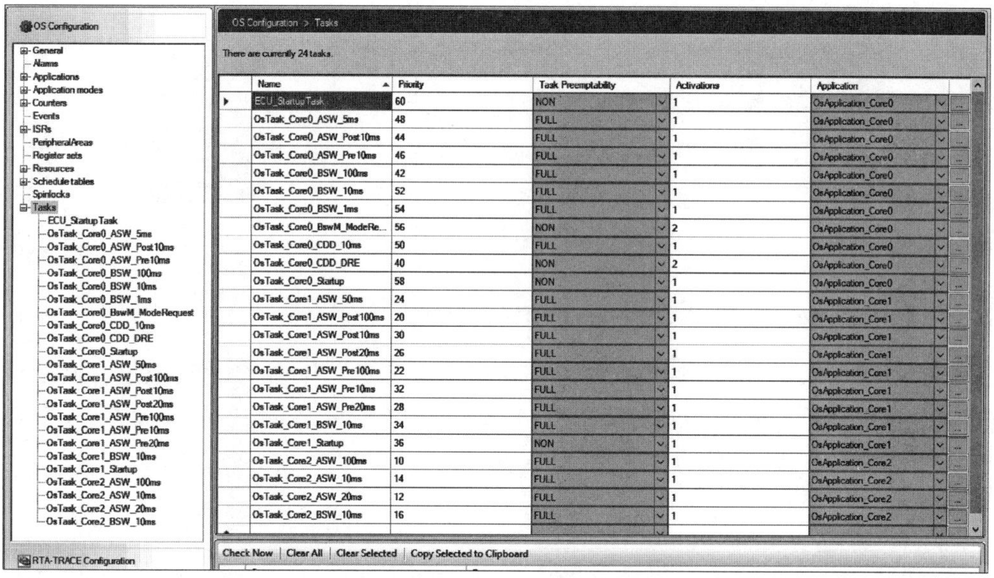

图 2-59　RTA-OS 工具

⑦ 更新 OS 配置后，运行 build OS。

2.7　软件簇 Cluster 数据同步

2.7.1　基于 AUTOSAR IOC 的软件分区数据通信

允许分区之间以最高效的方式进行数据通信，同时仍然独立于微控制器的实现的总体思路是在分区间通信中使用缓冲区和队列，AUTOSAR 的分区间通信，也是采用这个概念并抽象成所谓的 IOC 通信。

在理想情况下，对 IOC 通信对象的访问宏可以理解为对共享内存的直接访问。

IOC（inter OS-Application communication）是 AUTOSAR OS 的一个特性，它提供了

分区之间面向数据的通信机制。IOC 为这些缓冲区提供通信缓冲区、队列和受保护的访问函数/宏，这些缓冲区可以同时从任何预配置的分区中使用。

IOC 提供了与另一个内核或内存保护分区之间的数据通信，以保证数据的一致性。

OS 根据不同的 IoC 通信场景，例如需要与另一个内核通信、与具有不同信任级别的分区通信、与另一个分区通信等不同应用场景，来选择适当的 IOC 实现机制。

基于 VFB（virtual functional bus）配置中不同的端口类型与端口连接，RTA-RTE 将支持生成所有 IOC 配置，这是 RTA-OS 为软件生成 IOC 所需的输入。RTA-RTE 将在 iocNeeds.arxml 中生成 IOC 信息，该文件应包含在 RTA-OS 中（参见 2.6.3 小节）。

2.7.2 Sender-Receiver 接口类型的 AUTOSAR IOC

当不同分区上的 2 个 SWC 通过 SR 接口连接在一起时，RTA-RTE 识别该连接是分区间进行数据通信，然后 RTA-RTE 为该连接生成 IOC 配置，如图 2-60 所示。

通过这种连接，操作系统将具有某种保护机制（例如自旋锁）并确保数据在运行时的一致性。

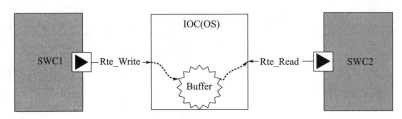

图 2-60 SR 接口连接生成 IOC 配置

2.7.3 Client-Server 接口类型的 AUTOSAR IOC

图 2-61 描述了 IOC 中 CS 调用的流程。在这种情况下，当 SWC1 通过 CS 接收端口调用 SWC2 的 FUNC_A 时，IOC 将通过激活与 APP2 上的 FUNC_A 映射的 TASK_A 来处理下一步，然后 APP2 中的 OS 将调用 TASK_A。

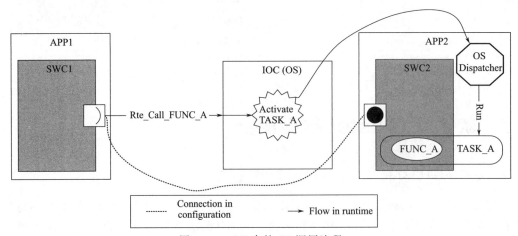

图 2-61 IOC 中的 CS 调用流程

这是一个简单的 CS 接口用例，它是异步调用，没有输入参数、输出参数、返回值和超时监控（安全特性）。

如果接口是同步调用且具有超时功能，将使用等待点和警报。

2.8 基于 Cobra-BIP 持续开发与部署

BIP 中有三个软件簇（图 2-62），使用户能够更轻松、更快地将其应用程序软件组件部署到专用 ECU 分区。
- AppCluster：收集功能级应用软件组件。
- ComCluster：收集与通信相关的软件组件。
- SysCluster：收集 ECU 级服务模块和软件组件。

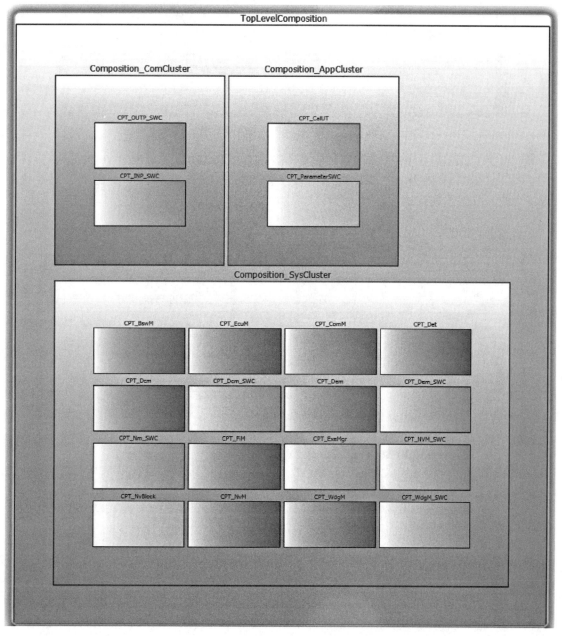

图 2-62　基于软件簇的 BIP Composition

ETAS BIP 使用户能够通过以下五个步骤轻松地将他们的应用软件组件部署到专用的 ECU 分区。

① 将 SWC 组件原型分配给应用软件簇 Composition AppCluster，如图 2-63 所示。

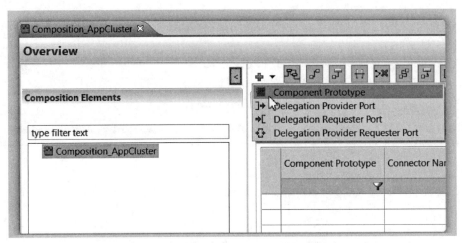

图 2-63　可运行实体到软件簇的映射

② 在"System"中单击"Create ECUExtract"（图 2-64），则该 SWC 自动被部署到 ECU 中（图 2-65）。因为 BIP 为用户应用软件簇 Composition AppCluster 提供了层次化的 composition 分层预配置组合。

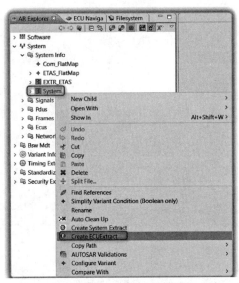

图 2-64　ECU 配置提取

图 2-65　ECU 配置提取容器

③ 双击"EcucValueCollection"，在"Multicore ｜ Ecuc Partition"视图中打开 EcucValue 配置。通过单次拖放即可将用户应用程序分配给应用簇 EcucPartition_AppCore 所对应的 ECU 分区，如图 2-66 所示。

④ 双击"EcucValueCollection"，在"Entity to Task Mapping"视图中打开 EcucValue 配置。单次拖放以将用户应用 runnable 分配给需要的 OS Task，如图 2-67 所示。

同时用户可以 BSW｜OS 的某个 Task 上点击鼠标右键，选择"OS Trace View"以形

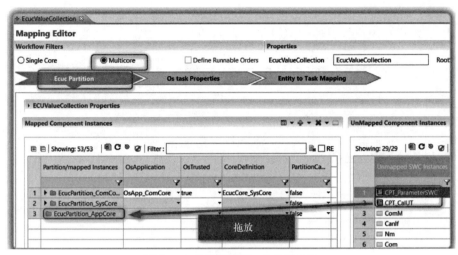

图 2-66　软件簇的 EcuC 分区映射

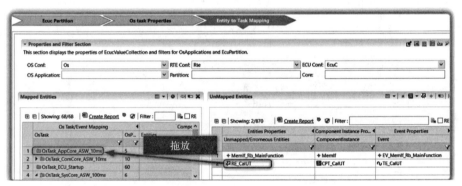

图 2-67　软件簇中可运行实体的 Task 映射

象化视图查看该任务调度的情况,如图 2-68 所示。

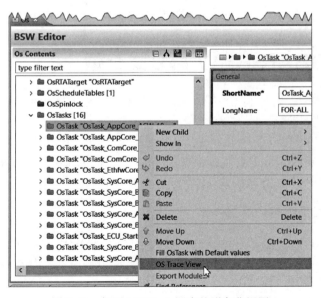

图 2-68　打开 OS Task 调度的形象化视图

例如，图 2-69 中 OS 应用 OsApp_ApCore 的任务 OSTask_AppCore_10ms 调用 RTE 事件 TE_CalUT 来运行用户软组件 CalUT 的 runnable。

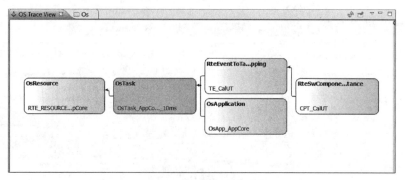

图 2-69 OS Task 调度的形象化视图示例

⑤ 在"RTA Code Generator"下拉菜单中单击"Generate RTA-RTE"和"Generate RTA-OS"来生成 RTE 和 OS 代码，如图 2-70 所示。

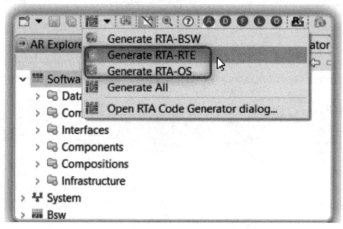

图 2-70 生成 RTE 和 OS 代码

2.9 AUTOSAR BSW 拆分式配置

AUTOSAR BSW 配置或多或少是在构建乐高积木。在乐高积木搭建中，模块化对于团队协作的迭代开发非常重要。

为了更好地给用户进行模块化的迭代开发提供服务，ETAS BIP 在［ProjectRoot］\BSW\ecu_config\BSW\static 配置文件夹中以 split 拆分式的 BSW 静态配置（一个模块配置包含在多个 arxml 文件中）方式配置了 BSW 基础软件栈。

2.9.1 更改 BIP 的基础软件配置

当用户在 ISOLAR-B | ECU Navigator 视图中修改 BSW 服务模块的静态配置时，应在修改前切换到"Show Split View"（图 2-71），以便将用户需要增加或者修改的配置保存在预期的配置 arxml 文件中。

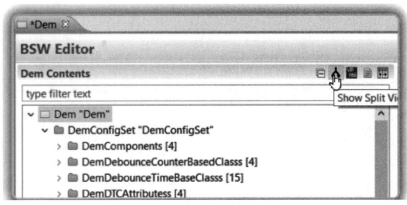

图 2-71　拆分式 BSW 配置

2.9.2　添加新的 BSW 模块配置

在熟悉 BIP 后，用户可以通过添加 EcuC 配置 arxml 文件来修改 BIP 以满足项目需求。

为此，用户可以切换到 ISOLAR-B | ECU Navigator 视图，右键单击 BSW Modules 并选择需要添加的 EcuC 模块，如图 2-72 所示。

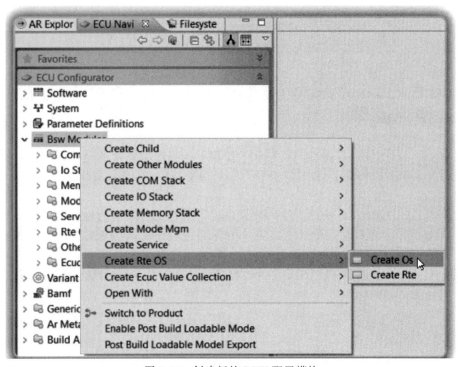

图 2-72　创建新的 BSW 配置模块

紧接着在图 2-73 中指定以下内容。
- 组件名称：与 BIP 中的组件名称相同。
- AR-Package 路径：与 BIP EcuC 静态配置文件中已提供的 AR-Package 路径相同。
- 文件名称：用户可以自定义。

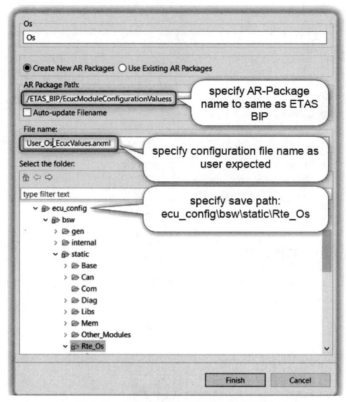

图 2-73 设置新的 BSW 模块文件属性

2.10 要点回顾

用户在基于 AUTOSAR 架构的软件开发过程中，往往需要秉承持续开发与快速部署的思路，以适应复杂多变的需求与频繁的网络更新。同时这也对团队化开发分工与配合提出了较高的要求。

因此按照 AUTOSAR 方法论描绘的开发过程，从系统与网络的创建、面向软件簇的应用开发、ECU 提取、软件分区设计、ECU 基础软件配置与代码生成，到代码集成，形成一套组织有效的迭代循环是非常必要的。

在接下来的章节中，以基于 Soc 芯片 TDA4VM 部署的 BIP 为例，从以上几方面展开介绍。

第3章 基于TDA4VM BIP的SysCluster系统软件簇

AUTOSAR 的方法论将接口定义为标准化接口、AUTOSAR 接口、标准化的 AUTOSAR 接口三种类型。其中标准化接口用于构建 AUTOSAR 基础软件模块之间相互调用与集成；而标准化的 AUTOSAR 接口是 AUTOSAR 基础软件服务层通过 RTE 提供给应用的服务接口，如图 3-1 所示。

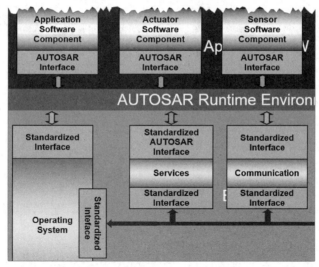

图 3-1 AUTOSAR 接口分类

为了帮助用户提高软件持续配置与迭代的效率，BIP 预先将 AUTOSAR BSW 系统服务和存储服务模块（例如 EcuM、BswM、ComM、NM、NvM、WdgM 等）配置和预集成为系统软件簇功能，并以 UpperTester SWC-C 组件的形式进行初步的应用封装，完成诸如上下电、唤醒、看门狗管理、非易失存储管理等功能的典型应用。

BIP 用户可以基于此进行直接应用或者根据具体应用场景进行调整和适配。

3.1 看门狗管理

3.1.1 概念

看门狗管理器（watchdog manager，WdgM）是 AUTOSAR 标准化基础软件架构服务层的基础软件模块（图 3-2），它能够监控从硬件看门狗实体的触发中抽象出来的程序执行。看门狗管理器监控可配置数量的所谓受监控实体的执行。当检测到程序执行违反了配置的时间和/或逻辑约束时，它会采取一些可配置的操作以便从该故障中恢复。

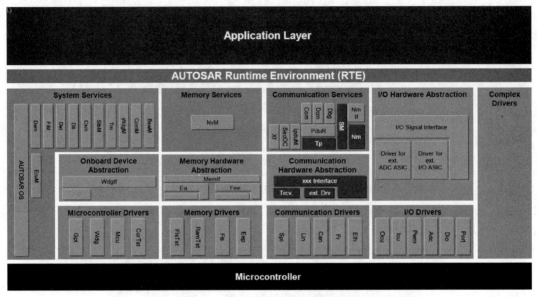

图 3-2　AUTOSAR 架构看门狗栈

典型的应用场景如下。

- 使用看门狗管理器（WdgM）的 Alive 和 Deadline Supervision 来监控 10ms 的应用软件任务执行。
- 监控结果失败时触发错误反应。
  - 停止触发外部看门狗。
  - 停止触发内部看门狗。

看门狗管理器（WdgM）提供如下机制。

- Alive Supervision：用于监控周期性软件的时序。
- Deadline Supervision：针对非周期软件。

内部看门狗（IntWdg）和外部看门狗（ExtWdg）均用于触发复位条件。看门狗交互如图 3-3 所示。

ExtWdg 是看门狗栈的一部分，作用于 BSW 的较低级别，与 WdgM 组件交互。该模块的主要作用是为外部 Watchdog 的管理提供一个软件接口。

图 3-4 描述了 ExtWdg 模块在 AUTOSAR BSW 栈中的位置及其与 SBC 设备的关系。

注意：按照 AUTOSAR 定义，ExtWdg 驱动程序应使用 GPT 模块来调度服务。

看门狗 WdgM 栈配置如下。

（1）配置 ASW

- 创建 SWC。
- 定义 SWC 需要从 BSW 获得什么，以便执行 Alive 和 Deadline Supervision。
- 为 Alive 和 Deadline Supervision 创建接收端口 Rport。
- 将 Rports SWC 映射到 WdgM 服务。此步骤适用于 WdgM 服务可用时，应遵循以下 BSW 配置流程。

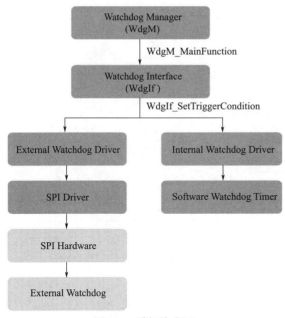

图 3-3 看门狗交互

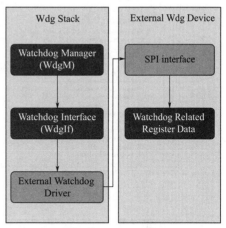

图 3-4 ExtWdg 驱动的架构

(2) BSW 配置

• BSW 配置生成（ConfGen）：支持配置 SupersisionEnity、Checkpoint、Alive/Dealine 监控，并支持生成需要属于某个 SuperviseEntity 的端口以映射到监控对象（例如 SWC），同时自动生成看门狗栈的基本配置（包括 WdgM、WdgIf、Wdg）。

• 进一步根据用户特定要求手动配置 WdgM 栈。

• 配置 EcuM，BswM 支持 NvM 存储栈功能。

• BSW 代码生成。

(3) MCAL 配置

SWT、Port、Gpt、Gtm、MCU 配置和代码生成。

(4) RTE 配置

• 映射 SWC 接收端口到 WdgM 服务。

• 将 WdgM_Mainfunction、Wdg_Mainfunction、SWC 示例服务映射到 OS 任务。

此外，Wdg stack 还为 Shutdown 序列提供服务以执行待机请求。

3.1.2 BSW 配置

(1) WdgM 初始化

配置为在 1 个内核上初始化 WdgM。

① 使用 ISOLAR-AB 工具进行如下配置。

• 加载工程到工作空间（.\ BSW）。

• 导入系统提取以获取 BSW 模块配置。

• 根据需要配置附加参数。

② 配置 BswM 初始化 WdgM。

• 在 BswM 模块中（图 3-5），为 WdgM_Init 创建一个 BswMAction 并将其放入 BswMActionList。在 BswMGenearal 中将 BswMWdgMEnabled 设置为"True"。创建

WdgM 的 BswM 初始化动作如图 3-6 所示。

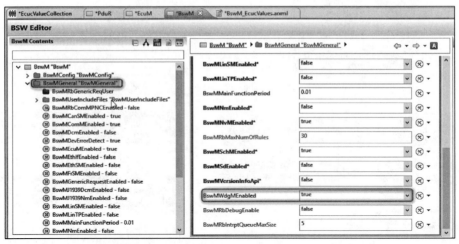

图 3-5　在 BswM 初始化中使能 WdgM

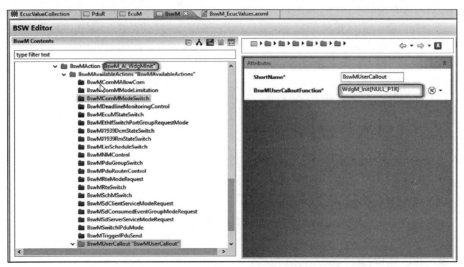

图 3-6　创建 WdgM 的 BswM 初始化动作

在 BswM 初始化 ActionLists 配置中添加动作 WdgM，如图 3-7 所示。

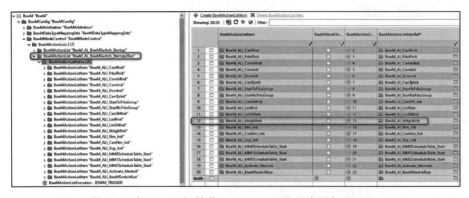

图 3-7　在 BswM 初始化 ActionLists 配置中添加 WdgM

（2）创建 WdgM 的 EcucValue 配置文件

配置 WdgM 栈需要创建 Wdg、WdgIf、WdgM 模块的配置。首先按照图 3-8 所示的步骤创建 WdgM 的 EcucValue 配置文件，并定义期望的 AR-Package 路径。

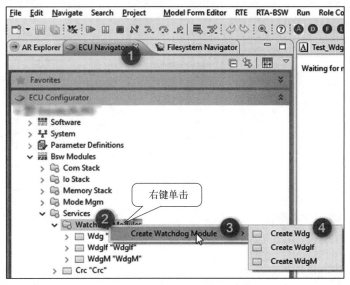

图 3-8　创建 Watchdog 模块（Wdg、WdgIf、WdgM）

（3）Wdg Devices

AUTOSAR 定义有 2 种看门狗设备，即内部看门狗（Wdg）和外部看门狗（ExtWdg）。因此，看门狗设备如图 3-9 所示。

图 3-9　看门狗设备

在 Wdg 和 ExtWdg 容器中，WdgGeneral 配置应相同（图 3-10）：应启用 Det 报告，WdgMaxTimeout 为看门狗设备所支持的最大超时时间窗。

（4）WdgIfDevices

WdgIfDevice_Int 通过 WdgIfDriverRef 到 WdgGeneral（用于参考内部 Wdg 驱动程序），WdgIfDevice_Ext 通过 WdgIfDriverRef 到 WdgGeneral_Ext（用于参考外部 Wdg 驱动程序），如图 3-11 所示。

（5）WdgM

WdgM 引入了三种监控机制定义。

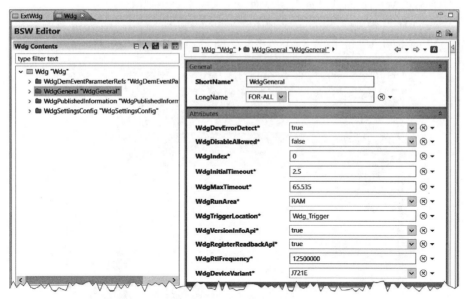

图 3-10　WdgGeneral 配置

图 3-11　WdgIf 配置

• 配置 Alive Supervision：周期性受监控实体对它们在给定时间跨度内执行的次数有限制，称为 Alive 监控。看门狗管理器会定期检查受监控实体的检查点是否已达到给定限制。它被称为监控参考周期。可以按照每个 Alive Supervision 容器下的要求确定配置值。

• 配置 Deadline Supervision：非周期性或偶发性受监控实体对两个检查点之间的时间有各自的限制。通过 Deadline Supervision，看门狗管理器检查受监控实体的两个检查点之间的转换时间。这意味着看门狗管理器检查受监控实体中的某些步骤所花费的时间是否在配置的最小值和最大值之内。

• 配置 Logical Supervision：提供监督软件执行顺序的正确性。
WdgMMode［/WdgM/WdgMConfigSet/WdgMMode］。

• WdgM Mode Id：WdgM 模式 ID。

• Alive Supervision：Alive 监控。

• Deadline Supervision：Deadline 监控。

• Local status of Supervised Entities in the mode：模式中受监控实体的本地状态。

• 触发（Triggers）：支持配置 WdgM 触发条件值来触发 Wdg 驱动。

- WdgMExpiredSupervisionCycleTol：超时容忍阈值。以超时监控周期为参考的若干个参考周期。当 WdgM 监控状态切换为 "EXPIRED" 后，WdgM 会在执行触发 Wdg 前容忍若干个监控周期而给系统一定的容错处理时间。

（6）WdgMConfigSet

WdgM 配置支持 3 种模式，如图 3-12 所示。
- 慢速模式：运行时间模式。
- 快速模式：运行时间模式。
- 初始模式：默认模式，在读完所有动作后将会切换到慢速/快速模式。

慢速/快速模式应有一个 WdgMAliveSupervised 和一个 WdgMDeadlineSupervisedEntity 用于以 WdgMSupervisionCycle 为 0.01s 的 WdgM Mainfunction 周期作为触发条件来监控应用层 ASW 的运行。

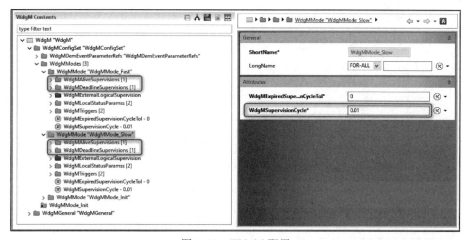

图 3-12　WdgM 配置

Init Mode 应将所有参考 Wdg 设备设置为 OFF_MODE，如图 3-13 所示（对于不允许 OFF_MODE 的设备，应配置 1 个周期长于 ReadAll 时间的长窗口）。

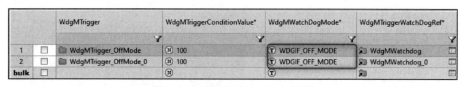

图 3-13　WdgM Init Mode 配置

WdgM 监控周期配置为 10ms，WdgMSupervisionCycle 定义了主函数 WdgM_MainFunction 的调度周期，单位：s。

WdgMMode 慢速模式配置如下（图 3-14）。
- 看门狗触发条件为 WdgMMode_SlowMode 配置 100ms 和 40ms，WdgMMode_FastMode 与此步骤相同。
- 此配置参数通过 Wdg_SetTriggerCondition() 函数传递给看门狗驱动。
- WdgMTriggerWatchDogRef 应引用 WdgMWatchdog 和 WdgMWatchdog_0（应在 WdgMGeneral 容器下创建）。

WdgM 最初会进入 WdgMMode_Init，如图 3-15 所示。

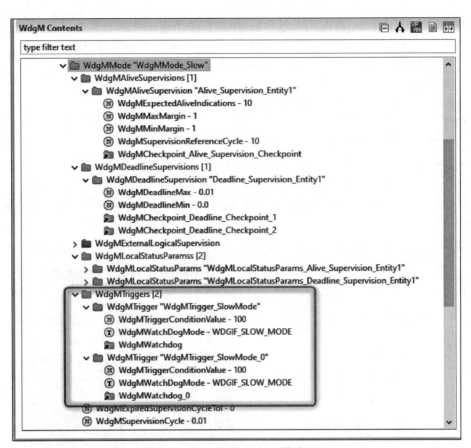

图 3-14　WdgMMode 慢速模式配置

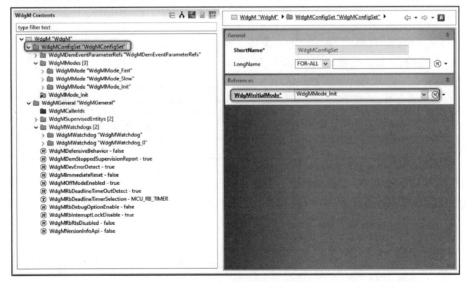

图 3-15　WdgMInitMode 配置

(7) WdgMGeneral

WdgMSupervisedEntity [/WdgM/WdgMGeneral/WdgMSupervisedEntity] 包含以下内容（图 3-16）。

- 1 个用于 Alive Supervision 的检查点：初始检查点和最终检查点是相同的参考。
- 2 个用于 Deadline Supervision 的检查点：初始检查点和最终检查点。

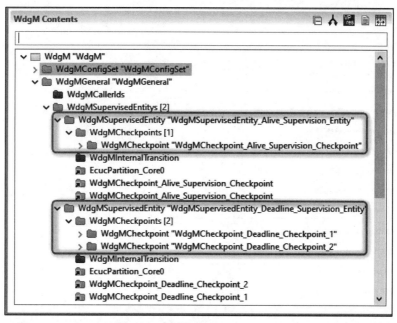

图 3-16　WdgMSupervisedEntity

受监控实体的数量可以达到 65535 个，每个受监控实体可以包含 65535 个检查点。SupervisedEntities 有 3 种类型。
- Alive Supervision：SW Alive 监控的一部分。
- Deadline Supervision：超时监控。
- PFC 监控：程序流监控。

WdgMWatchdog 应连接到 WdgIf 设备（图 3-17），这些设备通过 WdgMWatchdog DeviceRef 参数引用了 Wdg Driver。有 2 个 WdgMDevice 连接到之前配置的 2 个 WdgIf 设备。

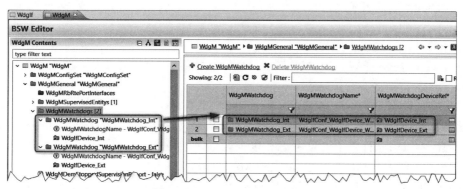

图 3-17　WdgMWatchdog 配置

WdgMMode_SlowMode 和 WdgMMode_FastMode 的配置是一样的，只是触发条件值不同。其他配置如图 3-18 所示。

WdgMRbDeadlineTimerSelection 应为 MCU_RB_TIMER，以便 Wdg 的参考计数器取自 MCU_Rb_GetSysTicks()，它是获取 MCU 计时器的集成代码工具。

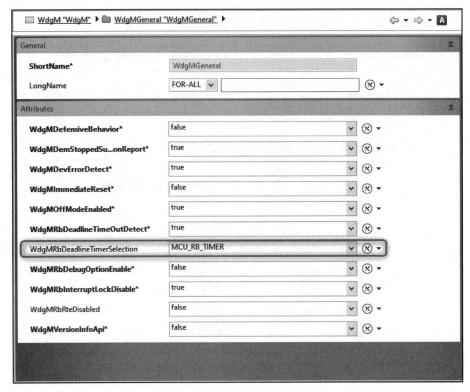

图 3-18　WdgMGeneral 配置

(8) BSW 生成

执行 BSW 生成。

• RTA-BSW 工具用于 BSW 模块的配置和代码生成。它读取 AUTOSAR XML 配置并生成 BSW 静态代码和它指定的配置代码。

• 在所有 BSW 模块都完成了特定的配置集之后，点击图标 "Open RTA Code Generation Dialog" 打开代码生成界面，如图 3-19 所示，以生成静态代码和配置代码。

• 点击 "Run" 按钮生成代码。

代码生成成功后，WdgM MainFunction 应显示在 "Entity to Task Mapping" 中（图 3-20）。

(9) 代码集成

当 BSW（包括 MCAL）的集成需要一些集成代码时，它位于以下路径：.\Integration。

文件的内容应由软件集成专家考虑和审查，以确保符合系统要求。

• {Project_Root}/Integration/api/STM_Integration.h

DefineMCU_Rb_GetSysTicks for Wdg stack to collect system tick timer（为 Wdg 栈定义 MCU_Rb_GetSysTicks 收集系统计时器）。

• {Project_Root}/Integration/api/Wdg.h

Internal Wdg integration code（内部看门狗集成代码）。

• {Project_Root}/Integration/api/Wdg_SBC.h and {Project_Root}/Integration/src/CDD_Integration.c

第 3 章 基于 TDA4VM BIP 的 SysCluster 系统软件簇

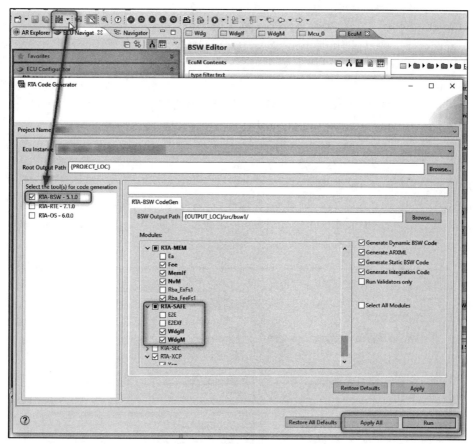

图 3-19 RTA-BSW 生成

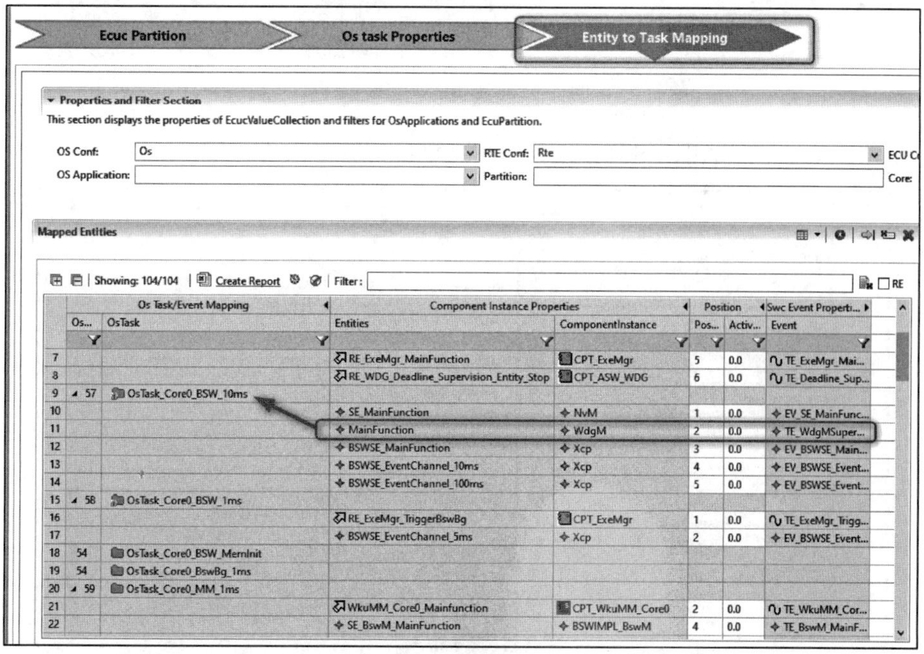

图 3-20 WdgM MainFunction 的任务映射

External Wdg integration code（外部看门狗集成代码）。

- {Project_Root}/Integration/api/EcuM_PBDefine.h

Add header file and definition of Spi, Gpt, MCU, Wdg configuration instances to match MCAL Generated file（添加头文件和 Spi、Gpt、MCU、Wdg 配置实例的定义以匹配 MCAL 生成的文件）。

- {Project_Root}/Integration/SchM/SchM_ExtWdg.h
- {Project_Root}/Integration/MemMap

3.1.3 Alive 监控

（1）10ms ASW 的 Alive 监控

Alive 监控只有 1 个检查点，因此起始检查点 WdgMInternalCheckpointInitialRef 和结束检查点 WdgMInternalCheckpointFinalRef 的应该引用同一个 WdgMCheckpoint_Alive_Supervision_Checkpoint，如图 3-21 所示。

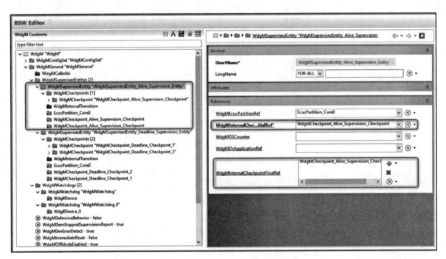

图 3-21　Alive 监控配置

在 WdgMMode 中，Alive Supervision 将被配置为以下内容（图 3-22）。

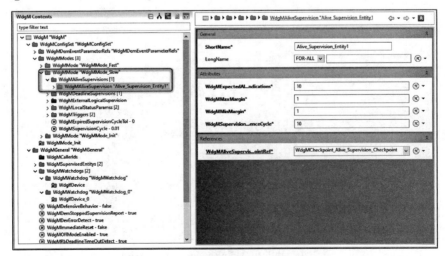

图 3-22　WdgMMode 的 Alive 监控配置

- WdgMSupervisionReferenceCycle 中的预期 Alive 标示：10。
- WdgMMaximumMargin，包含检查点的活动标示的数量，这些数量可以接受在相应的监控参考周期（10ms）内附加于预期的活动标示：1。
- WdgMMinMargin，包含在相应的监控参考周期（10ms）内从预期的存活指示中可以接受的检查点存活指示的数量：1。
- Alive 检查点参考：配置检查点的 Alive Supervision，然后通过配置 WdgMAliveSupervisionCheckpointRef 启用相应的受监控实体并处于该模式下的监控。

每个受监控实体都有自己的本地状态参数（图 3-23）。可以在此处配置最大失败 Alive 监控，此参数将包含受监控实体的可接受数量的参考周期以及不正确/失败的 Alive 监控。

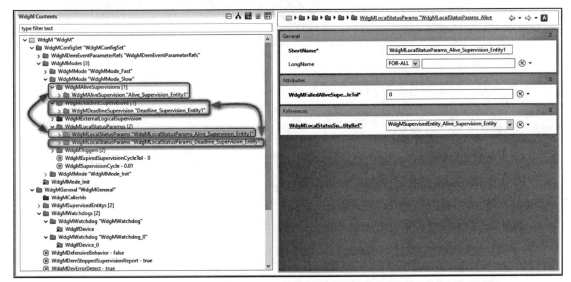

图 3-23　Alive 监控的实体本地参数配置

（2）Alive 监控出错处理

在 Alive 失败的情况下——指示的数量不在预期的时间跨度内，那么 WdgM 将不会继续通过执行触发条件值来触发 WdgMTriggers 配置的设备，并且 Alive 实体的状态本地参数已更改。

3.1.4　Deadline 监控

（1）10ms ASW 的 Deadline 配置

例如，为 10ms ASW 任务配置监控（图 3-24）：WdgMDeadlineSupervisedEntity_ASW_10ms。

一个简单的监控满足于一个 Deadline 监控时有两个检查点，开始检查点（Checkpoint Id：0），结束检查点（Checkpoint Id：1）。

在一个 WdgMMode 中，一个 Deadline Supervision 将被配置为以下内容。

- 通过 WdgMDeadlineStartRef 在 WdgMSupervisionReferenceCycle 中的预期开始标示：[WdgMCheckpoint_Deadline_Checkpoint_1]。
- 通过 WdgMDeadlineStopRef［WdgMCheckpoint_Deadline_Checkpoint_2］在 WdgMSupervisionReferenceCycle 中的预期停止标示。
- 达到 Deadline 的最长时间跨度。单位为 s，通过 WdgMDeadlineMax-10ms。

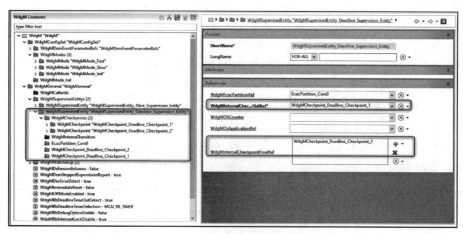

图 3-24　Deadline 监控配置

- 满足 Deadline 的最短时间。单位为 s，通过 WdgMDeadlineMin-0ms。这意味着停止检查点可以在 0～10ms 之间指示被视为后续指示。
- Deadline 检查点参考图 3-25。

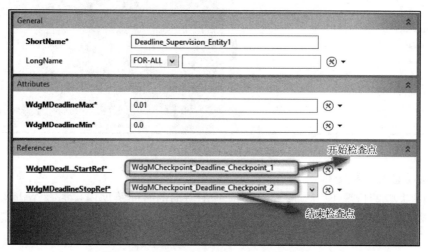

图 3-25　WdgM Mode 的 Deadline 检查点

配置检查点的截止时间监控，然后通过配置相应的 WdgMDeadlineStartRef 和 WdgMDeadlineStopRef 参数使相应的受监控实体处于该模式。

每一个监控实体都有自己的本地状态参数（图 3-26）。

（2）Deadline 监控的出错处理

在 Deadline 失败时，如果启动和停止标示不在预期的时间跨度内，WdgM 应停止通过 WdgMTriggers 关联的看门狗设备的"喂狗"动作。

3.1.5　Logical 程序流监控

（1）10ms ASW 的 PFC 配置

PFC 监控有 2 个或更多检查点，初始化和最终 PFCSupervisedEntity 应参考不同的检查点（图 3-27）。

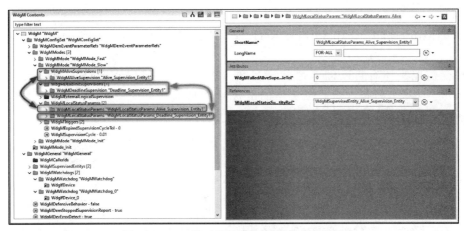

图 3-26　Deadline 监控的实体本地参数配置

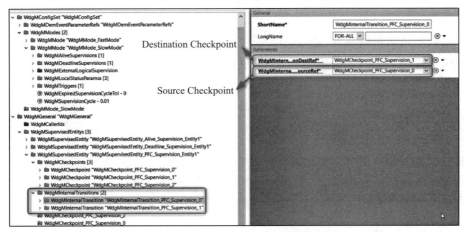

图 3-27　PFC 检查点的内部转换

应该有一个由被监控实体的检查点转换关系定义的程序流程图。

- WdgMInternalTransitionSourceRef：应参考内部转换的开始检查点。
- WdgMInternalTransitionDestRef：应参考内部转换的停止检查点。
- WdgMInternalCheckpointInitialRef：应参考进入程序流程的第一个检查点，如图 3-28

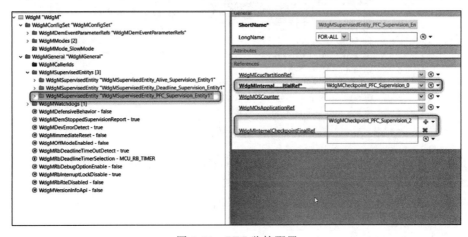

图 3-28　PFC 监控配置

• WdgMInternalCheckpointFinalRef：应参考最终检查点以退出程序流程，如图 3-28 所示。

PFC 受监控实体有自己的本地状态参数（图 3-29）。可以在此处配置最大失败 Alive Supervision。此参数将包含受监控实体的可接受数量的参考周期以及不正确/失败的 Alive Supervisions。

图 3-29　PFC 监控的实体本地参数配置

（2）PFC 监控的出错处理

在 PFC 失败的情况下——检查点之间的转换未按预期顺序进行，则 WdgM 应通过触发条件值为零来停止触发 WdgMTriggers 所关联的看门狗设备。

3.1.6　Watchdog Device——片内看门狗

（1）初始化

例如，配置为在逻辑核 0 上初始化软件看门狗定时器。

正如 AUTOSAR 所定义的，EcuM 管理 ECU 的启动。因此，MCAL 驱动程序初始化应在该模块中实现。为此，将在 ISOLAR-AB 中创建 EcuM 配置（图 3-30）。

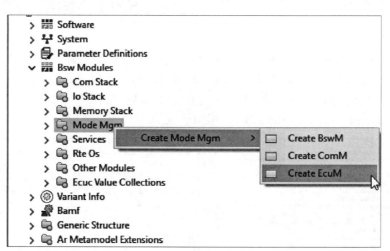

图 3-30　创建 EcuM 配置

为了声明需要初始化的模块，在 EcuMDriverInitListOne 的容器中（图 3-31），声明包含 Driver 模块信息的 EcuMDriverInitItems。

软件看门狗定时器驱动程序应通过添加以下配置来初始化（图 3-32）。

（2）MCAL 配置

MCAL 的配置有两种途径。

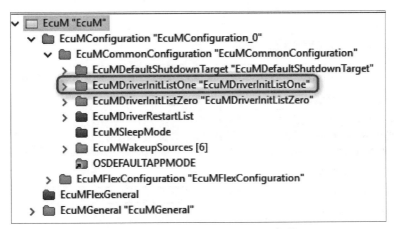

图 3-31　EcuMDriverInitListOne 容器

		EcuMDriverInitItem	EcuMModuleID	EcuMModuleP...	EcuMModuleS...	EcuMRbDriverInitCoreId
1	☐	Det	Det	NULL_PTR	Init	0
2	☐	Dem_PreInit	Dem	NULL_PTR	PreInit	0
3	☐	Mcu	Mcu	POSTBUILD_...	Init	0
4	☐	McuFunc	McuFunc	VOID	InitializeClock	0
5	☐	Gpt	Gpt	POSTBUILD_...	Init	0
6	☐	Dio	Dio	POSTBUILD_...	Init	2
7	☐	Port	Port	POSTBUILD_...	Init	0
8	☐	Icu	Icu	POSTBUILD_...	Init	2
9	☐	Os_core0	Os	VOID	InitializeVect...	0
10	☐	Os_core1	Os	VOID	InitializeVect...	1
11	☐	Os_core2	Os	VOID	InitializeVect...	2
12	☐	Can	Can	POSTBUILD_...	Init	1
13	☐	Lin	Lin	POSTBUILD_...	Init	1
14	☐	Adc	Adc	POSTBUILD_...	Init	2
15	☐	Pwm	Pwm	NULL_PTR	Init	2
16	☐	Spi	Spi	POSTBUILD_...	Init	2
17	☐	Fls	Fls	POSTBUILD_...	Init	0
18	☐	Wdg	Wdg	POSTBUILD_...	Init	0
19	☐	IoHwAbW	IoHwAbW	VOID	Init	2
bulk	☐					

图 3-32　在 EcuM 中添加 Wdg 初始化

- 基于 MCAL 供应商提供的配置工具 tresos 的配置。
- 使用 BIP 基于 ISOLAR 的配置（例如，TDA4VM 的 MCAL 配置生成）。

对于 Wdg 的配置（图 3-33）来说，在多数场景中，Wdg Alive 和 Deadline 监控使用内部看门狗监控系统的计时安全性。主核的内部 Wdg 应定期触发，并且触发窗口应在配置的窗口内。否则，Wdg 窗口到期并触发 FCCU 复位 MCU。

以基于 tresos 的内部看门狗定时器 SWT2 为例（基于 ISOLAR 的 MCAL 配置与 BSW 配置操作没有区别）：

- WdgDisableAllowed 配置为 TRUE；
- SWT2 的默认模式可以是 OFF_MODE。

在 WdgSettingsConfig_0 中（图 3-34），应提供系统时钟参考并链接到 MCU 时钟参考。CPU 内核的看门狗驱动程序初始化的默认模式应为关闭模式。

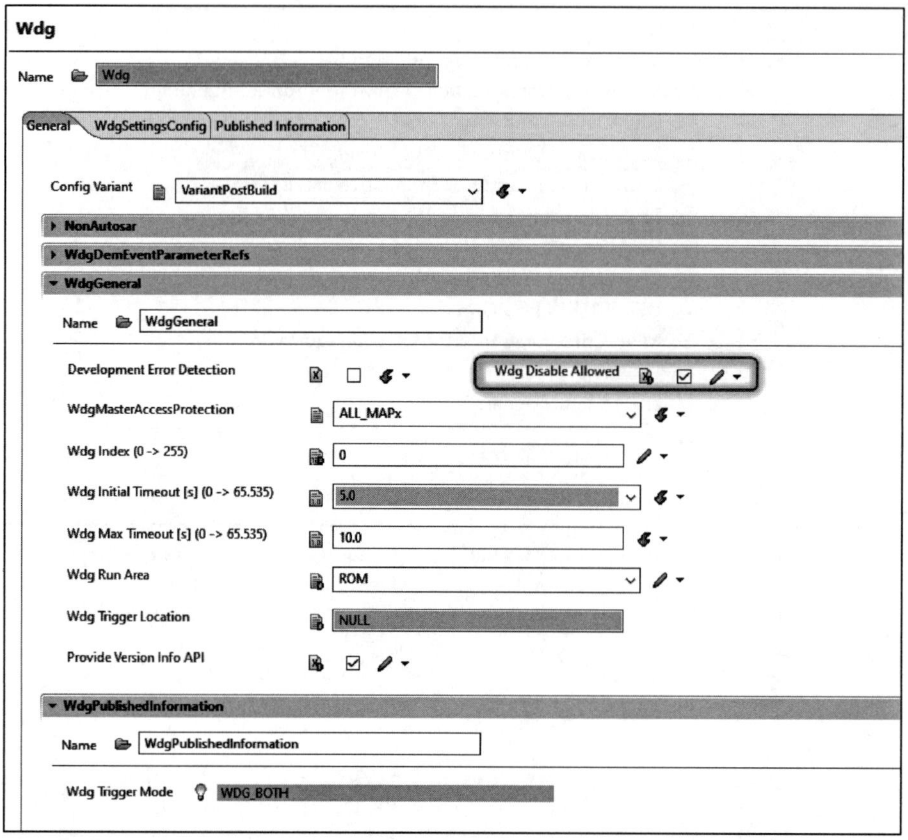

图 3-33 Wdg 通用配置

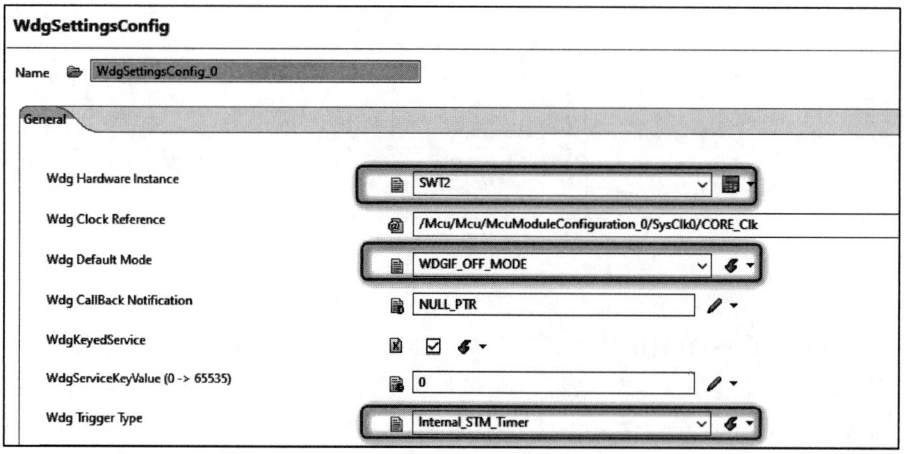

图 3-34 内部看门狗定时器设置

Wdg Trigger Type：选择用于服务看门狗的触发器类型。

选择 Internal_STM_Timer，通过硬件定时器来触发。在这种情况下，Wdg 驱动程序将直接访问硬件 IP STM/GST 以获取触发时基（图 3-35）。

SWT2 的超时值以毫秒为单位。一般来说，内部 Wdg 快速模式（图 3-36）应小于慢速模式（图 3-37）。快/慢模式超时值应与软件要求相对应。

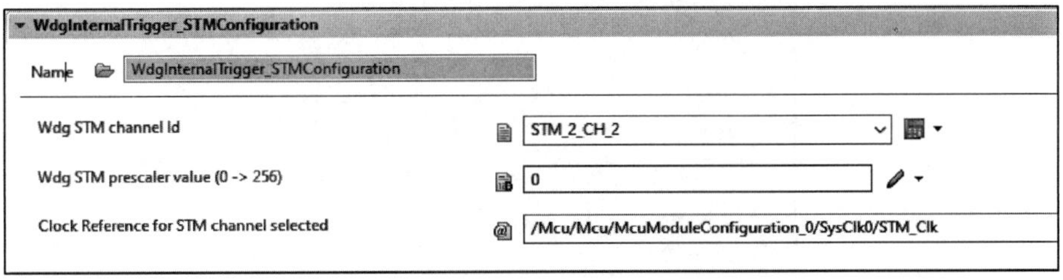

图 3-35　时基配置

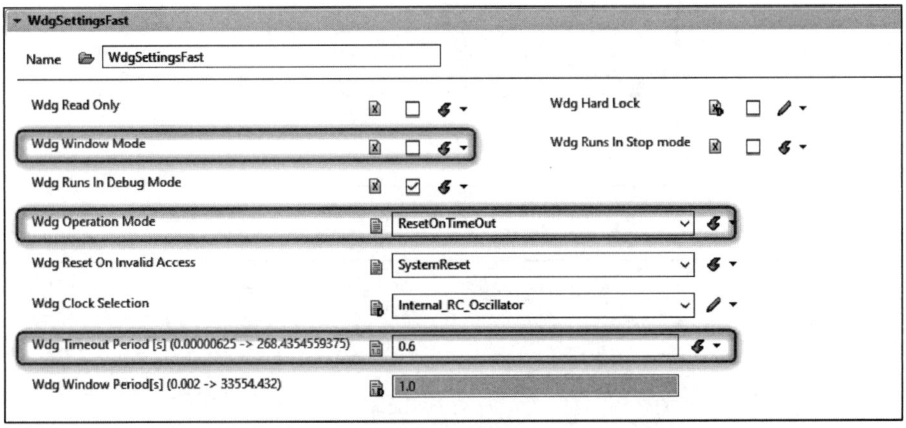

图 3-36　SWT 快速模式配置

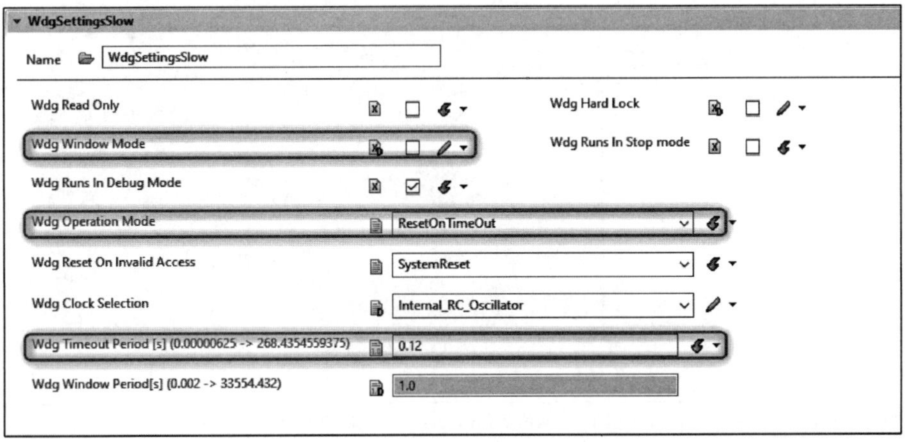

图 3-37　SWT 慢速模式配置

(3) 基于 tresos 的 MCAL 生成

对于使用 tresos 进行 MCAL 生成的用户，在 tresos 中导入 MCAL 配置（文件夹 .\Targets\[MCU]\MCAL\MCAL_Cfg），如图 3-38 所示。

导入工程后，应先加载配置，如图 3-39 所示。

如果需要，可以查看或修改所有配置。

最后，单击"Generate code for the currently selected project"按钮运行代码生成，如图 3-40 所示。

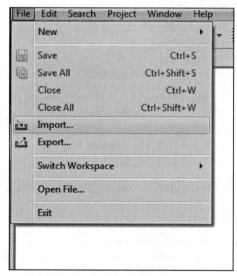

图 3-38 导入 MCAL 配置

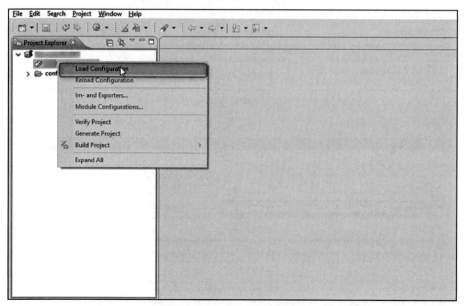

图 3-39 MCAL 加载配置

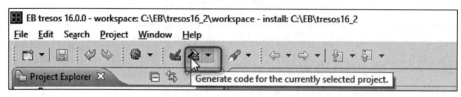

图 3-40 MCAL 代码生成

3.1.7 基于 ISOLAR 的 Cobra-MCAL 生成

对于使用 BIP 的用户，BIP Cobra-MCAL 插件已经集成了 MCAL 的配置和生成到 ISOLAR-B 中。用户需要按照以下描述安装 Cobra-MCAL 插件并运行生成 MCAL 即可。

(1) 安装并运行 Cobra Mcal_Importer

要安装 Cobra，用户可以通过工具栏中的 ISOLAR-AB｜Run｜External Tools｜External Tools Configuration，用鼠标右键单击"Program"来添加新配置，如图 3-41 所示。

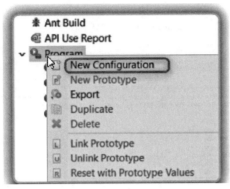

图 3-41　安装 Cobra MCAL 导入插件

如图 3-42 所示，按照步骤①～④设置 Cobra_Mcal_Importer 工具环境并单击"Run"运行。

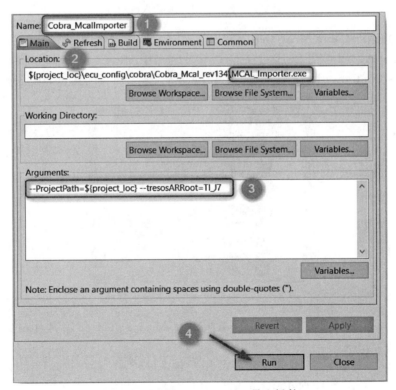

图 3-42　配置 Cobra MCAL 导入插件

点击"Run"，控制台打印信息，需要用户输入 MCAL 的 tresos 工程配置路径。用户输入路径并按"Enter"键确认，如图 3-43 所示。

控制台打印信息提示 ISOLAR-B 的 MCAL 配置信息已经成功导入 tresos 中，如图 3-44 所示。

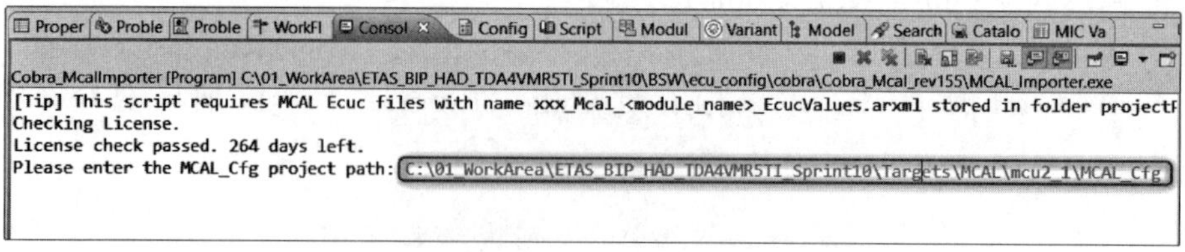

图 3-43 Cobra MCAL 导入

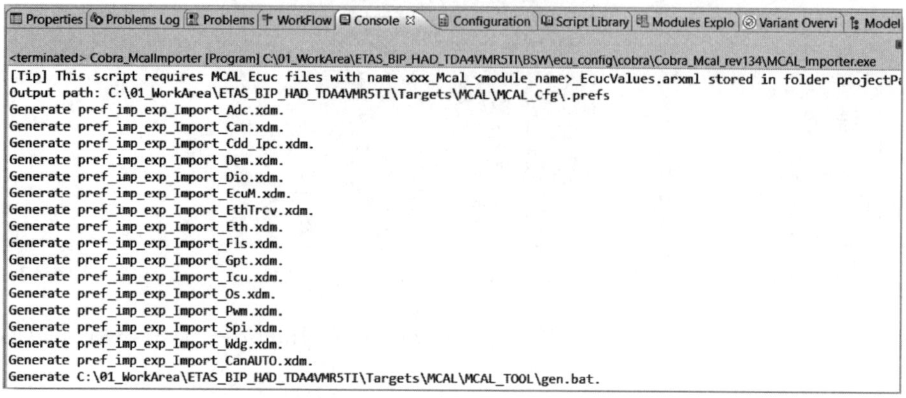

图 3-44 Cobra MCAL 导入成功

(2) 安装并运行 Cobra Mcal_Gen

要安装 Cobra，用户可以通过工具栏中的 ISOLAR-AB | Run | External Tools | External Tools Configuration，右键单击"Program"来添加新配置，如图 3-45 所示。

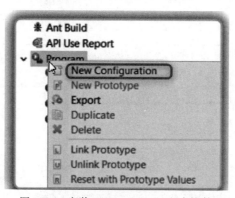

图 3-45 安装 Cobra MCAL 生成插件

如图 3-46 所示，按照步骤①～④设置 Cobra_Mcal_Importer 工具环境并单击"Run"运行。

点击"Run"，控制台打印信息，需要用户输入 MCAL 的 tresos 工程配置路径并按"Enter"键确认，如图 3-47 所示。

然后用户同样需要输入 MCAL 的 tresos workspace 路径并按"Enter"键确认，如图 3-48 所示。

作为运行 Cobra_McalGen 的结果，控制台打印信息提示 MCAL 的配置代码已经成功生成到工程路径［ProjectRoot］\Targets\MCAL\MCAL_Gen.，如图 3-49 所示。

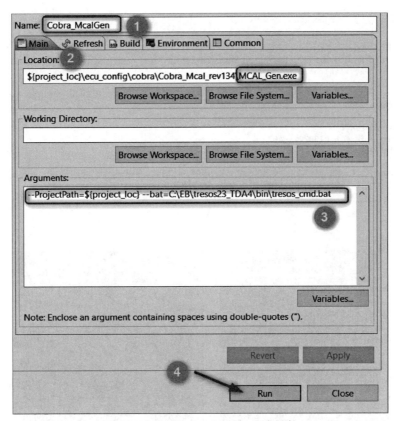

图 3-46 配置 Cobra MCAL 生成插件

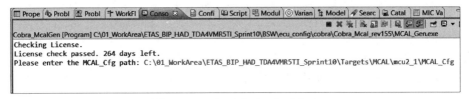

图 3-47 Cobra MCAL 生成导入

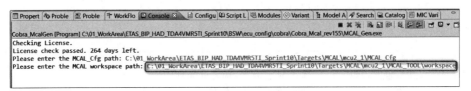

图 3-48 Cobra MCAL 生成成功

如图 3-50 所示，MCAL 配置代码被生成到工程输出路径下。

（3）Cobra 兼容性

注意：Cobra 按照不同的 MCAL 供应商对 MCAL 配置参数进行了适配，以确保用户基于 ISOLAR-B 的 MCAL 配置与生成无缝集成。同一个 BIP 往往无法确保对任何 MCAL 以及任何 RTA-CAR 版本同样无缝支持。用户可以与 ETAS 取得联系，获取更多支持。

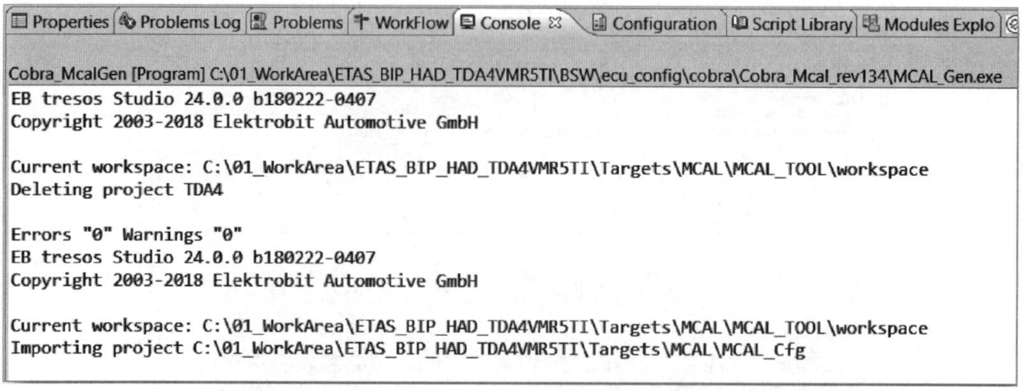

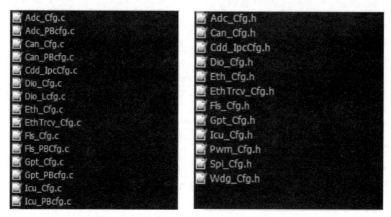

图 3-49 Cobra McalGen 生成信息台

图 3-50 Cobra McalGen 生成结果示例

(4) 软件集成

取决于不同的 MCAL 供应商的实现，往往 MCAL 代码的标准接口定义会被供应商添加编号，例如英飞凌的 AUTOSAR 用户编号为 17，而恩智浦半导体的 AUTOSAR 用户编号为 27。

因此在做 MCAL 的软件集成时，用户往往需要定义一层 MCAL 服务接口转换宏。如下是英飞凌 MCAL 的 Wdg 片内看门狗接口集成范例。

Internal Wdg：内部看门狗（图 3-51）。

#define Wdg_Init	Wdg_27_INT_Init
#define Wdg_SetTriggerCondition	Wdg_27_INT_SetTriggerCondition
#define Wdg_SetMode	Wdg_27_INT_SetMode
#define MCU_Rb_GetSysTicks()	STM_GET_COUNTER(STM_0_BASEADDR)

图 3-51 英飞凌 Wdg 服务接口适配

Wdg_27_SetTriggerCondition(uint16 timeout) 函数应考虑在触发条件超时值为 0、Alive 监控状态为 WDGM_LOCAL_STATUS_OK 和 Deadline 监控状态为 WDGM_LOCAL_STATUS_OK 时停止触发内部看门狗进行处理。

当内部 Wdg 失败时，应对 FCCU 中 SWT2 的复位原因进行设置，并且必须在下一次复位请求发生之前清除该标志。

要清除 SWT2 重置标志，请在 {Project_Root}/Integration/src/main.c 中（图 3-52）进行操作。

```c
void Fccu_Setup(void)
{
    VAR(volatile uint32, AUTOMATIC) Fccu_StatusRegister = 0U;
    MCU_PerformFccuOperation( FCCU_READ_RF_STATUS );
    MCU_FccuWaitForOprCompletion();
    Fccu_StatusRegister = REG_READ32( FCCU_RF_S0_R);
    while( (Fccu_StatusRegister & (uint32)((uint32)1U << ( SWT2_RESET ))) == (uint32)((uint32)1U << ( SWT2_RESET)))
    {
        MCU_Fccu_Clear_Isr_Flag(SWT2_RESET);
        MCU_PerformFccuOperation( FCCU_READ_RF_STATUS );
        MCU_FccuWaitForOprCompletion();
        Fccu_StatusRegister = REG_READ32( FCCU_RF_S0_R);
    }
    return;
}
```

图 3-52 英飞凌 FCCU SWT2 复位标志清除示例

3.1.8 Watchdog Device——外部看门狗

(1) 初始化

以 Spi 接口的 SBCFS6510 看门狗为例，集成外部看门狗时，需要配置 BswM 和 EcuM。

① EcuM：外部看门狗使用 Gpt 中断来触发 SBC_FS65，所以 Gpt 应该在 EcuM 中配置。Spi 用于 SBC 和 MCU 之间的通信，因此 Gpt_Init()和 Spi_Init() 函数在 EcuM 中配置如下（图 3-53）。

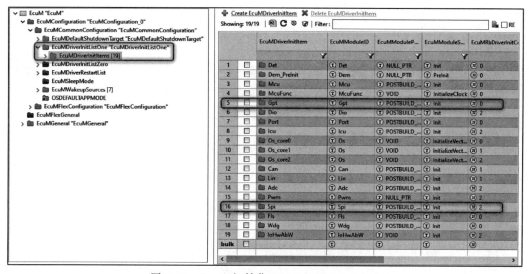

图 3-53 EcuM 初始化 Gpt_Init() Spi_Init()

详细参数见表 3-1。

表 3-1 创建一个与外部看门狗相关的 EcuM Init

Container Name(容器名称)	EcuMDriverInitItem	
Short Name(名称)	Spi	
Parameters(参数)	EcuMModuleID	Spi
	EcuMModuleParameter	POSTBUILD_PTR
	EcuMModuleService	Init
Short Name(名称)	Gpt	
Parameters(参数)	EcuMModuleID	Gpt
	EcuMModuleParameter	POSTBUILD_PTR
	EcuMModuleService	Init

② ExtWdg 应在 FS6510Drv_Init 执行 SBC 自检（包括 ERR 引脚测试、ABIST 和看门狗功能测试）和 SBC 初始化期间初始化。FS6510Drv_Init 应放在主核的 EcuM 初始化或者启动任务中。例如在启动任务中实现范例，如图 3-54 所示。

```
TASK(OSTask_Core2_Startup)
{
    FS6510Drv_Init();
    Spi_SetAsyncMode(SPI_INTERRUPT_MODE);
    CD1030Drv_Init(1);
    CD1030Drv_Init(2);
    CD1030Drv_Init(0);
    /* CD1030-0 should be called after 1 and 2 as user manual from supplier. */
    /* Reserved Task for extension. */
    CanTrcv_Init(NULL_PTR);
    /* Get input from CD1030 for wakeup sources validation later */
    CD1030_MainFunction();
    (void)CDD_Init();
```

图 3-54 外部看门狗初始化

(2) MCAL 配置

① Port 配置。外部看门狗使用 Spi 与 SBC_FS65 通信，因此相对应的 Spi Port 端口应参照表 3-2 配置，图 3-55 与图 3-56 为对应的配置示例。

表 3-2 Spi Port 配置

Pin(引脚)	Function(功能)	Direction(方向)	SBC Pin(SBC 引脚)
DSPI_0_SCK(PD.04)	DSPI_0_SCK	OUT	SCLK
DSPI_0_SOUT(PD.05)	DSPI_0_SOUT	IN	MISO
SBC_NCS(PE.8)	DSPI_0_CS0_IO	OUT	NCS
DSPI_0_SIN(PE.09)	DSPI_0_SIN	OUT	MOSI

DSPI0 用于 SBC 和 MCU 之间的通信。MCAL 中的端口配置，公式为：

$$PortPinPcr = GroupIdx * 16 + PinGroupIdx$$

GroupIdx：端口组索引（字母顺序以 A=0 开头）。
PinGroupIdx：端口组中引脚的索引（从 0 开始）。

PortPinPcr：物理引脚号（以 0 开头）。

如 Pin 52(52＝16＊3＋4) 应属于端口 D(Id＝3)PinId 为 4。

注意：端口分配与具体控制器强相关，因此 MCAL 的端口配置需要匹配具体控制器。

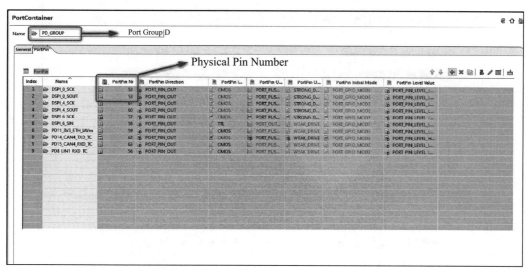

图 3-55 DSPI0 的端口容器配置

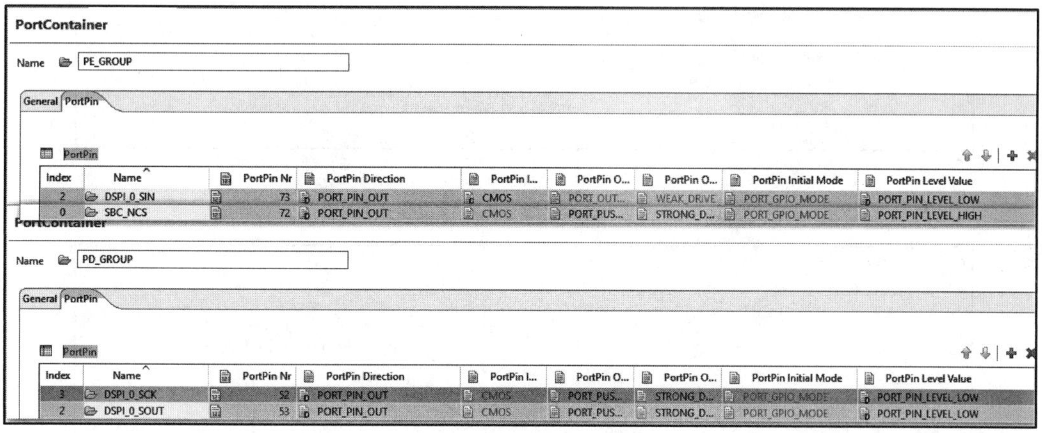

图 3-56 QSPI0 端口配置

② Gpt 配置。外部看门狗使用 Gpt 中断触发 1ms 周期，因此必须配置 Gpt，如图 3-57 及图 3-58 所示。

此通知用于在 OPEN Window 中以 100ms 为周期给外部窗口看门狗提供"喂狗"服务。

注意：看门狗的打开窗口等于关闭窗口，是 50％的超时时间。

③ MCU 配置。Gpt 从 PIT 通道 0 引用的时钟在 MCU 模块中配置，并从 PER_CLK0（AuxClockSelector12）引用，如图 3-59 及图 3-60 所示。

Spi 时钟 DSPI_CLK0 和 DSPI_CLK1 参考 MCU 模块（AuxClockSelector12）的配置，如图 3-61 所示。

④ Irq 配置。必须启用 Spi 和 Gpt 中断，因此需要配置 Irq 模块。由于 Spi 和 Gpt 的中断由 OS 管理，所以配置 Spi 和 Gpt 中断为 CAT2。

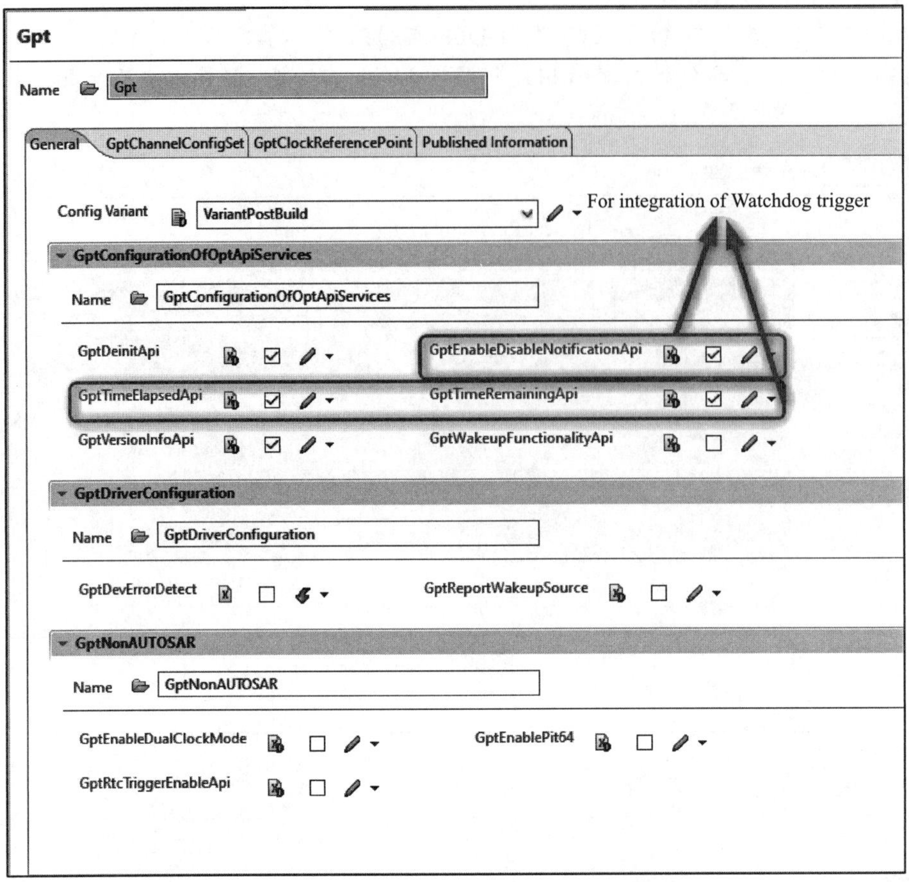

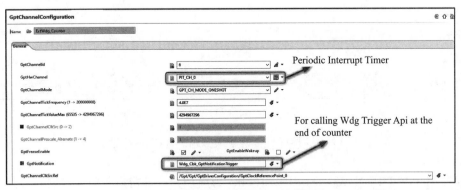

图 3-57 Gpt 通用配置

图 3-58 触发看门狗的 Gpt 通道配置

(3) 软件集成

取决于不同的 MCAL 供应商的实现，往往 MCAL 代码的标准接口定义会被供应商添加编号。

因此在做 MCAL 的软件集成时，用户往往需要定义一层 MCAL 服务接口转换宏。如下是英飞凌 MCAL 的片外 SBC 看门狗接口集成范例。

- 外部看门狗

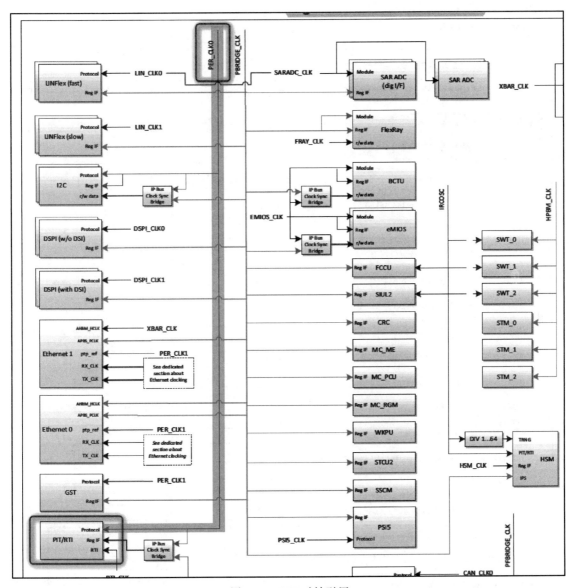

图 3-59 PIT 时钟引用

Wdg_SBC_SetTriggerCondition(uint16 timeout) 函数应在触发条件超时值为 0、Alive 监控状态不为 WDGM_LOCAL_STATUS_OK 和 Deadline 监控状态不为 WDGM_LOCAL_STATUS_OK 时停止触发外部看门狗。

Wdg_SBC_SetTriggerCondition(uint16 timeout) 函数应以超时值作为定时器值启动定时器，并且具有相同值的下一个函数调用不会影响定时器。如果超时值发生变化（0 除外），则应启动具有新值的新定时器。例如，以图 3-62 为实施范例。

(4) OS 配置

对于外部看门狗服务的配置资源，需要配置 Spi 和定时器中断。除了在前面的 MCAL 配置中配置相应的中断服务程序为 CAT2 中断外，用户也需要将该中断在 OS 配置中加以声明，以便 OS 能够响应和处理该中断服务。

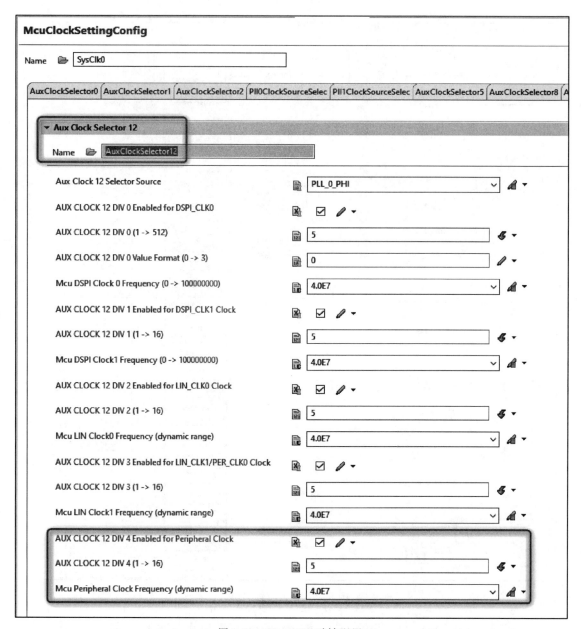

图 3-60 Gtm PIT 时钟配置

例如，要声明 MCAL 提供的中断服务程序 Gpt_Ch24Isr 为 OS 的 CAT2 中断，则在 ISOLAR-B 中配置 OSIsr，如图 3-63 所示。

- ShortName：Gpt_Ch24Isr。
- OSIsrCategory：CATEGORY_2。
- OSIsrAddress：Gpt 的中断向量号。

3.1.9 WdgM 的 RTE 服务应用

以下方法适用于主核。

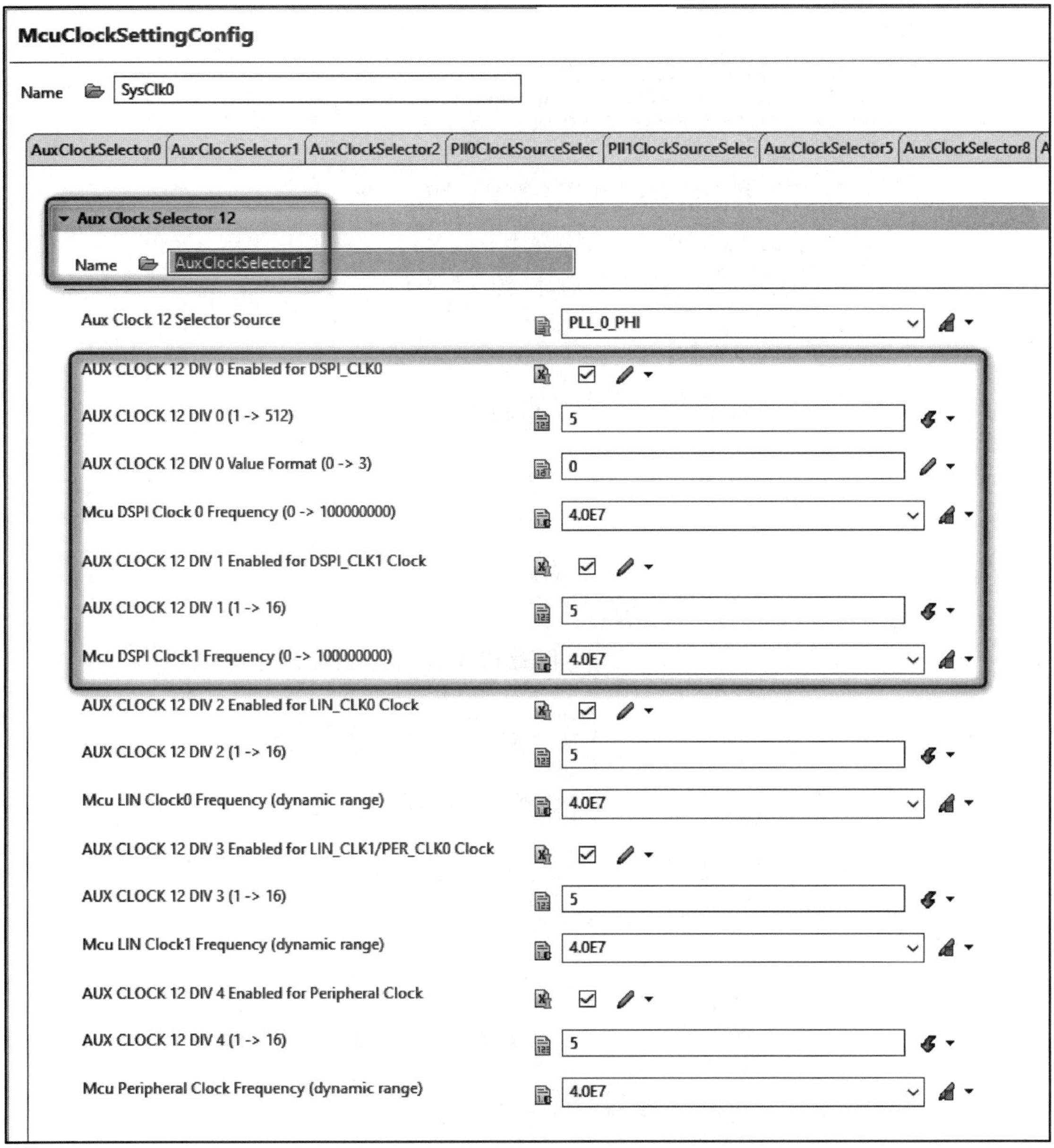

图 3-61 时钟配置

在 3.1.2 小节生成 WdgM 栈的代码后,WdgM 提供给应用层的服务(AUTOSAR 定义的标准接口)在 SWCD 中描述。

对位于 ASW 层的受监控实体,期望 RPort 用于监控目的,如图 3-64 所示是 WdgM 监控的 RPort 配置。

SWC 的可运行实体配置如图 3-65 及图 3-66 所示。

SWC 配置事件触发如图 3-67 所示。

然后在 Composition 中添加 WdgM 和 WdgMUT 到系统软件簇(图 3-68)。

为 WdgM 与 WdgMUT 创建 VFB 连接,以下示例为手工 VFB 连接,如图 3-69 所示。

然后重新生成 RTE。

```
FUNC(void, EXTWDG_CODE) Wdg_StartTimer(Gpt_ValueType timer)
{
    Gpt_ValueType remainValue;
    static Gpt_ValueType lastTimerVal = 0;
    Gpt_StopTimer(GptConf_GptChannelConfiguration_ExtWdg_Counter);
    remainValue = Gpt_GetTimeRemaining(GptConf_GptChannelConfiguration_ExtWdg_Counter);
    countWDG = remainValue/(TIMER_GPT_1MS_TICK);
    if(timer != 0U)
    {
        Gpt_EnableNotification(GptConf_GptChannelConfiguration_ExtWdg_Counter);
        if((remainValue == 0U) || (lastTimerVal != timer))
        {
            remainValue = timer;
            lastTimerVal = timer;
        }
        else
        {
            /* do nothing */
        }
        countWDG = remainValue/(TIMER_GPT_1MS_TICK);
        Gpt_StartTimer(GptConf_GptChannelConfiguration_ExtWdg_Counter, remainValue);
    }
    return;
}
```

图 3-62 外部看门狗定时器初始化

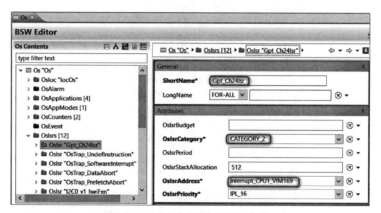

图 3-63 OS 中配置 CAT2 中断

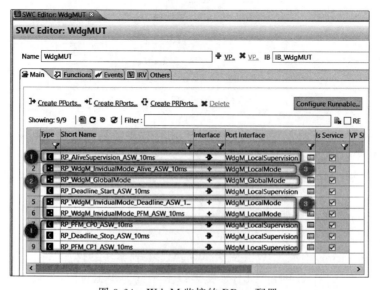

图 3-64 WdgM 监控的 RPort 配置

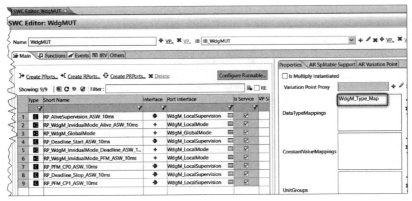

图 3-65　SWC 映射 WdgM_Type_Map

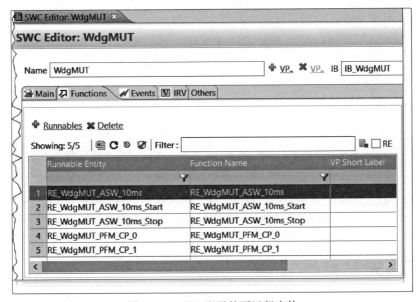

图 3-66　SWC 配置的可运行实体

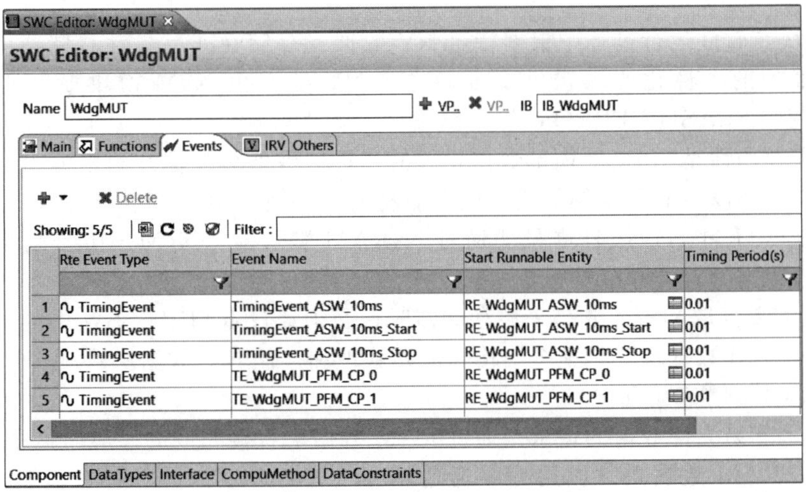

图 3-67　SWC 配置事件触发

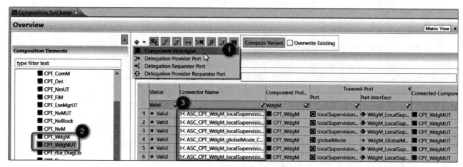

图 3-68 WdgM 服务接口连接

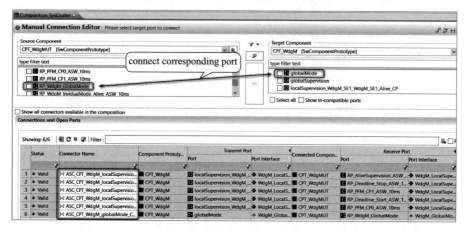

图 3-69 将监控 SWC 和 WdgM 端口进行映射

3.2 非易失性数据管理

3.2.1 概念

NvM 模块在软件运行过程中根据特定 NV 数据（存储在非易失性存储器中的数据）的数据存储和维护的个性化要求提供服务。这些 NV 数据由 NvM 模块提供的服务存储在 EEPROM 和/或 FLASH EEPROM 仿真设备中。

可变性和耐用性是与 ECU 内部数据相关的属性。数值可变但在跨电源上电循环周期内可用的数据，需要以 NV 数据的形式存储在非易失性存储器中。

在 AUTOSAR 中，应用程序只能通过 NvRAM 管理器（NvM）访问此非易失性存储器。该模块为数据的管理和维护提供所需的服务（同步/异步）。

当 SWC 需要读取和写入非易失性存储器时，必须通过 RTE 与 BSW 中的 NvRAM 管理器交互（"NvRAM 数据块"是整个结构，需要管理和存储 NV 数据块），也就是通过标准化的 AUTOSAR 接口❶来访问。

读取/写入非易失性数据的请求是通过 RAM 数据块直接完成的。应用程序和 NvM 可以同时访问公共 RAM 数据块。应用程序通过调用 NvMAPI 将数据写入/读取 RAM。NvM

---

❶ 标准化的 AUTOSAR 接口：这类接口是通过 RTE 连接用户定义的 Interface 与 BSW 提供的标准接口来实现的。

block 示意图如图 3-70 所示。

当用户的 NV 数据写请求发生时，NvM 模块将 NV 数据写请求与数据引用 ID 一起通过存储抽象层 MemIf 转发到 Fee（Flash EEPROM Emulation）或 Ea（EEPROM Abstraction）模块。如果请求被传递到 Fee 模块，Fee 模块将其转发给 Fls 驱动程序以请求服务。

而当用户发生读取请求时，NvM 会传递读回的数据块和引用 ID。MemIf 将此请求转发到 Fee（Flash EEPROM Emulation）或 Ea（EEPROM Abstraction）模块，如图 3-71 所示。

Memstack 配置如下。

(1) ASW 配置
- 创建 SWC。

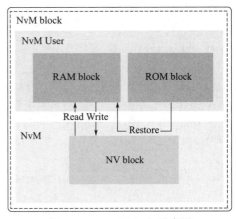

图 3-70　NvM Block 示意图

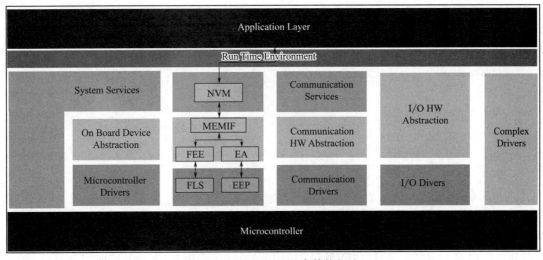

图 3-71　AUTOSAR 存储栈概述

- 定义 SWC 需要从 BSW 中读取/写入非易失性数据的内容。
- 创建 Rports（客户端口）。

(2) BSW 配置
- BSW 配置生成（ConfGen）：RTA-BSW 从 ASW 配置中获取关于非易失性内存的信息（在上述步骤中），并自动生成 NvM 存储栈的基本配置（包括 NvM、MemIf、Fee）。
- 根据用户特定要求进一步手动配置 NvM 存储栈。
- 配置 EcuM，BswM 支持 NvM 存储栈功能。
- BSW 代码生成。

(3) MCAL 配置

Flash 配置和代码生成。

(4) 4RTE 配置
- 连接 SWC 和 NvM 服务组件。
- 将内存服务（NvM，Fee，Fls）可运行文件映射到 OS 任务中。

此外，NvM 还为启动和关闭序列提供服务，以执行全部写入和读取所有添加到 BSW 中 NvM 数据块配置的非易失性应用程序数据。

3.2.2 基础存储元素

(1) NvM block 对象

基本存储对象 block 是 NvRAM 数据块的最小实体（图 3-72）。多个基本存储对象 block 共同构建起 NvRAM 数据块。不同的内存位置（RAM、ROM、NV 内存）都可以有基本存储对象 block。

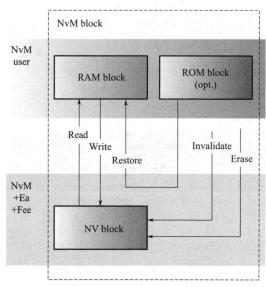

图 3-72　NvM block 结构

- RAM 数据块：RAM 数据块是一个基本存储对象，代表驻留在 RAM 中的 NvRAM 的一部分，是 NvRAM 配置中一类可选的用于保存实时数据的 block 类型。
- ROM 数据块：ROM 数据块是一个基本存储对象，表示驻留在 ROM 中的 NvRAM 的一部分，也是 NvRAM 配置中一类可选的 block 类型。ROM block 的内容是持久的，在程序执行过程中不能修改，并保留在 ROM/Flash 中，用于在 NV 数据块为空或损坏的情况下提供默认数据。
- NV 数据块：NV 数据块是一个基本存储对象，表示 NvRAM 中保留在 NV 内存中的部分，是 NvRAM 配置中必须配置的 block 类型。NV block 的内容是持久的，但可以在程序执行期间进行修改并驻留在 Flash 中。它用于保存定期或根据请求存储的实时数据。
- Administrative 管理数据块：管理数据块是一个基本存储对象，保留在 RAM 中，是 NvRAM 配置中必须配置的 block 类型。用于保存相应 NvRAM 数据块的属性/错误/状态信息以及数据块索引，特别是对于 Dataset 类型的 NvRAM 数据块。

(2) Fee 布置

Fee 是 Flash EEPROM Emulation 的缩写形式，允许将数据存储到非易失性存储介质中。

要存储的数据以数据块的形式组织，可以为每个数据块的配置分配特定的特征与内容。每个数据块都根据其配置的特征进行处理。

① Fee 扇区布置如图 3-73 所示。

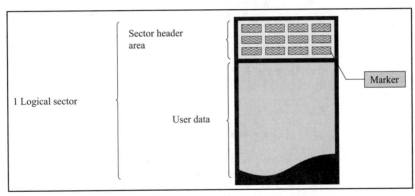

图 3-73　Fee 扇区布置

每个单独的扇区都有一个专用的扇区头区域（图 3-74）。这个区域对应一个逻辑扇区——几个物理扇区组合而成。此区域存储扇区数据的关键信息。

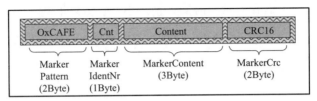

图 3-74　Fee 扇区头结构

② Fee 数据块。
- 每个 Fee 数据块的管理信息都用于识别数据闪存或外部闪存内的用户数据。
- 每个 Fee 数据块的管理信息都需要 14 个字节并且直接位于用户数据之前。
- 同一个 Fee 数据块的数据新鲜度可以由该数据块位于 flash 内的位置确定。最新数据总写在最后一个写入块的后面，因此 Fee 数据块的存储不需要版本处理。
- 由于 Fee 数据块的存储不是以固定地址分配的，因此必须以某种方式标记新数据块的开始，如图 3-75 所示。

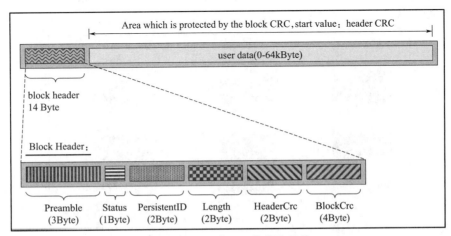

图 3-75　Fee 中 NV 数据块结构

NV 数据块结构见表 3-3。

表 3-3　NV 数据块结构

NV 数据块结构	描述
Preamble:0xA53C96	有助于识别新块头的固定模式
FeeIdx	数据块配置的持久 ID(这是 NvM 数据块的 NvMRbBlockPersistentId)，对于每个块都是唯一的
Length	数据块中的用户数据长度
HeaderCrc	使用 CRC16 校验和来验证块头，起始值为 0xCAFE
BlockCrc	CRC32 校验和。保护块数据，以检测编程中断和位错误。它的起始值是 HeaderCrc
Status	数据块状态由一个字节组成，用于描述 flash 中的块特性

(3) NvM 数据块类型

NvM 支持下面 3 类 NvRAM 类型。

① Native NvRAM block。Native NvRAM 数据块是最简单的 NvRAM 数据块，它在所有类型的 NvM 数据块中存储和检索的时间开销最小。它由以下基本存储对象组成。

- NV 数据块：1。
- RAM 数据块：1。
- ROM 数据块：0…1。
- 管理数据块：1。

② Redundant NvRAM block。相较于 Native NvRAM 数据块，Redundant NvRAM 数据块还提供增强的容错性、可靠性和可用性，而且增加了对数据损坏的抵抗力。它由以下基本存储对象组成。

- NV 数据块：2。
- RAM 数据块：1。
- ROM 数据块：0…1。
- 管理数据块：1。

③ Dataset NvRAM block。数据集 NvRAM 数据块（图 3-76）是大小相等的数据块阵列。应用程序可以一次访问该数据块中的一个。它由以下基本存储对象组成。

- NV 数据块：1...NvMNvBlockNum。

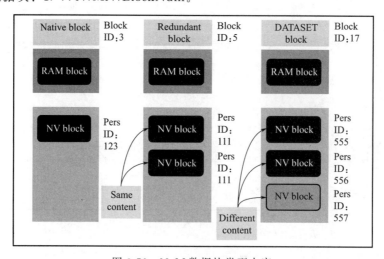

图 3-76　NvM 数据块类型内容

- RAM 数据块：1。
- ROM 数据块：0..NvMRomBlockNum。
- 管理数据块：1。

3.2.3 存储操作

NvM 提供了 5 种数据操作。
- 从存储介质中读取一个数据块。
- 将数据块写入存储介质。
- 恢复数据块默认值（不影响存储媒体内容）。
- Invalidate❶ 标记存储介质上的数据块无效。
- Erase❷ 擦除存储介质上的数据块。

（1）NvM 单数据块操作

用户可以在任意时间触发单数据块操作（表 3-4）。
- 单数据块操作是异步的，所以返回值只表示是否接受执行操作的请求。
- 要操作的 NvM 数据块由相应的数据块 ID 指定（在 CAPI 中，始终使用 #define NvMConf_NvMBlockDescriptor_Name，而不是 ID 值本身）。

表 3-4 NvM 单数据块操作服务

任务	Api
从 RAM 读到 NV	NvM_ReadBlock
将 NV 数据写入 RAM	NvM_WriteBlock
恢复 RAM	NvM_RestoreBlockDefaults
使 NV 无效	NvM_InvalidateNvBlock
擦除 NV	NvM_EraseNvBlock

（2）NvM 多数据块操作

多数据块操作只能由系统控制访问触发。
- NvM_ReadAll。
- NvM_WriteAll。
- NvM_Rb_FirstInitAll。

和单数据块操作一样，多数据块操作也是异步的；参与多数据块操作必须在数据块配置中明确启用（每个操作和数据块一个开关）；只有具有静态配置 RAM 数据块或显式同步的数据块才能参与 ReadAll 或 WriteAll；多数据块操作永远不会中断单数据块操作，反之亦然。

注意：调用 NvM_SetRamBlockStatus（TRUE）对于 WriteAll 是必不可少的。

（3）数据重组

将仅位于最旧 FULL 扇区内的所有最新有效副本复制到活动（"USED"）扇区中。之后，最旧的 FULL 扇区被擦除，以便为新数据获得额外的空间。

Fee 重组的基本步骤（图 3-77）如下。

第一步：使用的扇区 S3 达到重组门槛。

---

❶ Invalidate：将数据块标记为无效，读取时无数据返回。
❷ Erase：将数据块内容擦除为空，读取时无数据返回。

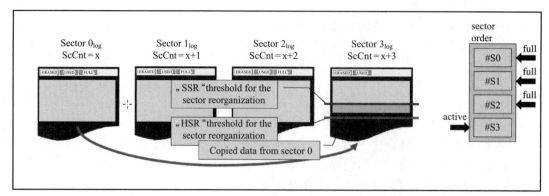

图 3-77　Fee 重组操作

- SSR＝1/3 * total flash size。
- HSR＝1/5 * total flash size。

第二步：开始检查必要的数据块，并将第一个数据块从最旧的 FULL（S1）复制到 USED 扇区（S3）。

第三步：复制完成后擦除 S1。

只有在确保任何数据块的所有最新副本都有效并且在最旧的 FULL 扇区之外的情况下，才能完成完整的重组（SSR 和 HSR）。

3.2.4　存储栈的配置与生成

(1) NvM ASW 配置

在本小节中，以 SWC 为 NvM 用户为例，创建一个应用软件组件 SWC，以便在 BSW 中生成 Mem 栈的基本配置。

要为 NvM 配置 SWC，用户首先需要创建 NvM SWC（及必要的配置，例如其数据类型、内部行为、可运行实体、事件等），配置 Per Instance Memory（PIM 属于 SWC 的持久存储，它是 SWC 的私有内存，因此只有可运行程序才能访问该 SWC）和 NvBlockNeeds（包含 SWC 的 NV 内存信息）。

基于这些，用户可以按照下面的步骤进行创建和配置。

① 创建一个应用软件组件（例如，ASW_NvM），如图 3-78 所示。

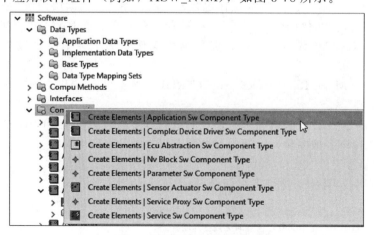

图 3-78　为 NvM 创建 ASW

② 创建内部行为，如图 3-79 所示。

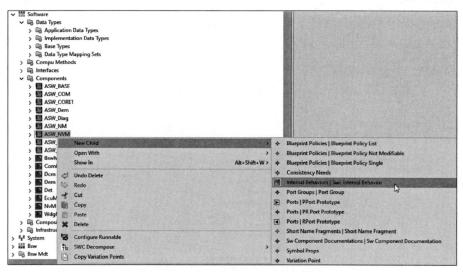

图 3-79　创建 ASW_SWC 内部行为

③ 打开内部行为并映射到正确的类型来创建 PIM，如图 3-80 所示。

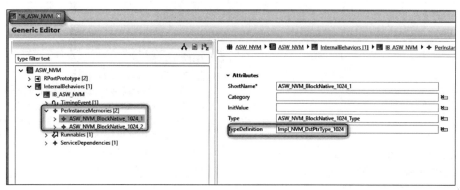

图 3-80　创建 PIM

④ 创建 NvBlockNeeds，如图 3-81 所示。NvBlockNeeds 的配置将由 NvRAM Manager 引用。用户需要考虑可以使用哪种存储场景——循环、立即、下电。

(2) BSW 配置和生成

在本小节中，用户可以按照下面的步骤在 BSW 中配置模块。

- 使用 ISOLAR 的 Generate ECU Configuration Wizard 选项（图 3-82）自动生成 Mem 栈的基础配置。
- 进一步根据用户具体要求手动配置 NvM 存储栈（NvM、MemIf、Fee）。
- 配置 EcuM、BswM 以支持 NvM 存储栈功能。
- 使用选项 RTA-BSW 代码生成 BSW 代码。

用户运行 ISOLAR 的 Generate ECU Configuration Wizard 时，ISOLAR 读取 SWC 的 PIM 以及 NvBlockNeeds 描述来生成 NvM 存储栈的基础配置。

① NvM 配置。Generate ECU Configuration Wizard 生成的 NvM 基础配置如图 3-83 所示。

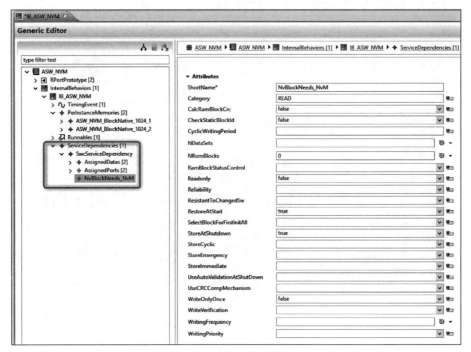

图 3-81　创建 NvBlockNeeds

图 3-82　BSW 配置自动推送

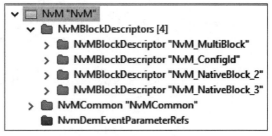

图 3-83　NvM 基础配置

首先，建议用户重命名数据块，使其在 NvM 和 SWC 之间可追溯。前两个数据块是默认生成的，不应删除。

然后根据具体要求，用户可以手动创建其他具有合适参数的 NvM 数据块。

用户需要考虑的参数如下。

- NvMBlockCrcType：CRC 校验类型。
- NvMBlockJobPriority。
  - +0-Immediate priority：该数据块既没有多数据块读取，也没有多数据块写入操作。
  - +1-Standard priority：如果 NvMSeclectBlockForReadAll 为真，则具有多数据块读取功能；如果 NvMSelectBlockForWriteAll 为真，则具有多数据块写入功能。
- NvMBlockManagementType：NvRAM 数据块的类型，可以是 dataset、native 或者 redundant。
- NvMRamBlockDataAddress：定义了永久 RAM 数据块数据的起始地址，用户可以输入十六进制地址，一个链接器符号。如果用户想指定此数据块不应使用永久数据块，则不输入。

如图 3-84 所示是 NvMnative 数据块的基础配置。

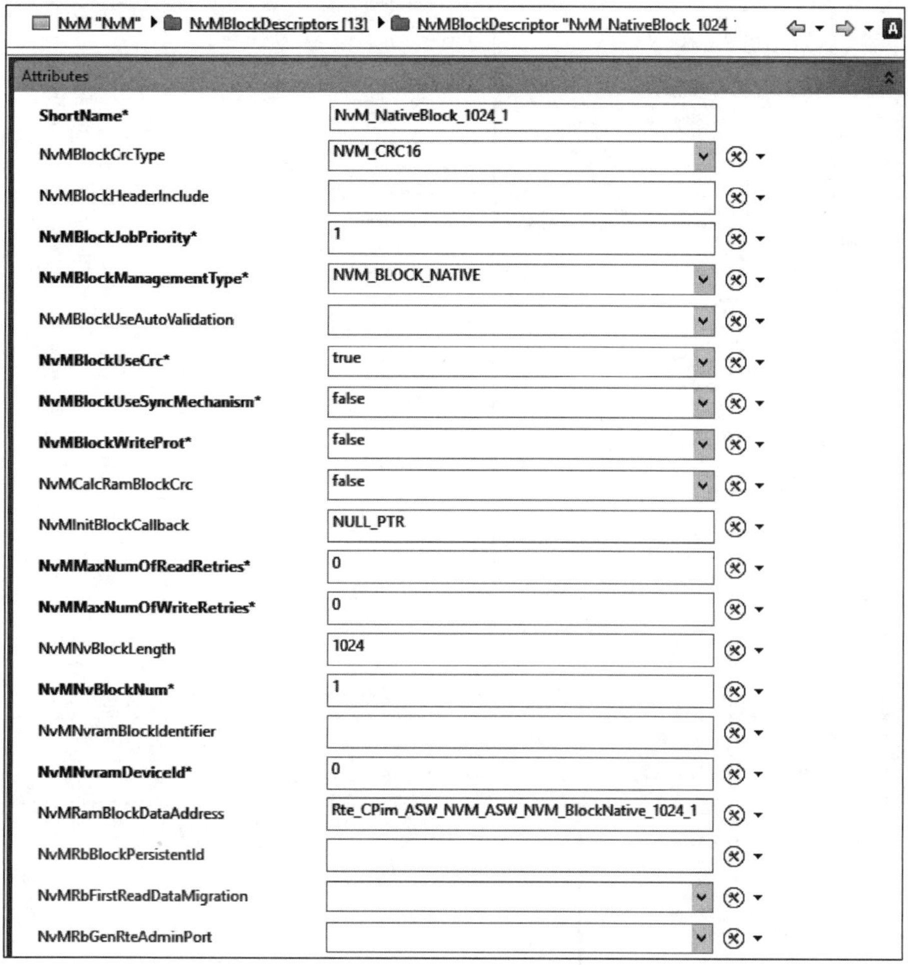

图 3-84　NvM native 数据块的基础配置

之后，配置 NvM 的通用参数，如图 3-85 所示。例如 NvMMainFunctionCycleTime，它定义了 Mainfunction 的循环周期。

② MemIf 配置。MemIf 配置相对简单，可以参照图 3-86 所示。

③ Fee 配置。Fee 的通用参数配置如图 3-87 所示。

注意：用户可以使用参数 FeeRbMachineType 选择微控制器的类型，自动生成 Fee 部分信息。但是，如果不支持微控制器的类型或用户想要定义扇区，可以配置 FeeRbSector Table，如图 3-88 所示。

每个 Fee 扇区的 Sector Size 参考 MCAL 中 Flash 模块的具体配置。

用户无须添加 FeeBlockConfiguration，因为 RTA-BSW 在执行 BSW 代码生成时会自动将数据块信息，并从 NvM 转发到 Fee。

④ BSW 生成。

- RTA-BSW 代码生成器用于 BSW 模块的配置代码生成。它读取 AUTOSAR XML 配置并生成 BSW 静态代码和它指定的配置代码。

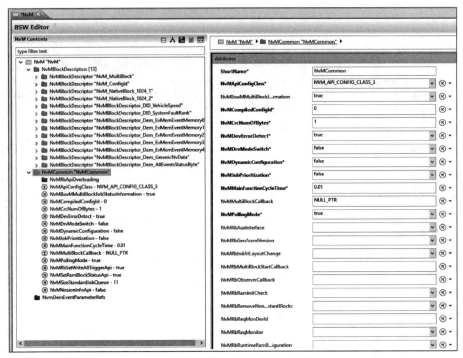

图 3-85　NvM 通用参数基础配置

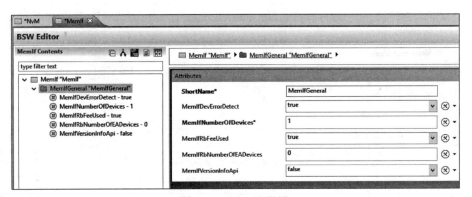

图 3-86　MemIf 配置

- 在使用特定的配置集完成所有 BSW 模块配置后，用户使用 RTA-BSW 代码生成工具生成代码。点击 "Open RTA Code Generation Dialog"，如图 3-89 所示。
- 点击 "Run" 按钮生成 BSW 代码。
- 如果需要再次生成 BSW，但用户没有新增加需要生成的 BSW 模块，则可直接点击 "Generate RTA-BSW" 进行生成，如图 3-90 所示。

(3) MCAL 配置和生成

MCAL 的配置有两种途径。

- 基于 MCAL 供应商提供的配置工具 tresos 的配置。
- 使用 BIP 基于 ISOLAR 的配置（例如，TDA4VM 的 MCAL 配置生成）。

这里以基于 tresos 的一般性配置操作为例。对于使用 ISOLAR 的 MCAL 配置生成，请参见 3.1.7 小节中基于 ISOLAR 的 Cobra-MCAL 生成（基于 ISOLAR 的 MCAL 配置与

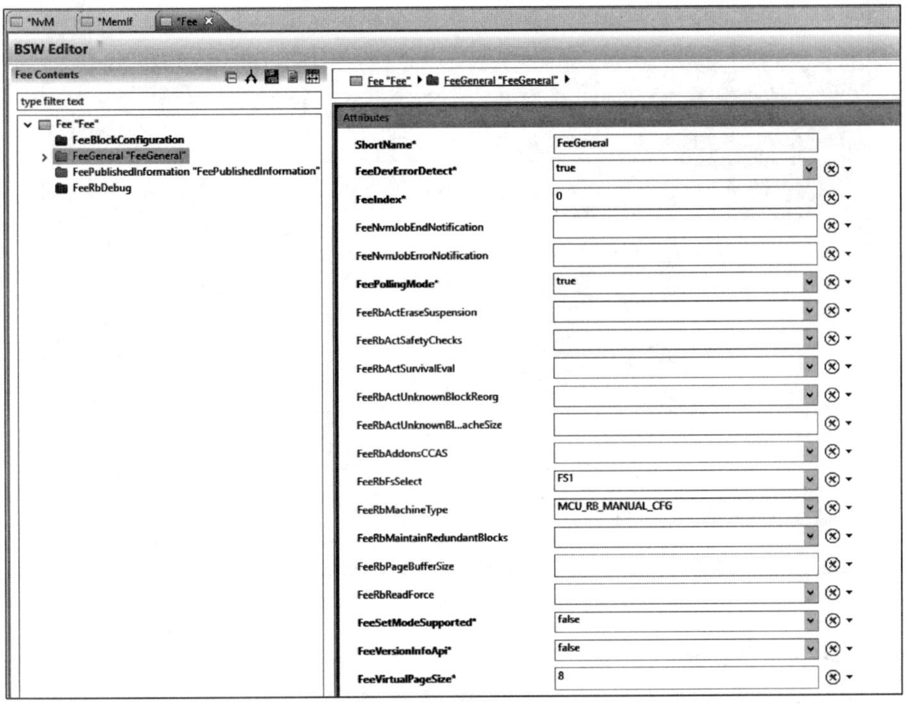

图 3-87 Fee 的通用参数配置

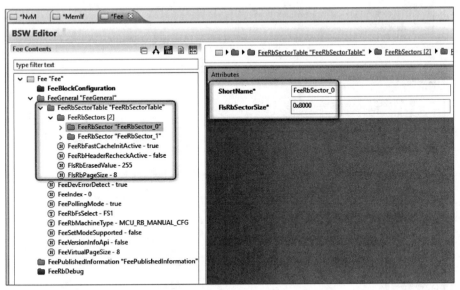

图 3-88 配置 Fee 扇区

BSW 配置操作没有区别）。

对于使用 tresos 做 MCAL 配置生成的用户，在 tresos 中导入 MCAL 配置（文件夹 .\Targets\[MCU]\MCAL\MCAL_Cfg），将项目加载到 tresos 工作区开始配置。

对于支持对内部闪存进行读/写的内存服务，需要根据具体的芯片信息配置模块 Fls。如图 3-91 所示是一些主要的配置参数。

配置 Fls4 个扇区（Fee 要求至少 2 个扇区），步骤如下（图 3-92 和图 3-93）。

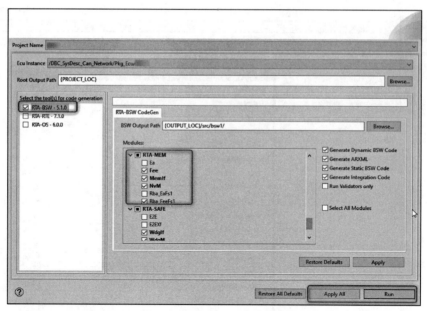

图 3-89　选择 BSW 生成模块

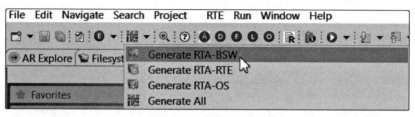

图 3-90　BSW 生成

图 3-91　配置 FlsAcErase 和 FlsAcWrite

第 3 章 基于 TDA4VM BIP 的 SysCluster 系统软件簇

- 所有 4 个扇区都应分配在闪存 EEPROM 数据分区 2 中。
- 每个扇区应等于此分区中的 1 个数据块。

Table 485. Flash Memory EEPROM DATA Partition 2 memory map					
Block	1st Flash sector Addresses 2nd Flash sector	Size	Address Space	LOCK	SEL
D0_00	0x0080_0000 to 0x0080_FFFF	64 KB	High	HIGHLOCK[0]	HIGHSEL[0]
D0_01	0x0081_0000 to 0x0081_FFFF — 3rd-Flash-sector	64 KB	High	HIGHLOCK[1]	HIGHSEL[1]
D0_02	0x0082_0000 to 0x0082_FFFF — 4th-Flash-sector	64 KB		HIGHLOCK[2]	HIGHSEL[2]
D0_03	0x0083_0000 to 0x0083_FFFF	64 KB	High	HIGHLOCK[3]	HIGHSEL[3]

图 3-92 数据 Flash 分区 2 中数据块的详细信息

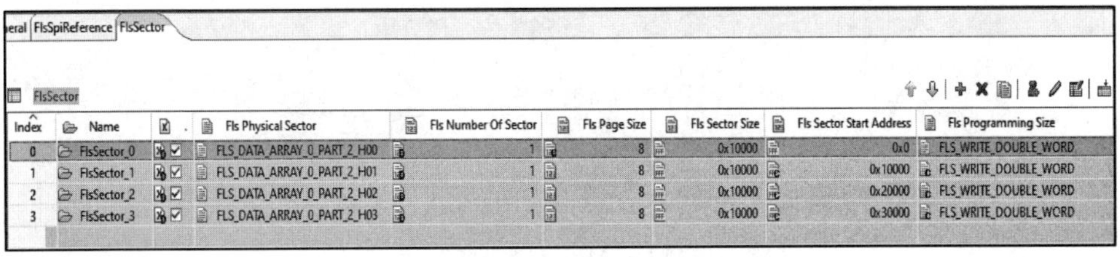

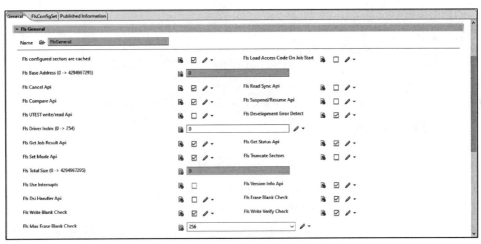

图 3-93 Fls 扇区配置

扇区的大小必须与物理扇区配置相匹配。可以自动计算每个扇区的起始地址，这不是物理起始地址，而是逻辑地址。

然后进行 Fls 的一些通用配置（图 3-94）。

图 3-94 Fls 通用配置

最后，点击 执行 MCAL 代码生成。

（4）代码集成

在将 MCAL Fls 与 Fee 进行代码集成时，用户根据具体的 MCAL Fls 特点需要实现以下功能。

- Fee_Fls_SyncRead：该函数执行从数据 Flash 中同步读取数据。
- Fls_BlankCheck：此函数用于与 Fls MCAL 模块中的 Fls_Compare API 进行交互，以检查目标内存区域是否为空白。

3.3 使用 Cobra-BIP 的系统服务

3.3.1 模式应用

使用 ExeMgr 在启动、运行和关闭期间收集 ECU 与网络状态，以执行特定的状态更改，如图 3-95 所示。
- 周期读取网络状态，决定是否请求 FULL/NO 通信。
- ExeMgr 将循环检查唤醒源以决定请求是否运行。

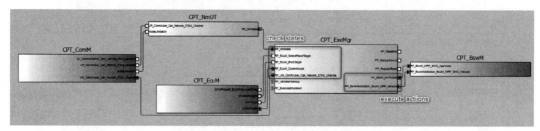

图 3-95　ExeMgr 的服务接口示例

（1）启动时检查 ECU 复位原因

IPExeMgr 在 SysCluster 启动时读取由 RE_ExeMgr_EvaluateReset()在 EcuM 中配置的最后一个复位原因，方法是在最高优先级的 SysCluster 非抢占式自动激活（图 3-96）OS任务的开头设置它。

图 3-96　SysCluster 非抢占式自动激活任务

这样，RE_ExeMgr_EvaluateReset()保证在 EcuM 初始化和操作系统启动后，在 SysCluster 应用程序运行前运行，就能获取到复位原因并提供给用户。

注意：用户可以根据具体应用在 RE_ExeMgr_EvaluateReset()中检查复位原因以及项目特定需求执行用户集成。

（2）检查启动时的主动唤醒源

BIPExeMgr 在 EcuM 初始化和操作系统启动后立即在 SysCluster 启动时评估 ECU 重置原因，通过 RE_ExeMgr_EvaluateWakeup()检查活动唤醒源，如图 3-97 所示。

如果至少有一个活动唤醒源处于活动状态，ExeMgr 会将此唤醒源通知 EcuM 并继续启动过程和调度。

BswM 也将捕获 EcuM 唤醒源的状态通知，然后将执行通信启动的操作，如图 3-98 所示。

如果未检测到有效的启动源，BIP 将启动 BswM 管理的关闭进程并进行调度。

```
FUNC (void, ExeMgr_CODE) RE_ExeMgr_EvaluateWakeup(void)
{
    /* Trigger validation of current wakeup source at startup. */
    Rte_IrTrigger_RE_ExeMgr_GetWakeupSource_ITP_GetWakeupSource();

    if(STARTUP_SOURCE_NONE != Rte_IrvIRead_RE_ExeMgr_EvaluateWakeup_ExeMgr_StartupSource())
    {
        /* The pending Wakeup Events will be reported to EcuM by EcuM_SetWakeupEvent immediately after StartOS. */
        EcuM_SetWakeupEvent(EcuMConf_EcuMWakeupSource_ECUM_WKSOURCE_POWER);
        EcuM_ValidateWakeupEvent(EcuMConf_EcuMWakeupSource_ECUM_WKSOURCE_POWER);
    }
    else
    {
        Rte_Call_RP_EcuM_SelectResetTarget_SelectShutdownTarget(ECUM_SHUTDOWN_TARGET_OFF, ECUM_RESET_MCU);
        Rte_Call_RP_EcuM_SelectResetTarget_SelectShutdownCause(ECUM_CAUSE_ECU_STATE);
        Rte_Switch_PP_BswM_APPMode_MDGP_APPMode(RTE_MODE_MDG_ECUM_STATE_ECUM_STATE_POST_RUN);
    }
}
```

图 3-97　ExeMgr 的活动唤醒源检查

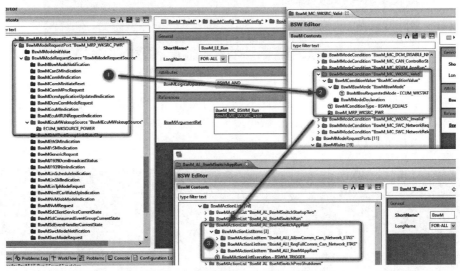

图 3-98　BswM 的唤醒源与唤醒动作列表

注意：RE_ExeMgr_EvaluateWakeup() 通过 RE_ExeMgr_GetWakeupSource() 检测活动唤醒源，其中 BIP 将硬线唤醒默认设置为如图 3-99 所示的内容。

```
FUNC (void, ExeMgr_CODE) RE_ExeMgr_GetWakeupSource(void)
{
    ExeMgr_StartupSourceType startupSource = ~STARTUP_SOURCE_NONE;
```

图 3-99　ExeMgr 硬线唤醒源检查服务

用户可将项目特定的硬线唤醒源检测代码添加到 RE_ExeMgr_GetWakeupSource()。

(3) 在运行时轮询主动唤醒

BIP ExeMgr 在运行时通过 RE_ExeMgr_MainFunction() 轮询活动唤醒源。

注意：RE_ExeMgr_MainFunction() 通过 RE_ExeMgr_GetWakeupSource() 提供的 IRV 轮询活动唤醒源。用户应将其项目特定的硬线唤醒源检测代码添加到 RE_ExeMgr_GetWakeupSource() 中，否则它总是返回有效的唤醒源，从而在有下电请求时因为仍有有效的唤醒源而不响应用户的下电请求。

(4) 网络状态检查

BIP ExeMgr 周期检查由变量 Nm_Test[] 指示的 FULL/NO 通信的用户请求,如图 3-100 所示。

```
if(Nm_Test[index_chanel].request_b)
{
    /* S/R to request COMM_FULL_COMM mode by ExeMgr */
    Rte_Write_PP_NmState_uint8(APP_READY_FOR_NM_REQUEST);
    Nm_Test[index_chanel].request_b = 0;
}
else
{
    Rte_Write_PP_NmState_uint8(APP_NM_INIT);
}
if(Nm_Test[index_chanel].release_b)
{
    /* S/R to request COMM_NO_COMM mode by ExeMgr */
    Rte_Write_PP_NmState_uint8(APP_READY_FOR_NM_RELEASE);
    Nm_Test[index_chanel].release_b = 0;
}
```

图 3-100 ExeMgr 网络状态检查服务

对于任何由变量 Nm_Test[].request_b 指示的网络用户请求或由变量 Nm_Test[].request_b 指示的网络释放请求,NmUT 都通知 ExeMgr 循环读取 NmUT 提供的网络状态以执行模式请求 FULL/NO 通信,如图 3-101 所示。

```
Rte_Read_RP_NmState_uint8(&NmState_u8);
if (NmState_u8 == APP_READY_FOR_NM_REQUEST)
{
    Rte_Write_PP_BswMArbitration_BswM_MRP_Network_uint8(RTE_MODE_ComMMode_COMM_FULL_COMMUNICATION);
}
else if (NmState_u8 == APP_READY_FOR_NM_RELEASE)
{
    Rte_Write_PP_BswMArbitration_BswM_MRP_Network_uint8(RTE_MODE_ComMMode_COMM_NO_COMMUNICATION);
}
else if (NmState_u8 == APP_NM_BUS_SLEEP)
{
    AppMode_TC = RTE_MODE_MDG_ECUM_STATE_ECUM_STATE_POST_RUN;
}
```

图 3-101 ExeMgr 网络状态切换服务

注意: 用户应通过将 Nm_Test[].request_b 替换为 AUTOSAR 接口或直接将 NmUT 修改为用户特定要求(即 CAN 网络报文已收到或 CAN 网络报文已消失)来执行 Nm_Test[].request_b 的进一步集成。

(5) 在运行时处理下电请求

BIP ExeMgr 在运行时通过 RE_ExeMgr_MainFunction 处理关闭请求。在运行时,如果用户应用程序检测到关闭条件(即网络处于睡眠状态),ExeMgr 提供一个全局变量 AppMode_TC,则该变量应设置为 ECUM_STATE_POST_RUN,然后执行关闭序列(图 3-102 和图 3-103)。

注意: 用户应通过将 AppMode_TC 替换为 AUTOSAR 接口或直接修改 ExeMgr 的状态机来满足特定要求,执行 AppMode_TC 的进一步集成(例如,即使 CAN 已关闭,如果 Run Crank 仍处于活动状态,可能需要 ECU 保持唤醒状态)。

```
else if (NmState_u8 == APP_NM_BUS_SLEEP)
{
    AppMode_TC = RTE_MODE_MDG_ECUM_STATE_ECUM_STATE_POST_RUN;
}
```

图 3-102　ExeMgr 网络状态睡眠

```
case RTE_MODE_MDG_ECUM_STATE_ECUM_STATE_POST_RUN:
    if(RTE_MODE_MDG_ECUM_STATE_ECUM_STATE_POST_RUN != Rte_Mode_PP_BswM_APPMode_MDGP_APPMode())
    {
        if(/* (NM released) && */(STARTUP_SOURCE_NONE == startupSource))
        {
            Rte_Call_RP_EcuM_SelectResetTarget_SelectShutdownTarget(ECUM_SHUTDOWN_TARGET_OFF, ECUM_RESET_MCU);
            Rte_Call_RP_EcuM_SelectResetTarget_SelectShutdownCause(ECUM_CAUSE_ECU_STATE);
            Rte_Switch_PP_BswM_APPMode_MDGP_APPMode(RTE_MODE_MDG_ECUM_STATE_ECUM_STATE_POST_RUN);
        }
        else
        {
            /* Not allowed for post-run, ignore without do anything */
        }
    }
```

图 3-103　ExeMgr 下电请求服务

（6）在运行时获得 ECU 的复位信息

BIP ExeMgr 通过 AUTOSAR 接口 CSI_ExeMgr_ResetInfo 和服务操作 RE_ExeMgr_ResetInfo() 提供服务操作，用户应用软件可以在启动后随时读取 EcuM 配置的复位原因。

注意：如果用户有特定的复位原因需要在关机时保存并在下次启动时提取，则需要进入 EcuM 配置。关于如何执行 EcuM 配置，用户可以联系 ETAS 获取帮助。

3.3.2　非易失性数据应用

ETAS BIP 在 NvBlock Sw Component Type SWC 中提供了三种 NvBlock 来存储用户非易失性 RAM 数据（表 3-5），当 ECU 断电时需要保存在非易失性存储器中。

表 3-5　BIP NvBlock 类别

NvBlock	描述
StoreImmediateBlock	预计在运行期间立即存储以防止丢失的应用程序数据
StoreCyclicBlock	应用程序数据在运行时发生变化，预计会定期存储
StoreAtShutdownBlock	应用数据在运行过程中发生变化，预计在 ECU 断电时保存

要使用这三种类型的 NvBlock 来存储用户应用程序数据，用户需要通过 AUTOSAR 接口将其 SWC 连接到 NvBlock SWC，例如 NvMUT（图 3-104）。

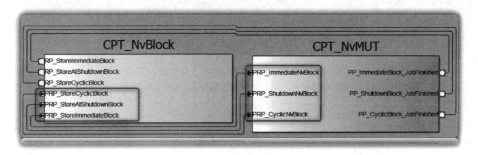

图 3-104　BIP NvBlock 的 AUTOSAR 接口应用示例

(1) 立即存储

立即存储会将 StoreImmediateBlock 数据块中的数据直接存储到 NvM 中，无须等待（图 3-105）。

当用户需要存储应用数据时，应用软件可以直接调用服务 RTE_Write_<P>_<O> 完成。其中，<P>为端口名，<O>为 NvData 原型名。

```
/* APP code */
...
/*APP RAM DATA running Change*/
Write_Block_Immediate_u32[0] = Write_Block_Immediate_u32[0]++;
/* APP code */
...
/* test block write immediately */
RTE_Write_PRP_ImmediateNvBlock_ImmediateNvBlock(Write_Block_Immediate_u32);
...
```

图 3-105　NvMUT 中的立即存储

注意：用户调用 RTE_Write 立即存储接口时立即执行存储请求，然而 NvM 立即存储 block 被写入非易失闪存是通过后台任务 1ms 调度 MemIf_Rb_MainFunction() 完成的。

(2) 周期存储

存储在 StoreCyclicBlock 中的周期存储应用程序数据预计将周期性地存储在具有用户定义的调用周期的非易失性存储器中。

当用户需要存储应用数据时，应用软件可以周期性调用服务 RTE_Write_<P>_<O> 完成。其中<P>为端口名，<O>为 NvData 原型名。

比如在 NvMUT 中，每隔 100ms 周期性调用一次，如图 3-106 所示。

```
FUNC (void, NVM_SWC_CODE) RE_NVM_SWC_100ms(void)
{
    /* APP code */
    ...
    /*APP RAM DATA Write_Block_Cyclic_u8 running Change */
    Write_Block_Cyclic_u8[0] = Write_Block_Cyclic_u8[0]++;
    /* APP code */
    ...
    /* test block call write in Periodic timer is 100ms */
    RTE_Write_PRP_CyclicNvBlock_CyclicNvBlock(Write_Block_Cyclic_u8);
    ...
}
```

图 3-106　NvMUT 中的周期存储

注意：实际的 Periodic storage 执行的是 Periodic timer，但实际将 STORAGE 写入 flash 到 NvM 是通过后台任务 1ms 调度 MemIf_Rb_MainFunction() 完成的。

(3) 下电存储

存储在 StoreAtShutdownBlock 中的应用程序数据在断电前需要保存到非易失性存储器中（图 3-107）。

当用户需要存储应用数据时，应用软件可以直接调用服务 RTE_Write_<P>_<O> 完成。其中<P>为端口名，<O>为 NvData 原型名。

```
/* APP code */
...
/*APP RAM DATA  Write_Block_Cyclic_u8  running Change  */
Write_Block_ShutDown_u8[0] = Write_Block_ShutDown_u8[0]++;
/* APP code */
...
/* test block call write shutdown block  */
 RTE_Write_PRP_ShutdownNvBlock_ShutDownNvBlock(Write_Block_ShutDown_u8);
...
```

图 3-107　NvMUT 中的下电存储

注意：实际的下电存储是在 ECU 关闭期间通过调用函数 EcuM_OnGoOffTwo 执行的，该函数调用 NvM_Integration_WriteAll() 对非易失性存储器执行块写入，如图 3-108 所示。

```
void NvM_Integration_WriteAll(void)
{
   NvM_Rb_StatusType    NvM_Status = NVM_RB_STATUS_UNINIT;
   MemIf_StatusType     MemIf_Status = MEMIF_UNINIT;

   /* Schedule table has been stopped before NvM_WriteAll. */
   NvM_WriteAll();

   do{
      /* Request Memory layers handle request */
      NvM_MainFunction();
      MemIf_Rb_MainFunction();

      /* Get the status of request */
      (void)NvM_Rb_GetStatus(&NvM_Status);
      MemIf_Status = MemIf_Rb_GetStatus();
   } while((NvM_Status == NVM_RB_STATUS_BUSY) || (MemIf_Status == MEMIF_BUSY));
}
```

图 3-108　NvM_Integration_Write All() 写入

（4）上电恢复

应用数据上电从非易失性存储器中恢复数据，需要在启动任务中调用服务 RTE_Read_<P>_<O> 完成（图 3-109）。其中<P>为端口名称，<O>为 NvData 原型名称。

3.3.3　监控软件执行

按照 3.1.2 小节描述的 WdgM 代码生成后，WdgM 服务软件组件生成到［Project-

```
FUNC (void, NVM_SWC_CODE) RE_NVM_SWC_Init (void)
{
  /* test cyclic store block init read */
  (void)RTE_Read_PRP_CyclicNvBlock_CyclicNvBlock(Read_Block_Cyclic_u8);
  /* test immediate store block init read */
  (void)RTE_Read_PRP_ImmediateNvBlock_ImmediateNvBlock(Read_Block_Immediate_u32);
  /* test store at shutdown block init read */
  (void)RTE_Read_PRP_ShutdownNvBlock_ShutDownNvBlock(Read_Block_ShutDown_u8);
}
```

图 3-109　NvMUT 中的上电恢复

Root]\BSW\ecu_config\bsw\gen\swcd 中，它描述了配置后的 WdgM 模块提供给用户的标准化 AUTOSAR 接口服务。

BIP 为 WdgM 配置一个监控实体 WdgM_SE1，以通过下面的 VFB 连接来监控分区 SysCore 的软件执行，如图 3-110 所示。

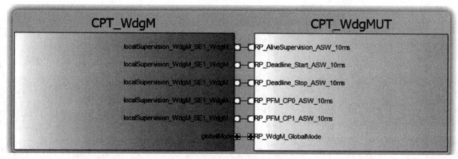

图 3-110　BIP WdgM 的 AUTOSAR 接口应用示例

(1) 使用 Alive 监控

BIP 通过封装在可运行实体 RE_WdgMUT_ASW_10ms() 中的 RTE 标准化 AUTOSAR 接口将 WdgM Alive 监控连接到任务 OSTask_SysCore_ASW_10ms，如图 3-111 所示。

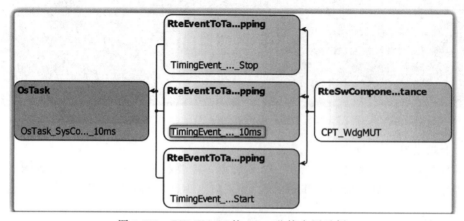

图 3-111　BIP WdgM 的 Alive 监控应用示例

注意：如果用户希望以相同的执行频率场景监控其他实体的活动执行，应将 RE_Wdg-

MUT_ASW_10ms()映射到该运行实体。

如果用户希望监控以不同频率执行的实体，可以参照3.1.3小节中WdgM配置修改WdgM EcuC配置。

（2）使用Deadline监控

BIP通过封装在可运行实体RE_WdgMUT_ASW_10ms_Start()和RE_WdgMUT_ASW_10ms_Stop()中的RTE标准化AUTOSAR接口将WdgM Deadline监控连接到任务OSTask_SysCore_ASW_10ms，来监控该任务的最坏情况执行时间，如图3-112所示。

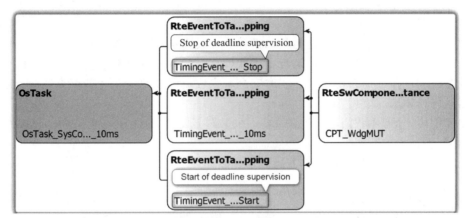

图3-112　BIP WdgM的Deadline监控应用示例

注意：如果用户希望监控BIP中配置的具有相同最坏情况执行时间的其他实体的截止时间执行，应将RE_WdgMUT_ASW_10ms_Start()和RE_WdgMUT_ASW_10ms_Stop()映射到该运行实体。

如果使用期望监控实体在不同的最坏情况时间执行，可以参照3.1.4小节中WdgM的WdgMDeadlineSupervision配置修改WdgM EcuC配置。

（3）使用逻辑监控

ETAS BIP通过提供两个检查点WdgM_SE1_PFM_CP_0和WdgM_SE1_PFM_CP_1为WdgM监控实体WdgM_SE1配置逻辑监控场景。

BIP连接WdgM逻辑监控如下。

- 检查点0（WdgM_SE1_PFM_CP_0）：通过封装在可运行实体RE_WdgMUT_PFM_CP_0()中的RTE标准化AUTOSAR接口来监控任务OSTask_SysCore_BSW_10ms的执行。
- 检查点1（WdgM_SE1_PFM_CP_1）：通过封装在可运行实体RE_WdgMUT_PFM_CP_1()中的RTE标准化AUTOSAR接口来监控任务OSTask_SysCore_ASW_10ms的执行。

注意：如果用户希望监控具有与BIP中配置相同监控场景的其他运行实体的逻辑执行，应将RE_WdgMUT_PFM_CP_0()映射到被监控逻辑的开头，并将RE_WdgMUT_PFM_CP_1()映射到被监控逻辑的结尾。

如果用户期望监控在不同场景中转换的运行实体逻辑（不同数量的检查点或不同的转换），可以参照3.1.5小节中WdgM的WdgMLocalStatusParams配置修改WdgM EcuC配置。

3.4 TDA4VM 的系统软件簇

在 TDA4VM 部署面向整车计算架构的 ATUOSAR 过程中,作为实时安全域的 MCU 域会先加载 bootloader。MCU 域的 bootloader 分散加载计算域的 Main 域以及其他域的镜像文件,然后 MCU 域的 AUTOSAR 系统软件簇启动运行。

有关分散加载的详细内容,会在本书第 6 章加以详述。

3.4.1 跨域系统软件簇间通信

实时安全域在启动过程中会初始化和设置 Soc 级别各域的时钟、引脚等资源。然而这时计算域已经引导加载完成并且开始运行,因此计算域的系统软件簇需要一个可靠的方法与实时安全域在启动过程中加以协同。在实时安全域完成资源设置后,才能可靠地运行系统软件簇并进而运行计算域的应用。

ETAS BIP 中设计使用了基于 DirectIpc 的软件簇之间的通信,来完成跨域系统软件簇的握手通信(图 3-113)。

有关 DirectIpc 的配置,会在本书第 6 章加以详述。

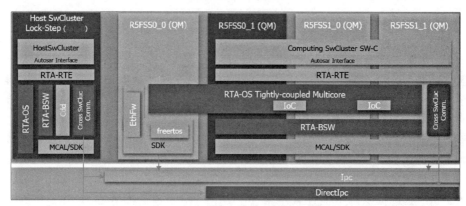

图 3-113 跨域系统软件簇间通信

① 在设计跨域通信中,用户首先在实时安全域的域间通信组件 CrossCwCluC 中,配置 runnable RE_DirectIpc_TriggerSwCluCStart()(图 3-114)及对应的 Port 接口(图 3-115)。

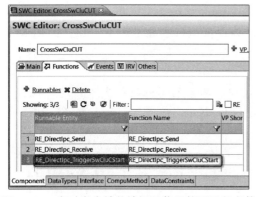

图 3-114 实时安全域的域间通信组件可运行实体

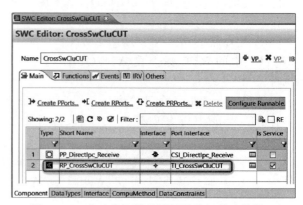

图 3-115 实时安全域的域间通信组件连接端口

② 描述以 External Trigger 接口在实时安全域的 OS StartupHook() 中触发 RE_DirectIpc_TriggerSwCluCStart() 运行，如图 3-116 所示。

③ 在计算域的域间通信组件 CrossCwCluC 中，配置 runnable RE_DirectIpc_TriggerSwCluCStatus() 来激活系统簇的启动任务，启动计算域的系统簇运行，如图 3-117 所示。

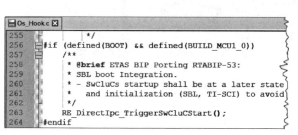

图 3-116　实时安全域的域间通信的触发示例

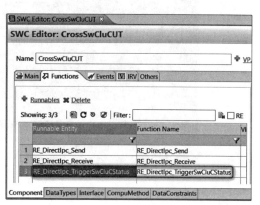

图 3-117　计算域的域间通信组件可运行实体

3.4.2　计算域的系统软件簇运行

在 AUTOSAR 经典平台的多核定义中，操作系统（OS）的主核也是系统软件簇的启动核。也就是说，多核的主核同样扮演着系统软件簇的启动和管理角色。

如图 3-118 所示，主核上运行的 OS 会先调用运行 EcuM_Init，进行外设的初始化，并运行 StartOS 来启动操作系统，进而开始系统簇的启动。

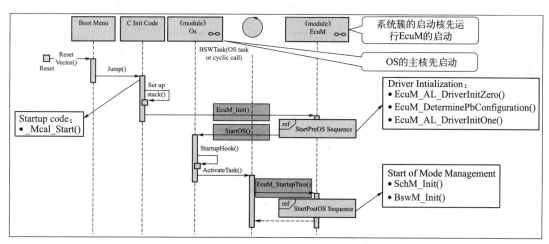

图 3-118　AUTOSAR 经典平台多核启动时序

然而在 TDA4VM（图 3-119）的计算域：

• 操作系统的主核是 R5FSS0_0，但它不负责系统簇的启动，却负责 Soc 片内交换机 CPSW0 的初始化以及调度（freertos）；

• 系统软件簇的启动核是 R5FSS0_1，它负责系统簇的启动、计算域的外设初始化等。

要实现这个非 AUTOSAR 经典平台定义的架构，在 ISOLAR-B 的 EcuM 中配置系统软件簇的启动核为非 AUTOSAR 多核 OS 主核，如图 3-120 所示。

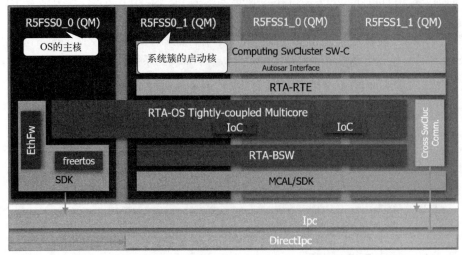

图 3-119　TDA4VM 计算域的非 AUTOSAR 经典平台多核部署

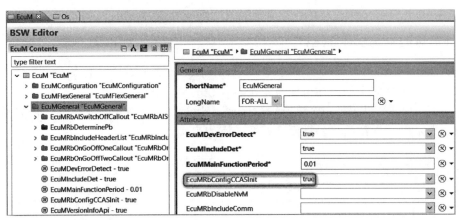

图 3-120　配置 EcuM 启动核为非 AUTOSAR 多核 OS 主核

同时配置系统软件簇的启动核为核 1，即 R5FSS0_1（图 3-121）。

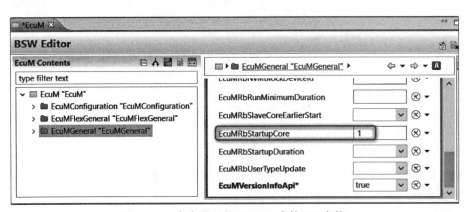

图 3-121　自定义 AUTOSAR 多核 OS 主核

这样一来，在 BIP 的软件框架下，AUTOSAR 多核主核启动操作系统，而 R5FSS0_1

将承担系统软件簇的启动、外设的初始化等工作。

3.5 系统软件簇 BSW 集成

BIP 提供了一套 ETAS 基础软件专家配置的 BSW 模块作为用户的开发基础。本节不会重点讨论基础软件 BSW 的模块配置细节。用户可以参照前述章节的配置或者与 ETAS 或同行专家来探讨服务模块的配置细节，以满足项目特定应用。

3.5.1 BSW 平台集成

基础软件 BSW 有不少模块（例如 Dcm、Xcp），在应用时需要知道目标处理器的大小端存储特性，才能正确处理各自数据字节顺序。

因此当用户将基础软件 BSW 部署到不同的目标处理器时，用户应设置 ETAS_Platform_EcucValues.arxml\PlatformRbSettings\PlatformRbCpuByteOrder 的大小端属性以匹配目标硬件字节顺序。

例如，对于 ARM 和 AURIX 这样的小端处理器，PlatformRbCpuByteOrder 应为 LOW_BYTE_FIRST，如图 3-122 所示。

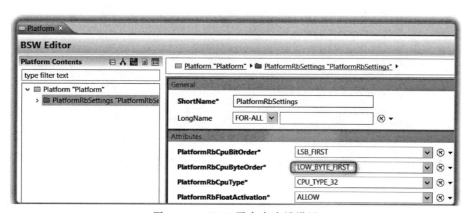

图 3-122　BSW 平台大小端设置

3.5.2 Det 集成

在基于 AUTOSAR 的持续开发与集成过程中，往往需要打开 Det 来查找集成调用问题。这可以通过将每个 BSW 模块的［module］DevErrorDetect 设置为 TRUE 来启用 Det，以便尽早检测模块配置和集成错误。

3.5.3 EcuM 集成

（1）EcuM-Det

BIP 在 EcuM EcuMDriverInitListOne 列表的第一个模块配置 Det 初始化（图 3-123），以便在初始化阶段可以报告其他模块的开发错误报告。

（2）EcuM-OS

① EcuM 多核启动。AUTOSAR OS 的启动需要在 StartOS 之前初始化内核向量表。BIP 配置 EcuM Startup-Ⅰ阶段内核向量表的初始化，如图 3-124 所示。

② EcuM 多核睡眠。为了能通过 EcuM 协调多核下电与睡眠（无论是否需要 EcuM 睡

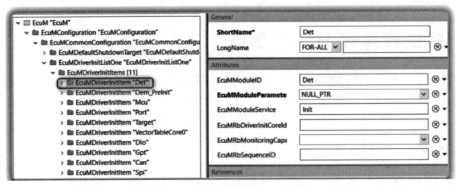

图 3-123　EcuM 初始化 Det 配置

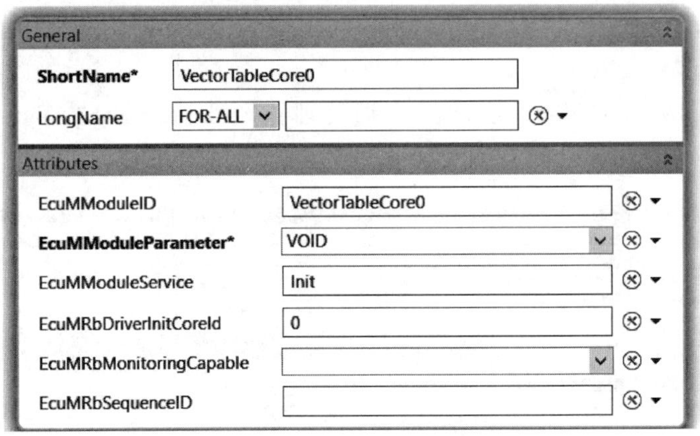

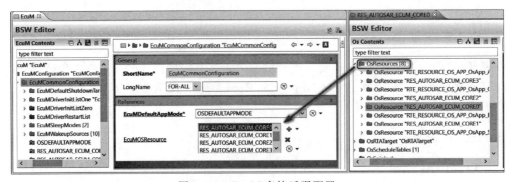

图 3-124　EcuM 初始化 OS 中断向量表配置

眠），它需要能够访问 2.4.2 小节中指定的每个 AUTOSAR 内核的操作系统资源。

BIP 将这些 OsResources 引用到每个 AUTOSAR 内核的 EcuMOsResources，如图 3-125 所示。

图 3-125　EcuM 多核睡眠配置

(3) EcuM-MCU 复位

AUTOSAR 的 EcuM 在启动过程中可以识别复位原因，检测唤醒事件。如图 3-126 所示，复位原因由 EcuM 通过标准化接口 MCU_GetResetReason() 从 MCAL 读出，并通过与 EcuM 的唤醒事件 EcuMWakeupSource 配置匹配后返回给 EcuM。

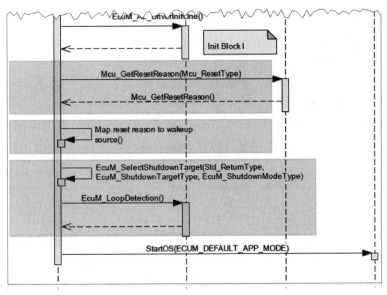

图 3-126　EcuM 读取唤醒源流程

BIP 通过以下方式（图 3-127）将 ECU 唤醒源与 MCU 复位原因集成。

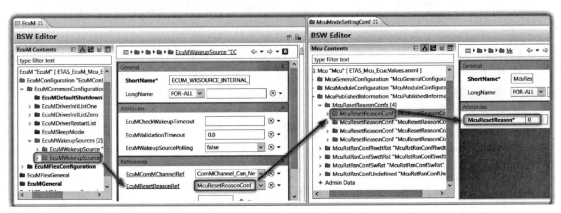

图 3-127　EcuM 读取唤醒源配置

• 将 MCAL MCU Parameter Definition 文件放到 BIP 路径 [ProjectRoot]\BSW\ecu_config\mcal\paramdefs。

• 在 ISOLAR-B ECU Navigator 中为 MCU 模块配置特定的 MCU 复位原因 McuResetReasonConf。

• 为 EcuM 创建 EcuMWakeupSource 引用相应的 McuResetReasonConf。

（4）BIP 适配新的目标处理器

类似地，用户移植 BIP 到不同目标处理器时需要重新适配这三项集成。

• 将 MCAL MCU 参数定义文件（通常在 MCAL 包中提供）导入 [ProjectRoot]\BSW\ecu_config\mcal\paramdefs。

• 在 ISOLAR-B ECU Navigator 中的 MCU 模块配置容器 McuResetReason 中重新配置此 MCU 特定 McuResetReason。

• 重新配置 EcuMWakeupSource 以引用相应的 McuResetReasonConf。

3.5.4 BswM 集成

BswM 有两种评估用户请求的机制。
- Immediate：BswM 将在收到请求时立即评估用户请求。
- Deferred：BswM 在与请求异步的 MainFunction 中评估用户请求。

（1）立即评估用户请求

BIP 将 BswM 配置为通过将 BswMRequestProcessing 设置为 BswM_IMMEDIATE（图 3-128）来立即评估连续的用户请求，这样连续的请求就不会被忽略。

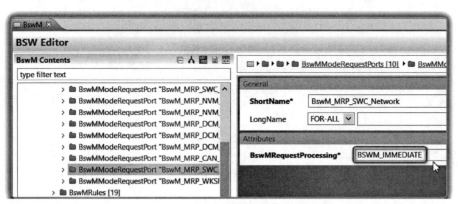

图 3-128　BswM 用户请求立即评估配置

（2）延迟评估用户请求

BIP 使用请求的规则缓冲区的最大长度配置 BswM（图 3-129），以便 BswM 不会丢失比 BswM 评估间隔频繁得多的用户请求，从而不会错过预期的 BswM 操作。

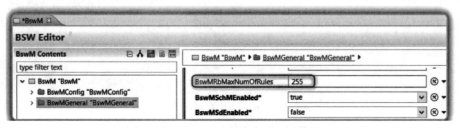

图 3-129　BswM 用户请求延迟评估配置

3.5.5 Nv 栈集成

如 3.3.2 小节，BIP 在系统软件簇中配置了非易失性数据模块 NvBlock。

当用户按照 2.2 节来做系统部署时，ISOLAR-B 会把软件簇中与当前 ECU 相关联的 SW-C 提取出来。此时 NvBlock 软件组件描述的非易失性数据信息会被 ISOLAR-B 提取并生成 NvM 存储栈配置。它们包含 [ProjectRoot]\BSW\ecu_config\bsw\gen 中的一组配置文件。

- ETAS_Project_NvM_EcucValues.arxml。
- ETAS_Project_Fee_EcucValues.arxml。
- ETAS_Project_MemIf_EcucValues.arxml。

(1) NvM 集成

一般来说，用户应查看 ISOLAR-B 生成到 ETAS_Project_NvM_EcudValues.arxml 的 NvM 基础配置，并进一步调整默认参数值以满足需要。

例如在 BIP 配置集成时，调整 NvM 集成关键参数，见表 3-6。

表 3-6　NvM 集成关键参数

	配置参数
更改	NvM/NvMCommon/NvMMainFunctionPeriod
	NvM/NvMCommon/NvMSizeStandardJobQueue

在 BIP 配置时，调整周期存储 block 特定参数以适合使用，见表 3-7。

表 3-7　NvM 周期存储 block 集成关键参数

	配置参数
更改	NvM/NvMBlockDescriptor/NvMInitBlockCallback
添加	NvM/NvMBlockDescriptor/NvMNvBlockLength
	NvM/NvMBlockDescriptor/NvMSingleBlockCallback

在 BIP 配置时，调整立即存储 block 的特定参数以适合使用，见表 3-8。

表 3-8　NvM 立即存储 block 集成关键参数

	配置参数
更改	NvM/NvMBlockDescriptor/NvMInitBlockCallback
添加	NvM/NvMBlockDescriptor/NvMNvBlockLength
	NvM/NvMBlockDescriptor/NvMSingleBlockCallback

在 BIP 配置时，调整下电存储 block 的特定参数以适合使用，见表 3-9。

表 3-9　NvM 下电存储 block 集成关键参数

	配置参数
更改	NvM/NvMBlockDescriptor/NvMInitBlockCallback
添加	NvM/NvMBlockDescriptor/NvMNvBlockLength
	NvM/NvMBlockDescriptor/NvMSingleBlockCallback

(2) Fee 集成

当用户按照 2.2 节来部署系统时，ISOLAR-B 无法知晓哪个目标/MCAL 应用于 SWC 所需的 NvBlock，因此生成的 Fee 模块配置中硬件相关选项需要用户在 ISOLAR-B ECU Navigator 中进一步更新。

通常来讲，BIP 将 Fee 模块集成为手动配置，以适应与外部 MCAL 提供的 Fls 模块的集成。这是通过将 Fee\FeeGeneral\FeeRbMachineType 指定为 MCU_RB_MANUAL_CFG 来完成的，如图 3-130 所示。

(3) BIP 适配新的目标处理器

当用户将 BIP 适配到不同的目标处理器时，用户需要根据目标处理器的 Nv 存储空间（一般来讲是数据 FLASH）物理擦除后的默认值来设置 ETAS_Fee_EcucValues.arxml\Fee\FeeGeneral\FeeRbSectorTable\FlsRbErasedValue 的值，如图 3-131 所示。

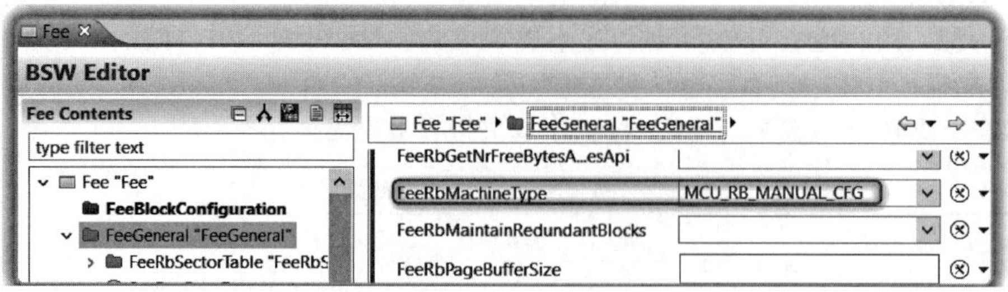

图 3-130　Fee 集成关键参数

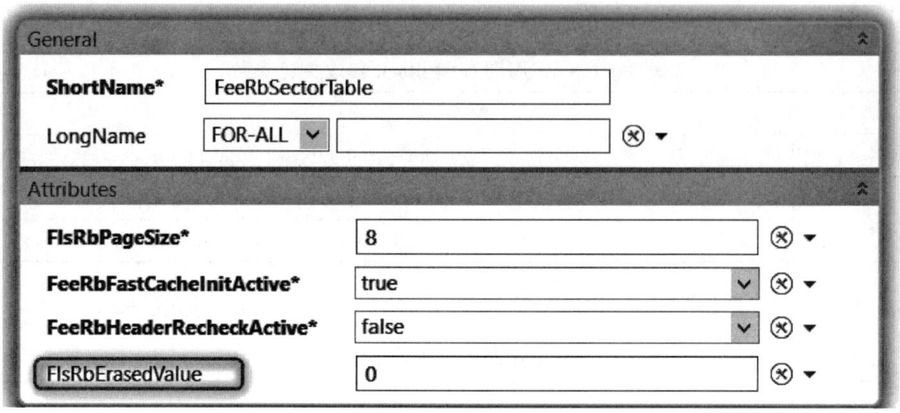

图 3-131　Fee 集成参数-擦除默认值

3.5.6　WdgM 集成

如 3.3.3 小节，BIP 在系统软件簇中配置了 WdgM 服务来监控应用软件的执行情况（其监控服务在 3.3.3 小节中进行了描述）。应用软件是用户在按照 2.2 节来做系统部署时，ISOLAR-B 提取出的与当前 ECU 相关联的系统软件簇。

类似于 Nv 栈的生成，ISOLAR-B 无法知晓用户将要使用什么目标处理器，也无法知晓用户将要使用处理器内部的看门狗还是外部的看门狗（例如 SBC 内的看门狗）。

因此用户在 ISOLAR-B ECU Navigator 中将要对看门狗加以进一步适配。

(1) WdgM-Wdg

作为工程范例，BIP 在配置时为 WdgM 配置内部看门狗和外部看门狗，如图 3-132 所示。

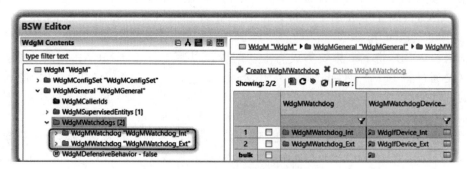

图 3-132　BIP 的看门狗示例

用户可以参考 ETAS BIP 在 MCAL 配置工具中配置 Wdg 的详细参数，并且按照应用需要加以调整。

注意：需要进一步集成，如内部看门狗，见 6.2.3 小节中所述。

（2）WdgM-MCU

WdgM 的服务在监控应用软件的执行时，WdgM 需要借助系统提供计时器以监控软件的执行情况。

BIP 将 WdgM 配置为使用 MCU 硬件计数器进行 Deadline 监控，提高被监控实体的监控精度。这通过将 WdgM 的配置项 MCUClockReferencePoint 引用到 MCU 硬件计数器 F_MCU_SYSTIMER 来实现。要达到这一应用集成，用户可以按照如下步骤来描述 MCU 硬件计数器。

- 在路径 [ProjectRoot]\BSW\ecu_config\mcal\paramdefs 下创建 MCAL MCU 参数定义文件。
- 在路径 [ProjectRoot]\BSW\ecu_config\mcal\ecucValues 下创建 MCAL 的 MCU 配置文件 ETAS_MCU4WdgM_EcucValues.arxml。
- 在 ETAS_MCU4WdgM_EcucValues.arxml 中配置 MCU 时钟源 F_MCU_SYSTIMER（图 3-133）。

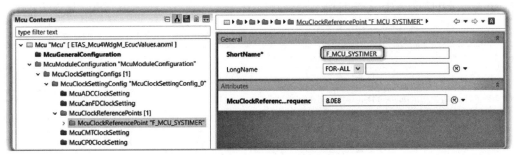

图 3-133　看门狗 Deadline 监控的时钟源

（3）BIP 适配新的目标处理器

当用户需要将 BIP 移植到不同的目标时，需要：

- 在 [ProjectRoot]\BSW\ecu_config\mcal\paramdefs 提供 MCAL MCU 参数定义文件（通常在 MCAL 包中提供）；
- 在 [ProjectRoot]\BSW\ecu_config\mcal\ecucValues 的配置文件中将预期的计数器频率（以 Hz 为单位）配置到 F_MCU_SYSTIMER。

注意：这里应特别注意，在 6.3.1 小节中的软件集成阶段，用户应提供与 MCUClockReferencePointFrequency 配置值相同频率的计数器，因为 3.5.9 小节中会根据 MCUClockReferencePointFrequency 生成 WdgM 的 deadline ticks DeadlineMax。

3.5.7　Diag 栈集成

与 Nv 栈类似，用户在按照 2.2 节做系统部署时，ISOLAR-B 会从系统的诊断描述 DEXT 中提取出与当前 ECU 相关联的诊断数据库（例如与 ECU 相关联的诊断服务、诊断 DID、DTC 等）并自动部署到 EcuC 的诊断配置中。但有一些在 AUTOSAR DEXT 中无法体现的诊断配置信息也仍需要用户在 ISOLAR-B ECU Navigator 配置界面下加以适配。

(1) Dem 集成

Dem 的适配可以在配置文件 ETAS_Project_Dem_EcucValues.arxml 下完成，见表 3-10。

表 3-10　Dem 集成关键参数

	配置参数
更改	Dem/DemGeneral/DemAvailabilitySupport
	Dem/DemGeneral/DemTaskTime
	Dem/DemGeneral/DemDevErrorDetect
	ExtendedDataRecord：ChangeDem/DemGeneral/DemDataElementClass/DemExternalSRDataElementClass/DemDataElementEndiannes to Dem/DemGeneral/DemDataElementClass/DemExternalSRDataElementClass/DemDataElementDataType
添加	Dem/DemGeneral/DemPrimaryMemory/DemMaxNumberEventEntryPrimary
删除	Dem/DemGeneral/DemDataElementClass/DemExternalSRDataElementClass/DemDataElementDataSize

(2) Dcm 集成

Dcm 的适配可以在配置文件 ETAS_Project_Dcm_EcucValues.arxml 下完成，见表 3-11。

表 3-11　Dcm 集成关键参数

	配置参数
更改	Dcm/DcmGeneral/DcmVersionInfoApi
	Dcm/DcmGeneral/DcmDevErrorDetect
	Dcm/DcmGeneral/DcmRbGeneral/DcmRbRTEsupportsPRportFunctionality
	Dcm/DcmConfigSet/DcmDsp/DcmDspDidInfo/DcmDspDidControl/DcmDspDidControlMask
添加	Dcm/DcmConfigSet/DcmDsp/DcmDspDidInfo/DcmDspDidControl/DcmDspDidControlMaskSize

(3) BIP 适配新的目标处理器

BIP 已经为 MCAL 模块通过 Dem_ReportErrorStatus() 报告的 Dem 事件配置了一系列的 ETAS_Dem_[McalModule]_EcucValues.arxml。

当用户需要配置其他不在 BIP 集成中提供的 MCAL 模块或者适配一个全新的目标处理器时，用户需要将这些 MCAL 模块特定的 Dem 事件添加到 BSW 配置中并于 Dem 中集成。

用户可能需要查看 MCAL 用户手册以找出 MCAL 提供了哪些 Dem 错误，然后添加/删除/修改每个 MCAL 模块 ETAS_Dem_[McalModule]_EcucValues.arxml。

3.5.8　RTE 集成

作为用户的开发基础，BIP 在提供系统软件簇的 BSW 模块基础配置时已经预先配置了 BSWMainFunction 周期，并根据周期将其周期性安排的事件分配给 OS 任务。

当用户在基于此迭代时，如果 BSW 模块 MainFunction 周期发生变化，用户应根据新的 MainFunction 周期要求，将相应的 MainFunction 重新映射到适当的 OSTasks。

(1) RTE-Mcal 集成

这里应特别注意容易被忽略的 MCAL 模块的 MainFunction 处理。按照 AUTOSAR 分层体系结构，尽管 MCAL 并没有任何 RTE 接口，但是具有 MainFunction 的 MCAL 模块往往需要 OS 在运行时周期调度。因此用户需要在配置阶段将这些 MainFunction 配置到 RTE 的调度中。

一般来说，BIP 会将 CAN 通信配置为轮询模式。这样一来，RTE 需要按照 MCAL 配置的查询周期来定期调度 Can_MainFunction_Write() 和 Can_MainFunction_Read() 才能完成 MCAL 的 CAN 报文的收发。而为了让 RTE 能够识别到 MCAL 的 MainFunction 调度要求，BIP 将 MCAL CAN 模块的 BswMD 和 SWCD 配置文件集成到 BIP[ProjectRoot]\BSW\ecu_config\mcal\bswmd 路径下。

同时 BSW 调度实体 Can_main function_Write() 在任务中的位置应分配在 Can_main function_Read() 之前，因为很多基于 CAN 的传输层协议对收发服务的顺序有功能性的要求。例如对于 CanTp 的多帧传输来说，当它接收到首帧 FirstFrame 时，需要用 FlowControl 响应才能接收到连续帧 ConsecutiveFrame。如果 Can 的接收函数在发送函数前调用，就可能在同一个调度时间窗口内在发送流控帧前收到两个多帧传输的首帧而使得传输层按照约定的动作而忽略多帧传输，导致多帧的发送方无法发送连续帧而造成多帧传输失败。

（2）BIP 适配新的目标处理器

当用户需要适配 BIP 到新的目标处理器/MCAL 时，用户应提供必要的 MCAL 模块 BswMD 和 SWCD 来与 RTE 的调度集成。对于这些 BswMD 和 SWCD，用户可以从 MCAL 安装包中获取，也可以根据 AUTOSAR 标准自己创建。

3.5.9　OS 适配新的目标处理器

AUTOSAR OS 对不同的目标处理器都需要做中断向量表等与芯片相关参数的适配。

BIP 将目标处理器相关的参数配置保存在 RTA-OS 配置文件 [ProjectRoot]\BSW\ecu_config\os\static\ETAS_OS_Target_EcucValues.arxml 的标签 OSRTATarget 中。

当用户通过切换新的 RTA-OS 芯片支持包来适配新的目标处理器时，用户需要调整该配置文件的如下配置参数，见表 3-12。

表 3-12　OS 适配目标处理器关键参数

配置项	描述
OSRTATarget\OSRTATargetName	Name of RTA-OS target port installed from RTA-CAR （从 RTA-CAR 安装的 RTA-OS 目标 Port 名称）
OSRTATarget\OSRTATargetVersion	Version of RTA-OS target port(RTA-OS 目标 Port 的版本)
OSRTATarget\OSRTATargetVariant	Target variant to be used by user(用户使用的目标变体)
OSIsr\OSIsrCategory	The category of ISR(ISR 类别)
OSIsr\OSIsrAddress	The interrupt vector address of the ISR(ISR 的中断向量地址)
OSIsr\OSIsrPriority	The priority of the configured ISR(已配置 ISR 的优先级)

3.5.10　生成 BSW 代码

在 BIP arxml 集成和静态配置之后，用户可以通过启动 Generate RTA-BSW 生成 BSW 代码，如图 3-134 所示。

作为 BSW 代码生成的结果，用户将获得以下用于第 4 章和第 5 章的输出文件。

表 3-13 中提供的 BSW 服务层生成项是系统软件簇和通信软件簇应用集成所需的服务接口。

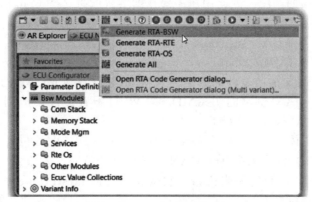

图 3-134　BSW 代码生成

表 3-13　BSW 生成项

生成项	描述
[ProjectRoot]\BSW\src\bsw	应用于软件集成阶段的 BSW 静态代码和配置代码
[ProjectRoot]\BSW\ecu_config\bsw\gen\bswmd	以 BSWMD 描述文件形式提供的 BSW 服务层的服务描述
[ProjectRoot]\BSW\ecu_config\bsw\gen\swcd	以 SWCD 描述文件形式生成的 BSW 服务层软件组件

3.6　生成 MCAL 代码

BIP 已将 MCAL 配置和生成通过 Cobra-MCAL 插件与 ISOLAR-AB 集成在一起，这使得用户可以采用类似于上述章节所述的 BSW EcuC 模块的配置方式来配置 MCAL 模块。

MCAL 配置后，用户可以通过以下操作生成 MCAL 模块。

- McalImporter：在 MCAL 配置工具 tresos 中导入 ISOLAR 下的 MCAL 配置。
- McalGen：生成 MCAL 配置代码。

3.6.1　安装并运行 Cobra McalImporter

用户可以在工具栏 ISOLAR-AB | Run | External Tools | External Tools Configuration 中点击鼠标右键"Program"添加一个新配置，如图 3-135 所示。

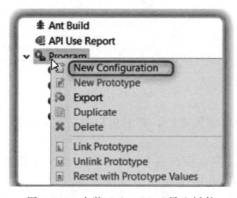

图 3-135　安装 Cobra Mcal 导入插件

如图 3-136 所示，按照步骤①～④设置 Cobra_McalImporter 工具环境并单击 "Run" 运行。

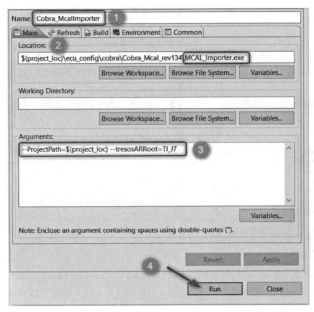

图 3-136　配置 Cobra Mcal 导入插件

运行 Cobra_McalImporter 插件，控制台打印 MCAL 配置文件集已导出到 MCAL 配置工具 tresos 的成功信息，如图 3-137 所示。

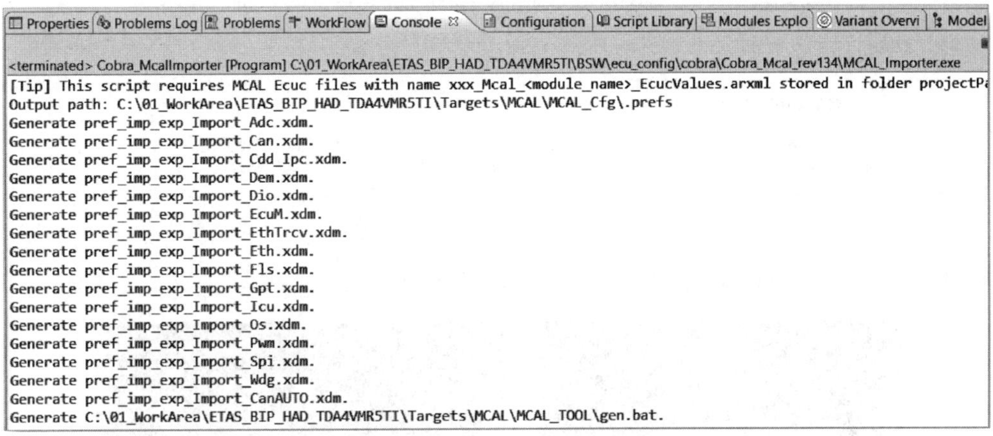

图 3-137　Cobra MCAL 导入

3.6.2　安装并运行 Cobra McalGen

用户通过右键 ISOLAR-AB | Run | External Tools | External Tools Configuration 中的 "Program" 添加新配置，如图 3-138 所示。

如图 3-139 所示，按照步骤①～④设置 Cobra_McalGen 工具环境并单击 "Run" 运行。

作为运行 Cobra_McalGen 插件的结果，控制台打印成功信息，并在项目路径［ProjectRoot］\Targets\MCAL\MCAL_Gen 下生成 MCAL 配置源代码，如图 3-140 所示。

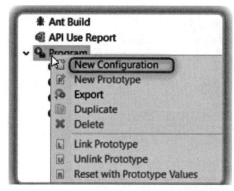

图 3-138 安装 Cobra Mcal 生成插件

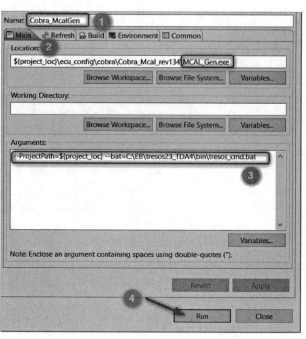

图 3-139 配置 Cobra Mcal 生成插件

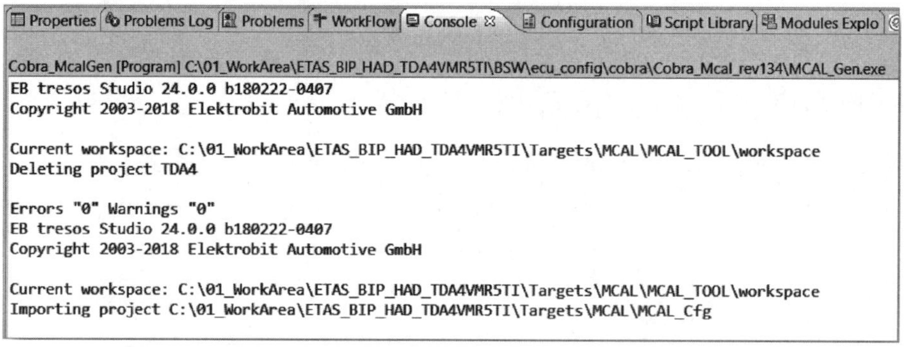

图 3-140 Cobra MCAL 生成

如图 3-141 示例，MCAL 配置 diamagnetic 被生成出来。

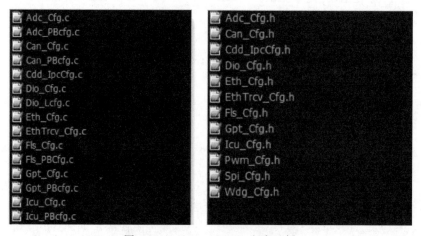

图 3-141 Cobra MCAL 生成示例

3.7 要点回顾

系统软件簇将 AUTOSAR BSW 系统服务和存储服务模块（例如 EcuM、BswM、ComM、NM、NvM、WdgM 等）配置及预集成为系统软件簇功能。

在基于 MCU 多核或者 Soc 芯片的部署中，系统软件簇一般会被部署到主核的软件分区 EcuPartition，从而实现 AUTOSAR 软件系统的上下电、唤醒、看门狗管理、非易失存储管理等功能。

同时，在异构的 Soc 芯片应用中，AUTOSAR 核的应用作为整个 Soc 软件系统的一个"子过程"，需要在整个 Soc 的软件加载、核的启动、唤醒、外设资源的初始化以及应用管理中加以统一设计。这时，AUTOSAR 经典平台原生的架构往往不能直接嵌入 Soc 应用，而需要 AUTOSAR 经典平台的设计工具具有相当的配置和部署灵活性，以适应 Soc 软件架构的设计。

在用户持续的软件配置与迭代开发中，当用户更新了系统软件簇的 BSW 系统服务和存储服务模块（例如 EcuM、BswM、NvM、WdgM 等）后，一方面 BSW 基础软件之间相互集成的接口会需要调整和集成；另一方面标准化的 AUTOSAR 接口会因为 BSW 基础软件的配置变化而产生变化，也因此需要再次与应用软件的 AUTOSAR 接口集成。

可见基于 AUTOSAR 的基础软件配置开发需要持续迭代配置与接口集成。而对于 AUTOSAR 的初学者，建议用户在修改之前熟悉 BIP 从配置到生成，然后进行集成的过程，以加深对 AUTOSAR 经典平台的配置与集成的理解。

第4章 基于TDA4VM BIP的ComCluster通信软件簇

AUTOSAR 的方法论将 interface 接口定义为标准化接口、AUTOSAR 接口、标准化的 AUTOSAR 接口三种类型,如图 4-1 所示。

其中标准化接口用于构建 AUTOSAR 基础软件模块之间相互调用与集成;而标准化的 AUTOSAR 接口是 AUTOSAR 基础软件服务层通过 RTE 提供给应用的服务接口。

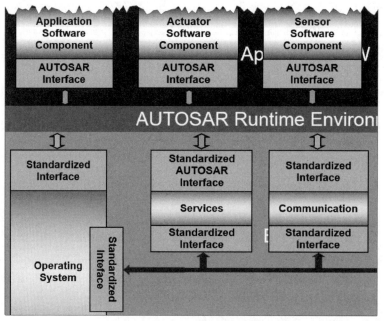

图 4-1 AUTOSAR 接口分类

为了帮助用户提高软件持续配置与迭代的效率,BIP 预先将 BSW 通信服务与通信模块 (例如 Com、PDUR、NM、Some IP、DoIP 等) 配置和预集成为通信软件簇功能,并以 UpperTester SWC-C 组件的形式进行了初步的应用封装,完成诸如基于信号的通信(CAN 网络、以太网)、网关路由、Some IP 通信、Some IP-SD 通信、DoIP 通信等功能的典型 应用。

BIP 用户可以基于此,根据具体应用场景,在 Cobra 的支持下进行快速的通信配置 迭代。

4.1 AUTOSAR Com IPdu 通信

在 AUTOSAR 架构中，Com 模块位于通信服务层，介于 RTE 和 PDUR 模块之间（图 4-2）。它主要负责将 ComSignals 打包和解包到 ComIPdus 或从 ComIPdus 打包，以便信号可以传输到 RTE 或从 RTE 传输。

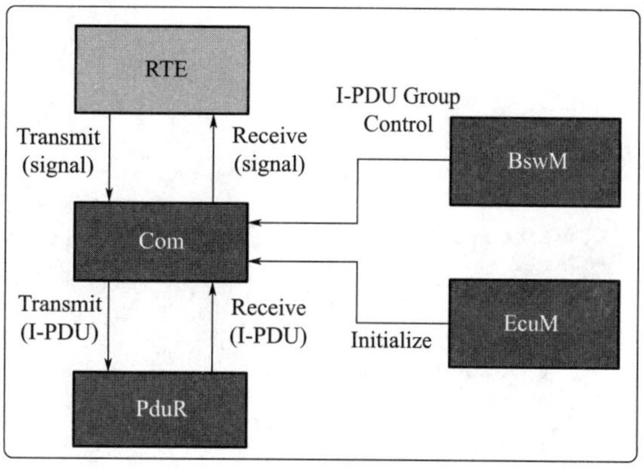

当用户基于 IPdu 的 I-Signals 通信信号急剧增加时，用户需要配置和描述的信号接口工作会变得很繁重，给持续配置与迭代带来困扰。这时用户可以通过下文描述的方法实现快速迭代。

4.1.1 Cobra-BIP 信号接口的自动更新

在本书 2.1 和 2.2 节的讨论中，在

图 4-2 ComIPdu 分层调用

Cobra 的帮助下将网络描述的 I-Signals 自动配置到 ECU Com 模块。

当用户应用软件使用这些信号时，BIP 通过 Cobra_Interface 帮助用户一键创建通信信号的 AUTOSAR 接口，并将用户的信号引入并部署在 ComCluster 软件簇的通信 SWC 中。

同样当用户的系统和网络描述根据需要进行修改时，用户可以随时通过 Cobra_Interface 配合 2.1 和 2.2 节介绍的迭代操作，快速地创建和更新信号接口。

Cobra_Interface 可以一键创建以下配置。

- 信号接口：系统中描述的属于 ISignalIPdu 的所有 I-Signal 的 SenderReceiverInterfaces。
- INP_SWC：此 SWC 通过 RPort 连接所有 RX ComSignals。
- OUTP_SWC：此 SWC 通过 PPort 连接所有 TX ComSignals。

（1）配置 Cobra_Interface

① 输入。

系统描述 arxml 文件，Com EcuC arxml 文件（可选）。

② 输出。

SRInterface_gen. arxml，INP_SWC. arxml，OUTP_SWC. arxml。

③ 参数

- ProjectPath：在 navigator 中选中项目获得的项目路径。
- ECU：此参数定义为其生成信号接口的 ECU 名称。

④ 工作流程。

按照 4.1.2 小节中的 Cobra 配置，来选择要为哪个 ECU 生成接口配置。如果需要产生两个接收和发送信号的 SWC，先要运行 confgen，使 Com 模块可用。

（2）安装并运行 Cobra

在工具栏 ISOLAR-AB | Run | External Tools | External Tools Configuration，点击鼠标右键"Program"添加新配置，如图 4-3 所示。

如图 4-4 所示，按照步骤①～④设置 Cobra_ Interface 工具环境并单击"Run"运行。

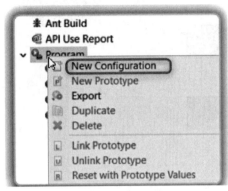

图 4-3 安装 Cobra Interface 插件

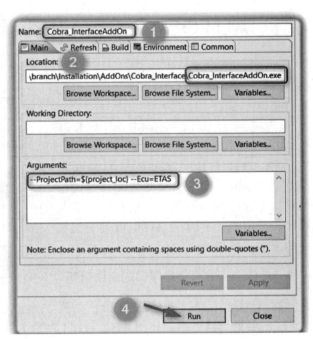

图 4-4 配置 Cobra_Interface 插件

控制台会打印运行 Cobra_Interface 插件的结果信息，其中包含项目路径下生成的 SRInterface_gen.arxml。

注意：I-Signal 引用的基类型应在文件 Platform_Types.arxml 中的 AR Package/AUTOSAR_Platform/ImplementationDataTypes 下具有相应的同名实现数据类型，因为生成的接口应引用有效的实现数据类型。

提示：在控制台窗口中，会询问用户是否要生成带有 R/P 端口的 SWC。输入 Yes 并按 "Enter" 键生成它们，如图 4-5 所示。

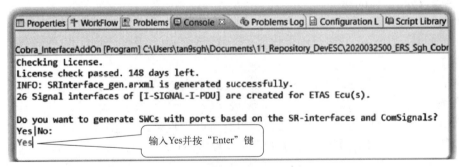

图 4-5 Cobra Interface 生成

输出结果如图 4-6 所示。

注意：信号接口生成后，用户应：
- 在 INP 和 OUTP SW 组件中创建具有所需 RTE 事件的可运行实体；
- 根据项目需要，将信号接口数据分配给数据访问点专用的可运行实体。

（3）系统信号的自动映射

在 2.1 和 2.2 节的讨论中，在 Cobra 的帮助下将网络描述的 I-Signals 自动配置到 ECU

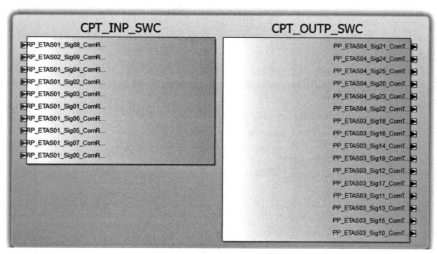

图 4-6　Cobra_Interface 输出

Com 模块。

这里将之前创建的 AUTOSAR 信号（SenderReceiverInterface）传输的 Data Element，通过 SenderReceiverToSignalMapping（AUTOSAR SystemTemplate 标准中描述的一种 DataMapping）映射到 System Signal 以进行 ECU 间通信，如图 4-7 所示。

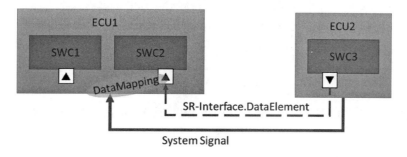

图 4-7　系统信号与 AUTOSAR Interface 信号的映射

如果用户未提供带有 DataMapping 的系统描述，用户应使用 ISOLAR-A 手动或自动对其进行映射。ISOLAR-A 通过 System｜Open With｜Auto Signal Mapping 提供的 AutoSignalMapping 功能打开信号映射向导（图 4-8）。

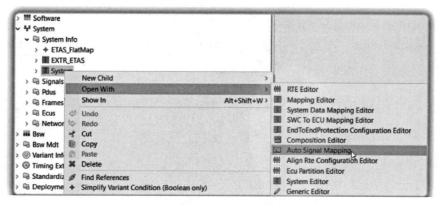

图 4-8　ISOLAR-A 信号自动映射

在 AutoSignalMapping 向导中，SR-Interfaces 的数据元素可以映射到具有选定命名规则的信号，如图 4-9 所示。图 4-9 中列出了三个默认命名规则，用户还可以通过单击配置规则来定义自己的规则。

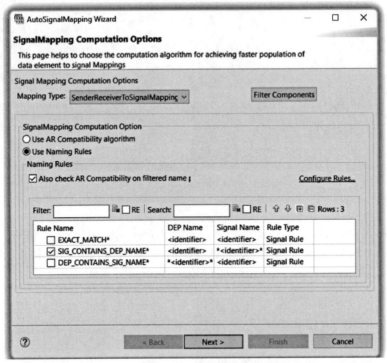

图 4-9　ISOLAR-A 信号自动映射规则

信号映射后，当用户按照 5.1.4 小节的操作生成 RTE 时，RTE 将自动生成 AUTOSAR 接口，调用标准化接口 Com_SendSignal() 和 Com_ReceiveSignal() 完成 AUTOSAR I-Signal 的收发，如下例所示。

```
FUNC(Std_ReturnType, RTE_CODE)
RTE_ImplWrite_Sig10_ComTx_0x55(VAR(boolean, AUTOMATIC) data)
{
    VAR(Std_ReturnType, AUTOMATIC) rtn = RTE_E_OK;

    /* The signal is ETAS03_Sig10_ComTx_0x55 */
    if ( ((VAR(StatusType, AUTOMATIC))E_OK) != Com_SendSignal(((VAR(Com_SignalIdType, AUTOMATIC))9), &data) )
    {
        rtn = ((VAR(Std_ReturnType, AUTOMATIC))RTE_E_Com_STOPPED);
    }

    /* Send complete */
    return rtn;
}
```

在发送和接收 I-Signals 信号期间,可能会发生一些事件,例如超时、接收无效值、禁用 PDU 组或仅确认来自下层的成功传输。Com 通过通知应用程序提供相应的通知机制。

更重要的是 Com 模块具有信号网关功能,将在 4.4.3 小节中介绍。

4.1.2 发送方向 ComSignal 通知

AUTOSAR Com 服务模块为发送信号提供三种类型的通知,以通过 RTE 向应用程序通知特定事件。

• Com_CbkTxTOut:每次 Com 模块通过截止时间监控机制识别到发送超时事件时,会由 Com_CbkTxTOut 通过 RTE 通知应用程序。

• Com_CbkTxAck:每次 Com 模块通过 Com_TxConfirmation 确认成功传输报文时,会由 Com_CbkTxAck 通过 RTE 通知应用程序。

• Com_CbkTxErr:当相应的 I-PDU 组传输停止并且无法进一步传输报文时,Com 模块会由 Com_CbkTxErr 通过 RTE 通知应用程序。

对于 RTA-RTE,支持 Com_CbkTxAck 的实现,见表 4-1。

表 4-1 Com_CbkTxAck 通知

Com Callback 服务	ComSignal 参数	RTE Callback 名称
Com_CbkTxAck	ComNotification	RTE_ComCbkTAck_<signal>

Com_CbkTxTOut 和 Com_CbkTxErr 不是由 RTA-RTE 生成的,因此它们的实现应该由软件集成专家设计和编写,例如可以将这些通知实现在 Com_Cbk_Integration.c 文件中,并可以根据具体处理策略更新它们,如图 4-10 所示是 Com_CbkTxTOut 和 Com_CbkTxAck 的调用。

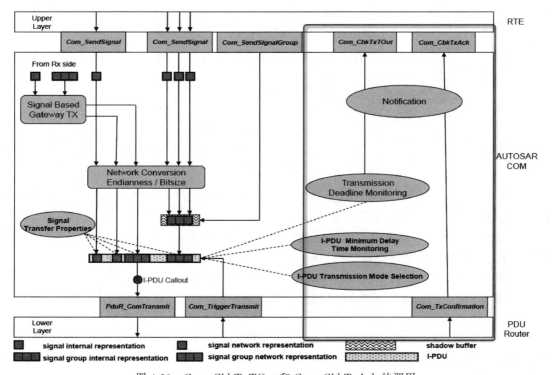

图 4-10 Com_CbkTxTOut 和 Com_CbkTxAck 的调用

如果用户需要使用这三类通知函数，可以参考图 4-11 的配置范例。

• 当需要配置应用 ComTimeoutNotification 时，用户需要配置指定 ComTimeout 超时时间。

• 如果用户对某个 ComSignal 也配置了 ComFirstTimeout 参数，那么超时定时器会在该信号对应的 IPdu 开始第一次发送前的截止时间监控机制使能后立即启动。

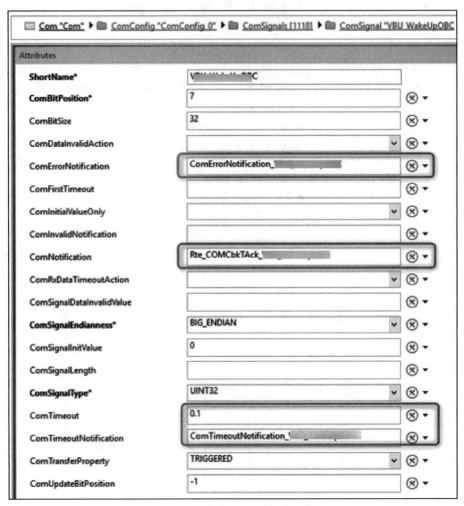

图 4-11　ComSignal 发送通知配置

生成 Com_CbkTxAck 通知：前文提到 Com_CbkTxAck 可以由 RTE 生成，用户也可以通过下述步骤配置来生成经由 RTE 的 Com_CbkTxAck 通知。

① 首先，需要为发送 ComSignal 的 PPorts 创建非队列发送属性的通信规范（图 4-12），它描述了非队列通信的发送方属性。

② 将 "DataElement" 引用到所需元素，如图 4-13 所示。

③ 创建 "Transmission Acknowledgement Request"（图 4-14），表示该数据发送成功后，应用程序会收到通知。

④ 运行 RTE 生成，为对应的 ComSignal 生成 RTE_ComCbkTAck_＜signal＞通知定义。它将返回变量设置为 RTE_E_TRANSMIT_ACK，以便发送数据的可运行实体 runnable 可以访问该变量，以确认发送状态。

第 4 章 基于 TDA4VM BIP 的 ComCluster 通信软件簇   127

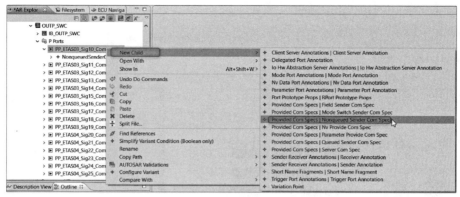

图 4-12 创建 Nonqueued Sender Com Spec

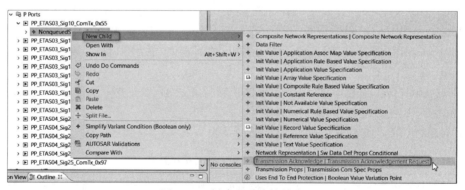

图 4-13 配置 Nonqueued Sender Com Spec

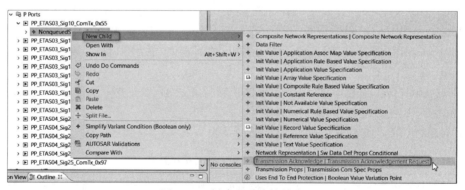

图 4-14 创建发送确认请求

```
RTE_ComCbkTAck_< signal> (void)
{
    ...
RTE_FbVar_CPT_OUTP_SWC_< PPport name> = ((VAR(Std_ReturnType,AUTOMATIC))
RTE_E_TRANSMIT_ACK);
    ...
}
```

4.1.3 接收方向 ComSignal 通知

AUTOSAR Com 服务模块为接口信号提供三种类型的通知（图 4-15），以通过 RTE 向应用程序通知特定事件。

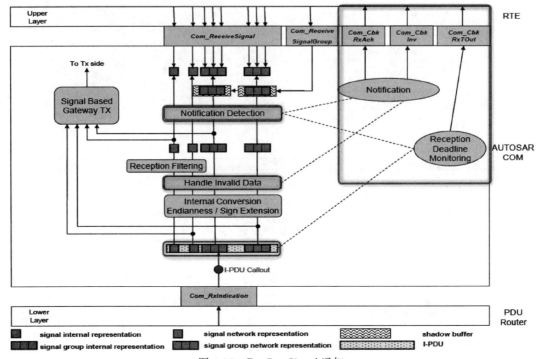

图 4-15　Rx ComSignal 通知

- Com_CbkRxAck：当报文已存储在接收报文对象中时，Com_CbkRxAck 通过 RTE 通知应用程序。如果应用程序需要从网络获取更新的信号值，则此通知是必需的。
- Com_CbkRxTOut：当 Com 模块截止时间监控机制识别到接收超时时，Com_CbkRxTOut 通过 RTE 通知应用程序。
- Com_CbkInv：当相应的 I-PDU 组的传输停止并且无法进一步传输该报文时，Com_CbkInv 通过 RTE 通知应用程序。

对于 RTA-RTE，支持这些通知的实现，见表 4-2。

表 4-2　接收方向 ComSignal 通知

Com Callback(服务)	ComSignal(参数)	RTE Callback(名称)
Com_CbkRxAck	ComNotification	RTE_ComCbk_\<signal\>
Com_CbkRxTOut	ComTimeoutNotification	RTE_ComCbkTOut_\<signal\>
Com_CbkInv	ComInvalidNotification	RTE_ComCbkInv_\<signal\>

图 4-16 显示了具有 Com_CbkRxAck 和 Com_CbkRxTOut 的 Rx ComSignal 的示例配置。

启动 PDUGroups 后，应在 BswM 中启用 Com 模块中的 deadline 监视器（DM）功能，如图 4-17 所示。

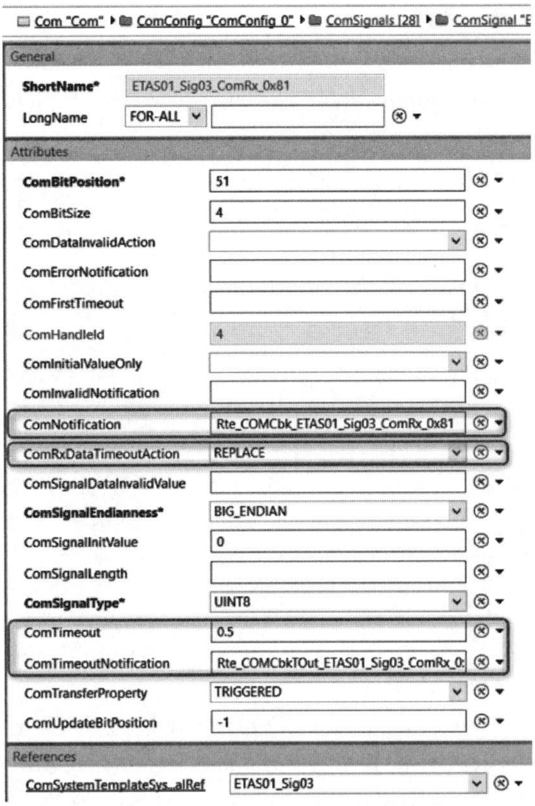

图 4-16　ComSignal 接收通知配置

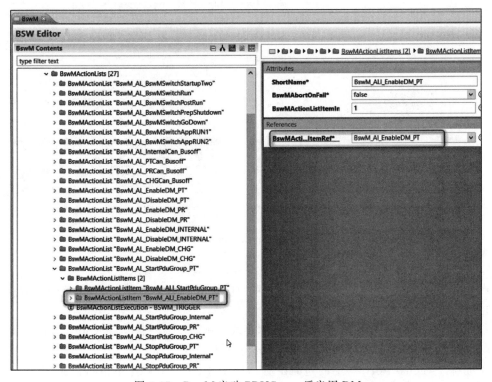

图 4-17　BswM 启动 PDUGroup 后启用 DM

(1) 生成 Com_CbkRxAck 通知

RTE 支持 Com_CbkRxAck 实现。要由 RTE 生成此通知函数，用户应按照 4.1.1 小节完成 SenderReceiverToSignalMapping 的信号映射。运行 RTE 生成，就可以生成对应的通知定义 RTE_ComCbk_<signal>。

当 Com 服务模块接收到信号而调用此通知时，调用 Com_ReceiveSignal 以获取信号值并将其复制到 RTE 全局变量，该变量可由读取相应数据元素的可运行对象 runnable 来读取。

```
RTE_ComCbk_< signal> (void)
{
    StatusType comstatus;
    uint32 data;
    boolean read_ok= TRUE;
    comstatus= Com_ReceiveSignal(((VAR(Com_SignalIdType,AUTOMATIC))1),&data);
    ...
    RTE_Rx_000000= data;
    ...
}
```

(2) 生成 Com_CbkRxTOut 通知

在每次发生接收超时时，Com_CbkRxTOut 都要通过 RTE 通知应用程序。那么需要在 SWC 中为 ComSignal 的 RPort 配置"Nonqueued Receiver Com Spec"。

① 为 SWC Rport 创建 Nonqueued Receiver Com Spec，如图 4-18 所示。

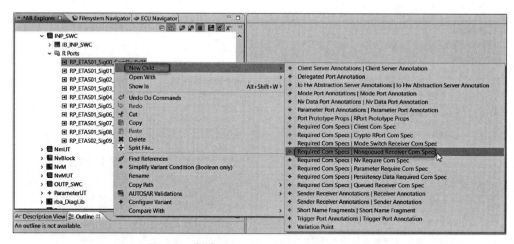

图 4-18 创建 Nonqueued Receiver Com Spe

② 更新 Nonqueued Receiver Com Spec 配置，如图 4-19 所示。

- AliveTimeout：配置任何与"0"不同的值。该值不需要与 DBC 文件中的信息相同，因为在生成配置时不会使用该值。
- HandleTimeoutType：如果没有具体要求，则应配置"NONE"值。
- DataElement：指定需要通知 RX Timeout 事件的信号。

③ 更新"ISignal Ports"中的超时配置，如图 4-20 所示（这里也可以采用 2.1.3 小节描述的 Cobra_DBCImport 来快速导入带有超时参数配置的 DBC 文件）。

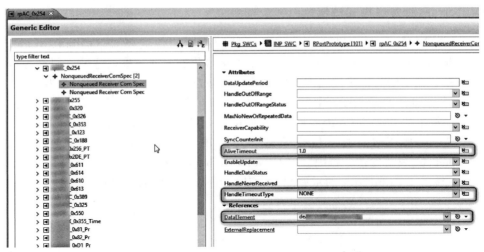

图 4-19　更新 Nonqueued Receiver Com Spec 配置

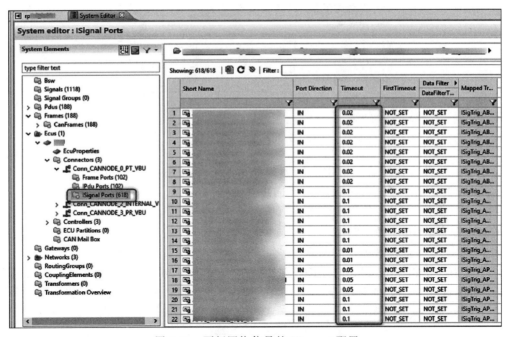

图 4-20　更新网络信号的 Timeout 配置

④ 运行 RTE Generation，RTE_ComCbkTout_＜signal＞通知将生成。当发生接收超时时，接收状态的全局变量的超时位将被设置，该位可由应用 SWC 来读取以获取相应信号的超时情况。

```
RTE_ComCbkTOut_< signal> (void)
{
    ...
    RTE_Rx_000001_status|= ((VAR(Std_ReturnType,AUTOMATIC))RTE_E_MAX_AGE_EXCEEDED);
}
```

4.1.4 ComIPdu 发送模式选择

对于发送 ComIPdu，AUTOSAR 定义了两种不同的传输模式（ComTxModeFalse 和 ComTxModeTrue），这取决于映射到此 PDU 的信号值的验证结果，这种机制称为传输模式选择（TMS）。在不同的传输模式下，用户可以静态配置 PDU 的不同传输行为。

在 ComSignal->ComFilter 中定义了信号值验证算法。由于 ComIPdu 可以承载多个 ComSignal，每个配置了 ComFilter 的 ComSignal 都有助于传输模式的选择。当 ComIPdu 的所有 ComSignals 被评估为真（信号值落在定义的过滤范围内）时，该 ComIPdu 应以 ComTxModeTrue 模式发送，否则应以 ComTxModeFalse 模式发送。

图 4-21 显示了 ComFilter 的示例配置，其中 0~10 之间的信号值有效。

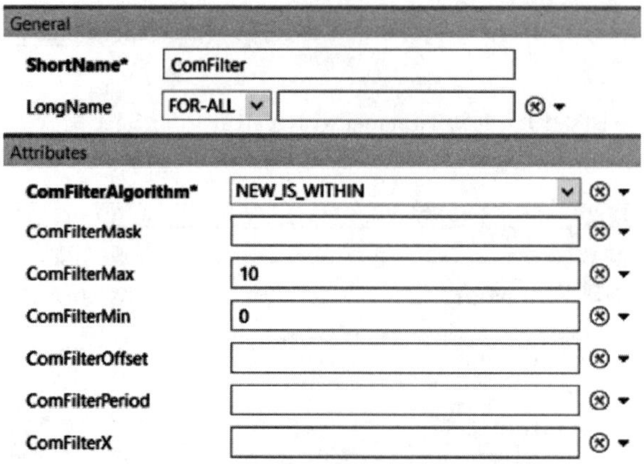

图 4-21 ComFilter 配置

对于以上两种传输模式，常用的三种传输行为（ComTxModeTrue/ComTxModeFalse->ComTxMode）描述了选择发送模式后 PDU 是如何传输的。

- PERIODIC：PDU 是周期发送的，所以必须指定时间。
- DIRECT：PDU 触发发送。
- MIXED：上面两种模式的结合。

对于具有 ComTxModeMode PERIODIC 的 ComTxIPdu，其 ComSignals 的传输属性（ComTransferProperty）对传输点没有影响。如图 4-22 所示配置显示了始终以 0.05s 周期

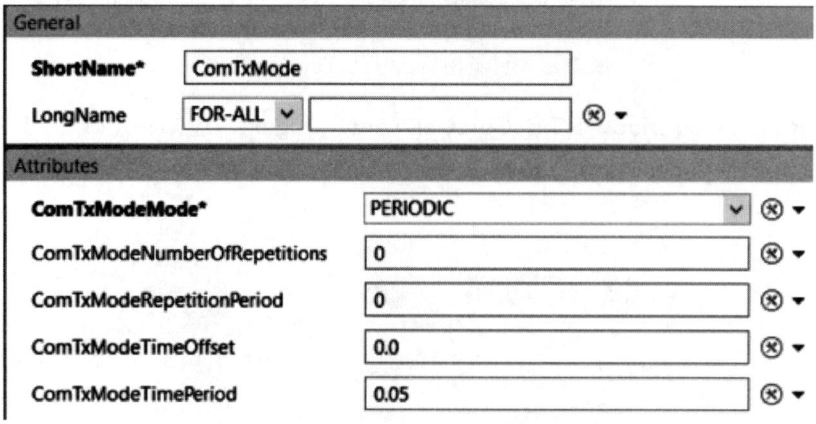

图 4-22 ComTxMode 配置-PERIODIC

发送 PDU 的 ComTxMode。

当 ComTxModeMode 为 DIRECT 或 MIXED 时，ComSignal 的 transfer-property 传输属性将决定一个信号的发送请求是否可以触发 IPdu 的传输。这是 AUTOSAR 中定义的 5 个 ComTransferProperty 字面量。

- PENDING：对该信号的写入访问永远不会触发相应 IPdu 的传输。
- TRIGGERED：对该信号的写入访问可以触发相应 IPdu 的传输。
- TRIGGERED_ON_CHANGE：只有在写入的值与本地存储的值不同的情况下，对该信号的写入访问才能触发 IPdu 传输。
- TRIGGERED_ON_CHANGE_WITHOUT_REPETITION：只有在写入的值与本地存储的值不同的情况下，对该信号的写入访问才能触发 IPdu 传输。这种传输没有重复。
- TRIGGERED_WITHOUT_REPETITION：对该信号的写入访问可以触发 IPdu 传输而无须重复。

以如图 4-23 所示配置为例，ComTxModeMode 为 DIRECT。当 ComSignal 的传输属性为 TRIGGERED 时，此 PDU 将在此信号写入后立即发送 3 次，周期为 0.1s（例如通过 RTE），如图 4-24 所示。

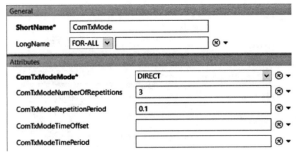

图 4-23　ComTxMode 配置-DIRECT

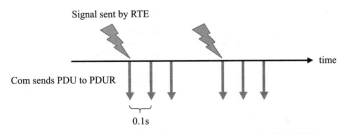

图 4-24　ComSignal 触发的 ComIPdu DIRECT 传输图例

系统能够描述 ISignalIPdus 的传输方式和 ISignalToPDUMapping 的传输属性。使用 RTA-BSW 配置可以以系统描述为输入，自动生成上述配置，如图 4-25 及图 4-26 所示。

4.1.5　IPdu 收发通知实现报文有效性检查

在混合应用 AUTOSAR Com IPdu 的网络中，往往不是所有节点都具有 AUTOSAR 的 E2E 功能来实现端到端的通信校验。在这种网络中，不同通信节点报文的有效性检查机制可以借用 IPdu 的收发通知来实现。

在发送方，发送帧的"校验和"在发送过程中会被 Com_TxIPduCallout 计算并更新到帧中，并在发送之前保持不变，如图 4-27 所示。

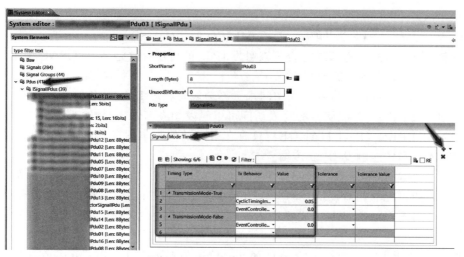

图 4-25 系统描述的传输方式

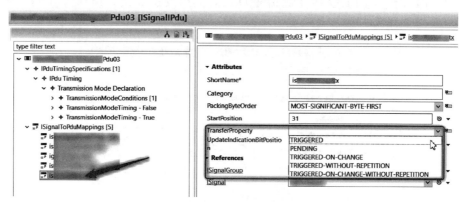

图 4-26 系统描述传输属性

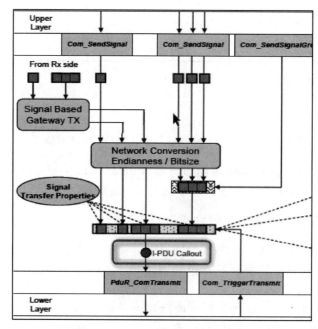

图 4-27 Com_TxIPduCallout 流程

如果通过 Com_RxIPduCallout 接收到的校验和值与计算值相等，则接收方应接受接收到的帧；如果接收到的校验和值与计算值不同，则丢弃该帧，如图 4-28 所示。

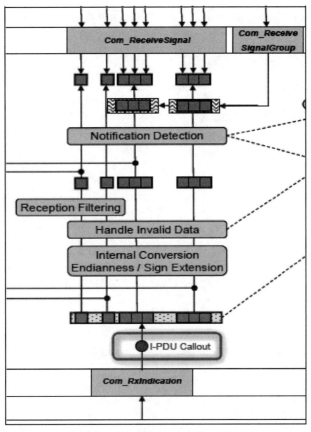

图 4-28　Com_RxIPduCallout 流程

这些 IPdu 的收发通知功能可以在 ComIPdu 中配置，如图 4-29 所示。

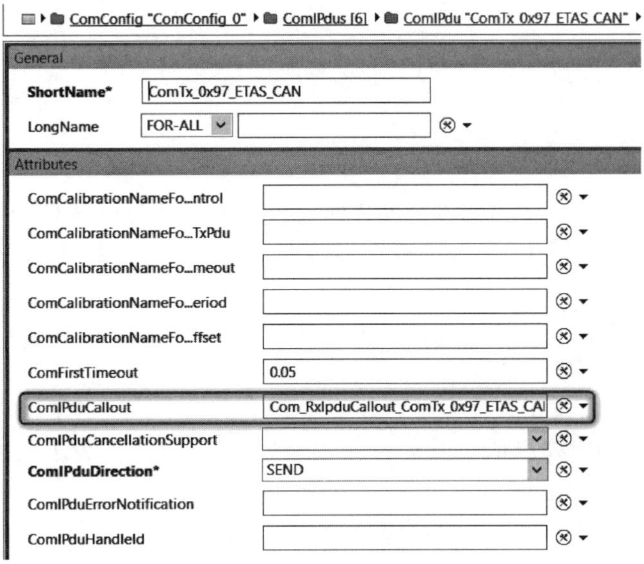

图 4-29　IPdu 的收发通知配置

之后，软件集成专家可以通过 ComIPdu 的接收和发送通知来实现校验和功能。例如：通过 IPdu 接收通知实现校验和检查如图 4-30 所示。

```
FUNC(boolean, Com_CODE) Com_RxIPduCallout_<IPdu name> (VAR(PDUIdType, AUTOMATIC) id,
P2CONST(uint8, AUTOMATIC, Com_APPL_CONST) ptr)
{
        boolean isOK = FALSE;
        uint8 checksum;
        /* CanID = 0x175 */
        checksum = 0x01U ^ 0x75U ^ (uint8)*(ptr+1) ^ (uint8)*(ptr+2) ^ (uint8)*(ptr+3)\
                        ^ (uint8)*(ptr+4) ^ (uint8)*(ptr+5) ^ (uint8)*(ptr+6) ^ (uint8)*(ptr+7);
        if(checksum == *ptr)
        {
            isOK = TRUE;
        }

        return isOK;
}
```

图 4-30　通过 IPdu 接收通知实现校验和检查

通过 IPdu 发送通知实现校验和计算如图 4-31 所示。

```
FUNC(boolean, Com_CODE) Com_TxIPduCallout_<IPdu name>(VAR(PDUIdType, AUTOMATIC) id,
P2VAR(uint8, AUTOMATIC, Com_APPL_DATA) ptr)
{
        /* CanID = 0x9A */
        *ptr = 0x00U ^ 0x9AU ^ (uint8)*(ptr+1) ^ (uint8)*(ptr+2) ^ (uint8)*(ptr+3)\
                        ^ (uint8)*(ptr+4) ^ (uint8)*(ptr+5) ^ (uint8)*(ptr+6) ^ (uint8)*(ptr+7);

        return TRUE;
}
```

图 4-31　通过 IPdu 发送通知实现校验和计算

4.1.6　PDU 的带宽优化发送

在很多场景中，如果 Com 请求 CAN 传输的报文过多，会导致 CAN 总线过载，一些低优先级的报文会被延迟，等待 CAN 总线空闲后再重新传输。在特定条件下，累计误差会高于预期并发生错误。

例如：Com 请求在同一时间（相同的 OS 周期）传输报文 A(0x100)、报文 B(0x101)、报文 C(0x102)。

优先级：报文 A＞报文 B＞报文 C。

因为报文 B 和 C 的优先级低于报文 A 而被延迟（图 4-32）。为了减少对 CAN 报文的误差，使用时间偏移配置（图 4-33）。

这时为报文 B 配置"偏移 B"，为报文 C 配置"偏移 C"，则所有 3 条报文的偏差将减少到 0。

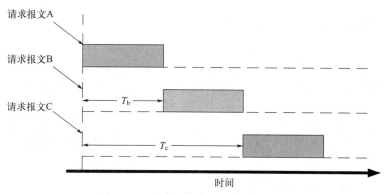

图 4-32 无时间偏移配置的总线负载

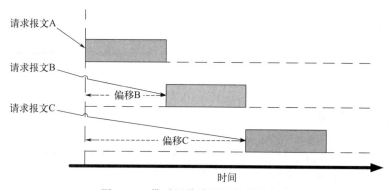

图 4-33 带时间偏移配置的总线负载

ComTxModeTimeOffset：在 ComTxModeMode 配置为 PERIODIC 或 MIXED 的情况下，定义 Com_IPduGroupControl 开始 I-PDU 和第一个传输请求之间的周期（以秒为单位）。在混合传输模式的情况下，只有周期性部分受到影响。如果 ComTxModeTimeOffset 被省略或配置为 0，则第一次周期性传输应在 Com_MainFunctionTx 的下一次调用中传输。

该参数一般应该为 ComTxModeFalse 和 ComTxModeTrue 都配置，如图 4-34 所示。

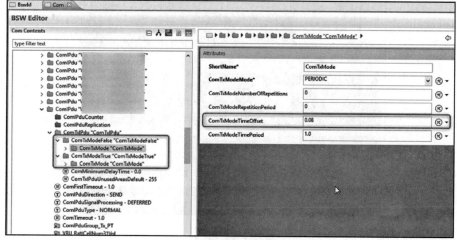

图 4-34 发送时间偏移配置

在控制 PDU 的 BswM Action 中，BswMPDUGroupSwitchReinit 应该为 true，以便在启动阶段应用前述配置的时间偏移，如图 4-35 所示。

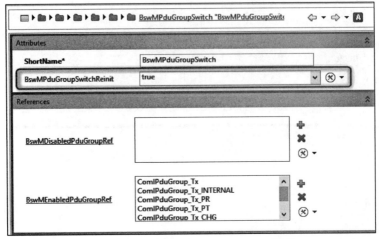

图 4-35 为 PDU 组控制配置 BswM 操作

4.2 CAN 通信

CAN 通信服务是一组用于与通信系统 CAN 进行车辆网络通信的模块。其任务是：
- 向 CAN 网络提供统一的接口；
- 从应用程序调用的角度，隐藏通信协议和报文属性的繁冗信息（图 4-36）。

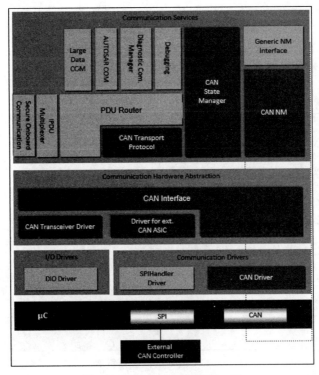

图 4-36 CAN 通信协议栈一览

AUTOSAR CAN 通信栈分层交互如图 4-37 所示。

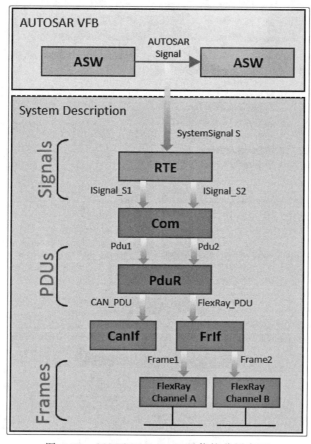

图 4-37 AUTOSAR CAN 通信栈分层交互

- 引入系统信号和 ISignals 是为了区分 SWC 之间传输的特殊数据片段和用于将该数据分发到多个接收器的交互层信号。
- PDU（协议数据单元）是通过网络层传递的信息。
- 帧是通过通信通道交换的一条信息。

4.2.1 CAN 配置自动推送

RTA-BSW 可以使用系统描述 arxml 文件中包含的信息作为 Com 栈 BSW 配置自动推送的输入。2.1.3 小节介绍了如何在 Cobra 的帮助下导入 DBC 文件和迭代更新系统描述文件。OEM 有时会直接提供符合其规范的系统描述 arxml 文件，这样不仅可以描述 Can Networks，还可以描述 Lin Networks、Flexray Networks 和 Ethernet Networks。对于这些网络，RTA-BSW 也支持部分配置自动推送。

系统描述文件准备好后，打开 "Generate ECU Configuration Wizard" 设置配置自动推送的选项，如图 4-38 所示。

在该窗口中（图 4-39），可以配置生成包含 BSW 模块 EcuC 值的 ARXML 文件的输出路径，还可以选择为每个模块生成单独的文件或在一个文件中生成所有模块。

注意：一些特定的配置（例如，CAN 控制器硬件相关的参数属性）不完全支持从系统描述生成配置，因此以下内容是针对需要手动添加到配置中的附加功能。

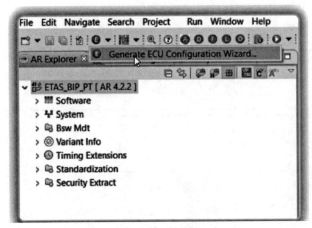

图 4-38 BSW 配置自动推送

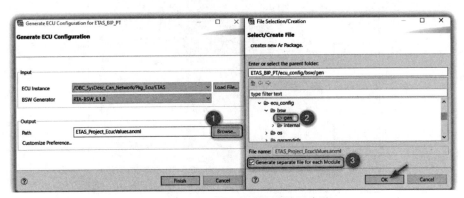

图 4-39 BSW 配置自动推送设置步骤

4.2.2 MCAL 的配置生成

MCAL 的配置有两种途径。

- 基于 MCAL 供应商提供的配置工具 tresos 的配置。
- 使用 BIP 基于 ISOLAR 的配置（例如，TDA4VM、S32K/G、AURIX 的 MCAL 配置生成）。

这里以基于 tresos 的一般性配置操作为例。对于使用 ISOLAR 的 MCAL 配置生成，请参见 3.1.7 小节中基于 ISOLAR 的 Cobra-MCAL 生成（基于 ISOLAR 的 MCAL 配置与 BSW 配置操作没有区别）。

① 生成 BSW 配置后，ISOLAR 基于网络描述生成的 CAN 驱动配置创建在 CanEcucValues.arxml 文件中。按照如下步骤将 CAN 配置文件拷贝到 EB tresos 工程配置文件夹，如图 4-40 所示。

- 从 \BSW\Config\BSW folder 复制 CanEcucValues.arxml 到 \Targets\[MCU]\MCAL\MCAL_Cfg\config folder。
- 在 \Targets\[MCU]\MCAL\MCAL_Cfg\config\CanEcucValues.arxml 中用"MCU_VendorCode"替换所有的"AUTOSAR_Can/EcucModuleDefs"。

② 在 tresos 中导入 MCAL 配置（文件夹 \Targets\[MCU]\MCAL\MCAL_Cfg），将项

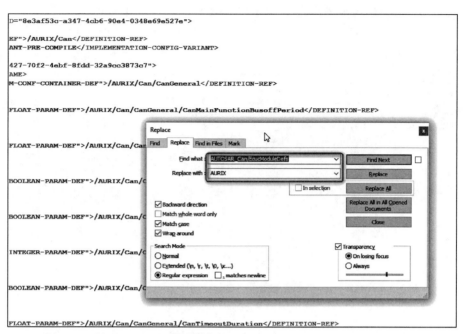

图 4-40 用 "AURIX" 替换所有的 "AUTOSAR_Can/EcucModuleDefs"

目加载到 tresos 工作区开始配置。

③ 然后将 CAN 配置文件导入 tresos 的工作区。

例如，将 \Targets\[MCU]\MCAL\MCAL_Cfg\config\CanEcucValues.arxml 导入 EB tresos 工程中，如图 4-41 所示。

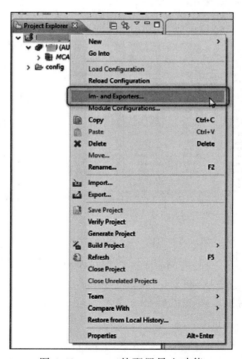

图 4-41 tresos 的配置导入功能

导入 CAN 配置（图 4-42）后，由于 BSW 和 MCAL 之间的 paramdef 不匹配，导入了 RX 邮箱的 Can ID 值，因此需要 Python 脚本来更新 Can ID 值（图 4-43）。运行\Targets\[MCU]\MCAL\MCAL_Cfg\config\Get_CanID.py 以更新 Can ID 值。

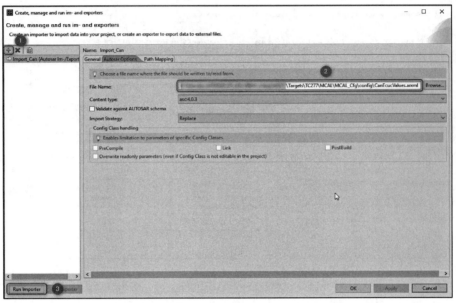

图 4-42　tresos 导入 CAN 配置的三个步骤

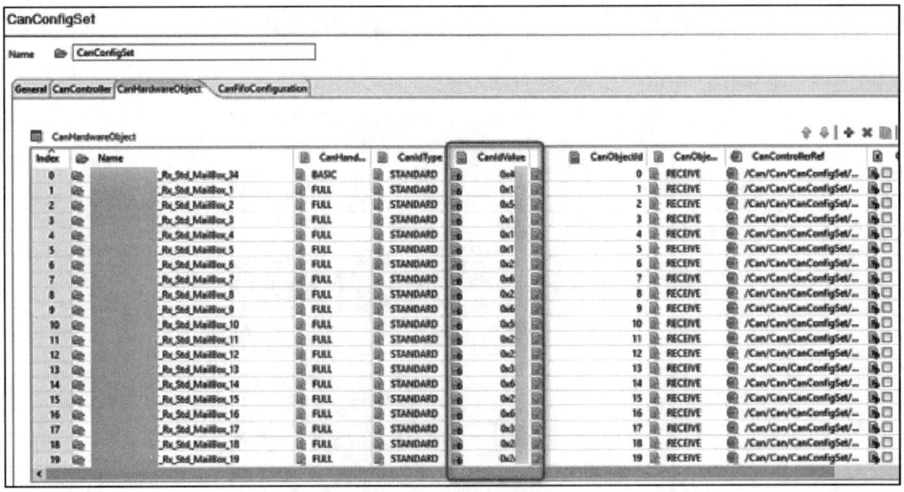

图 4-43　更新 CAN ID 值

为 BASIC CAN 添加验收滤波掩码，因为 BASIC CAN 需要验收滤波掩码来接收多个报文。

验收滤波掩码的算法：如果（配置的 CAN ID）AND（验收滤波掩码）==（收到的 CAN ID）AND（验收滤波掩码），将接收报文，如图 4-44 所示。

BASIC CAN 邮箱引用该验收滤波掩码，如图 4-45 所示。

在 EB tresos 中也可以配置 CAN 控制器，如图 4-46 所示。

- CanBusoffProcessing：指定处理总线关闭事件的方式（轮询或中断）。
- CanRxProcessing：指定处理 CAN 帧接收事件的方式（轮询或中断）。
- CanTxProcessing：指定处理 PDU 传输成功事件的位置（轮询或中断）。

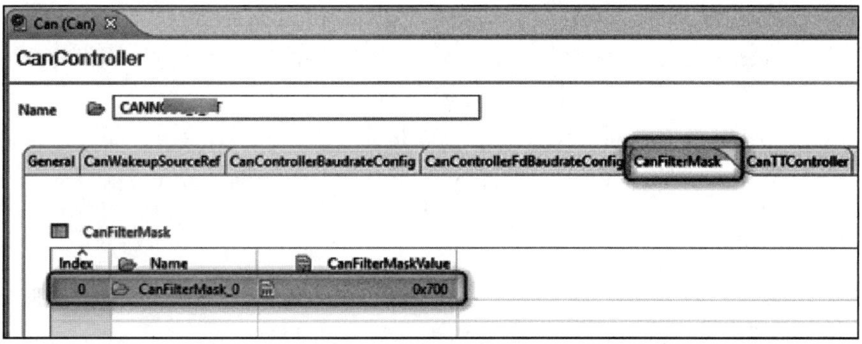

图 4-44　CAN 控制器验收滤波

图 4-45　在邮箱配置中引用 CAN 验收滤波掩码

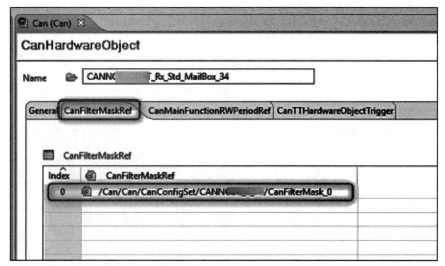

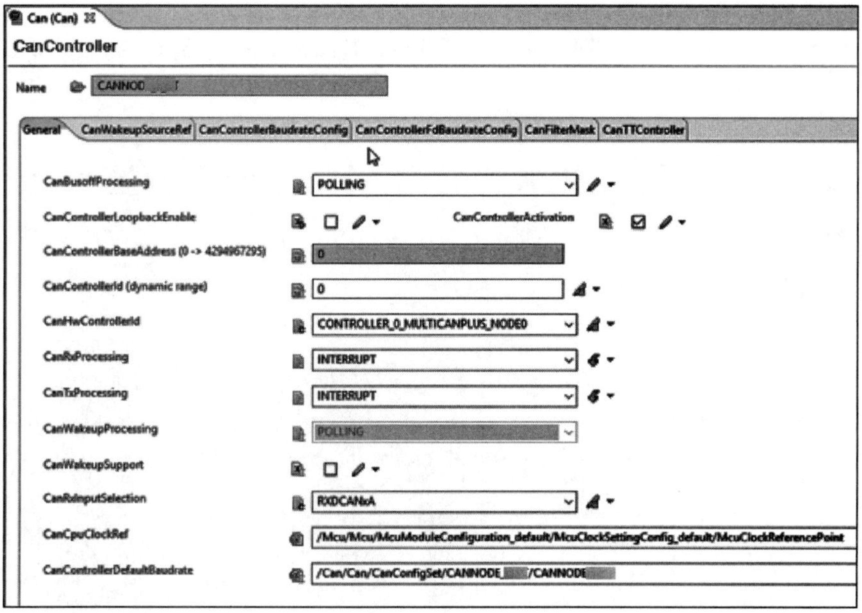

图 4-46　CAN 控制器配置

- CanRxInputSelection：为 CAN 节点接收输入线提供备用引脚选择。

如果以上 processing 配置为 POLLING 轮询，那么对应的 MCAL 周期运行 MainFunction 应映射到操作系统任务调度，如果配置为中断，则应该：

- 在 MCAL 中配置该中断 IRQ CAT 应该是 CAT23；
- 在 OS 配置中声明该 MCAL 配置的 CAT23 类型的中断。

4.2.3 CAN 总线关闭

做总线应用时，往往需要"首次发生总线关闭 Bus-off 时，基础软件平台应将此事件提供通知给应用程序"。RTA-BSW 可以很方便地达到这一目的。

在 RTA-BSW 中，当总线关闭 Bus-off 发生且恢复失败时将调用通知。CanSM 将检测总线关闭事件并让 BswM 通知用户。

① 在 BswMModeRequestPort 配置中添加 BswMCanSMIndication 端口，如图 4-47 所示。

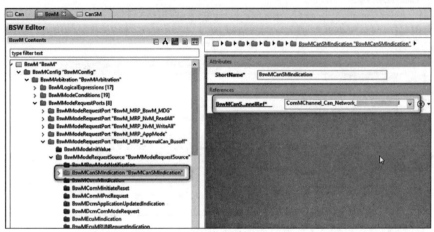

图 4-47　为总线关闭通知创建端口

② 基于该端口，配置 BswMModeCondition、BswMLogicalExpression 和 BswMRule，如图 4-48～图 4-50 所示。

③ 在 BswMAction 中配置 BswMUserCallout 通知函数，如图 4-51 所示。

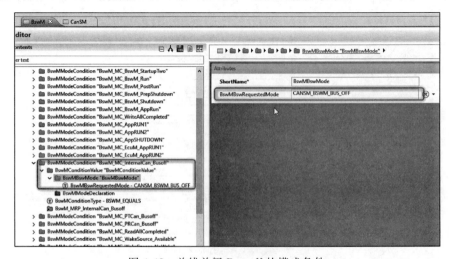

图 4-48　总线关闭 Bus-off 的模式条件

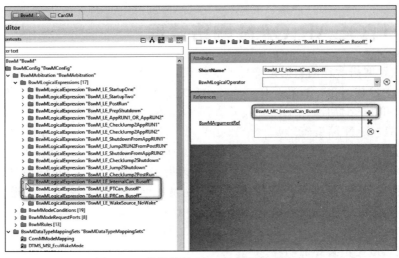

图 4-49　总线关闭 Bus-off 的逻辑表达式

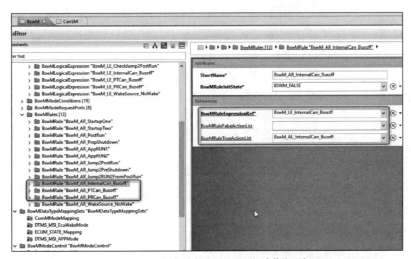

图 4-50　总线关闭 Bus-off 的动作规则

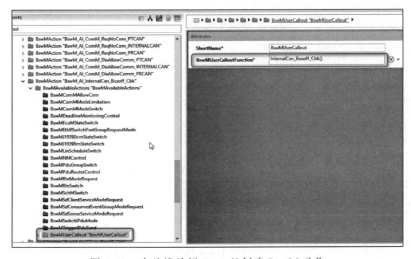

图 4-51　为总线关闭 Bus-off 创建 BswM 动作

4.3 AUTOSAR CAN 网络管理

AUTOSAR 网络管理的目的是降低节点功耗,许多 ECU 具有永久电源 (KL30 电压),即使在车辆熄火停放时也一直在工作,直到电池电量耗尽。为了使车辆在不使用时电池电量不耗尽,用户可以随时启动汽车,引入了 AUTOASR CAN 网络管理。

AUTOSAR CAN 网络管理是一个独立于硬件的协议,它为 CAN 网络上的 CAN 节点提供了一种同步唤醒和关闭其通信栈的机制,是一种分散和直接的网络管理。

通常,每个 CAN 节点都有一个由系统工程师指定的唯一 CAN ID 的网络管理报文(被动模式 ECU 除外),仅供网络管理使用。周期性发送网络管理报文表示发送方节点要求网络保持唤醒状态。当网络上没有节点请求通信并且所有节点都停止发送 NM 报文时,所有节点都进入总线睡眠模式。根据具体的电源管理设计,可以关闭微控制器、外围设备的电源并保持低电流,避免不必要的功耗。

图 4-52 显示了 CanNM 模块及其对其他模块的依赖关系。

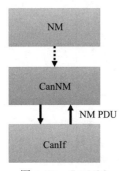

图 4-52 CanNM

- NM 模块:网络管理接口模块是 ComM 模块(通信管理)和总线特定网络管理模块(如 CanNM)之间的适配接口。当需要请求 CanNM 的服务时,ComM 首先调用 NM 的 API,该 API 会引起有关 ComM 通道类型(总线类型)的 CanNM 服务调用。
- CanIf 模块:与其他应用程序 PDU 或诊断 PDU 一样,CAN 接口模块负责根据配置的硬件处理程序向 CAN 驱动程序发送和接收 CAN 报文。在这种情况下,在 CanNM 和 CanIf 之间发送或接收 NMPDU。

从 NM 的角度来看,ECU 可以分为两种类型,见表 4-3。

- 主动模式 ECU:它负责保持网络唤醒状态,允许在网络上传输 NM 报文。
- 被动模式 ECU:只能被动保持唤醒,意味着它永远不会请求网络并进入正常运行模式(参见下面关于 CanNM 状态机的介绍)。在这种情况下,CanNMPassiveModeEnabled 应为 true。

表 4-3 NM 节点 ECU 模式分类

类型	NM PDU 需求
主动模式 ECU	ECU 发送并接收 NM 报文
被动模式 ECU	ECU 仅从其他节点接收 NM 报文

从网络唤醒的角度可以分为两种(表 4-4),对于主动模式 ECU,两种启动类型都可能取决于谁主动唤醒网络、节点本身或其他网络节点。

表 4-4 NM 节点 ECU 唤醒模式

类型	描述
主动唤醒	当用户请求 ComM FULL 通信时调用 CanNM_NetworkRequest,即节点主动请求网络
被动唤醒	被动 ECU:请求 ComM FULL 通信时调用 CanNM_PassiveStartUp 主动 ECU:EcuM 检测到被动唤醒事件通知 ComM

作为 CanNM 模块最重要的功能，在上面的状态阐明了通信协调算法。为了充分理解该算法，读者需掌握这三种工作模式，网络模式下的三个子状态，状态切换的条件以及几个关键的时序参数。CanNM 状态图如图 4-53 所示。

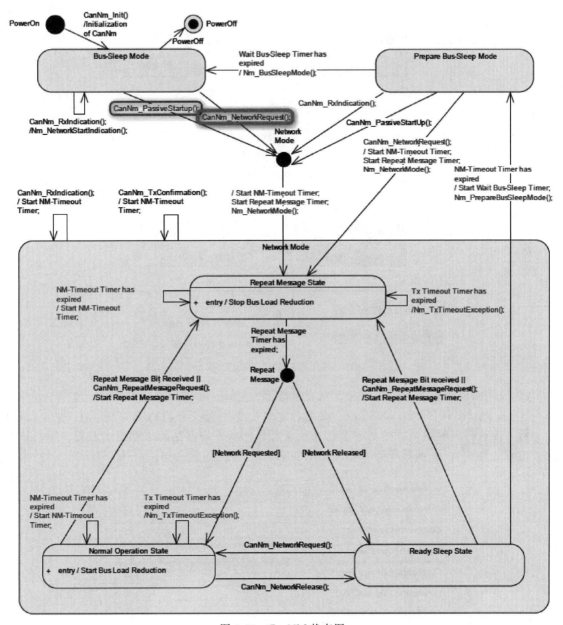

图 4-53　CanNM 状态图

在以下部分中，阐明了三个主题和相应的配置示例。
- CanNM 的超时参数：定时器机制是 CanNM 状态切换的重要因素，介绍了它们的工作原理及如何反映到配置参数中。
- CanNM 报文用户数据：除了 NM 报文中携带的前两个字节（CBV 和 NID）外，其余字节都可以检索指定的用户数据，介绍了如何获取和设置它们。

- 部分网络：介绍 CanNM 的另一个重要特性"部分网络"。

4.3.1 CanNM 的超时参数

图 4-54 展示了简化的 CAN 网络管理状态机。

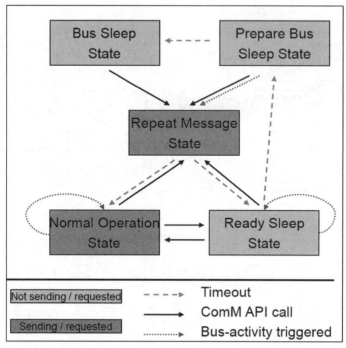

图 4-54　简化的 CAN 网络管理状态机

CAN 网络管理有 3 种超时时间，所有参数都在 CanNM 模块中定义。

- CanNMRepeatMessageTime：此参数定义重复报文状态的持续时间。在重复报文时间之后，没有任何网络请求的状态会切换到正常操作状态或就绪睡眠状态（取决于网络是否已被请求或释放）。该参数应为 CanNMMsgCycleTime 的倍数（图 4-55）。

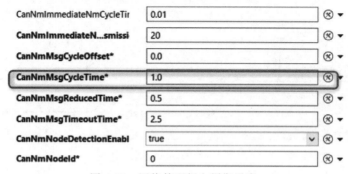

图 4-55　网络管理报文周期设定

- CanNMTimeoutTime：该参数定义 Ready Sleep 状态的持续时间（图 4-56），在 NM-Timeout Time 之后没有任何网络请求的状态会切换到 Prepare Bus Sleep State。
- CanNMWaitBusSleepTime：该参数定义 Prepare Bus Sleep State 的持续时间（图 4-56），超时后无任何网络请求的状态会切换到 Bus Sleep State。

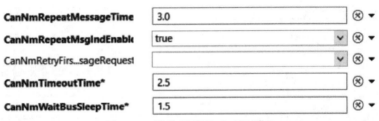

图 4-56　网络管理超时时间设定

4.3.2　CanNM 报文数据

在 AUTOSAR 中，CanNM 报文中只定义了 2 个字节的数据来支持网络管理，剩下的 6 个字节是给用户的。允许用户设置和获取用户数据的值，以便将附加信息用于扩展控制功能。

在 AUTOSAR 中，可以应用两种实用的方法。

第一种方法是 NM 用户数据 API Nm_GetUserData 和 Nm_SetUserData。下面是通过 Nm_GetUserData 检索用户数据的示例（图 4-57）。

① 启用 CanNMUserData 创建 API（Nm_GetUserData）从 Rx NM 报文获取数据报文。

② 启用 PDU Rx 指示可以在调用 CanNM_RxIndication 时调用 NM 通知函数 Nm_PDURxIndication。

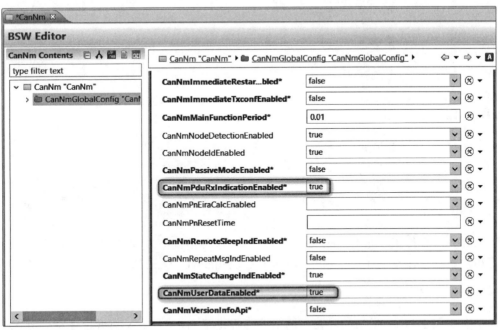

图 4-57　使能 CanNM 用户数据

③ 定义 Nm RxIndication 的 Callback 函数，该函数在收到 NM 报文后调用（图 4-58）。

在工程示例 SWC NmUT 中，NmRxIndication 的通知函数为 Nm_RxIndicationCallback（图 4-58），并使用全局变量 IsNmReceived 表示收到 NM 报文。

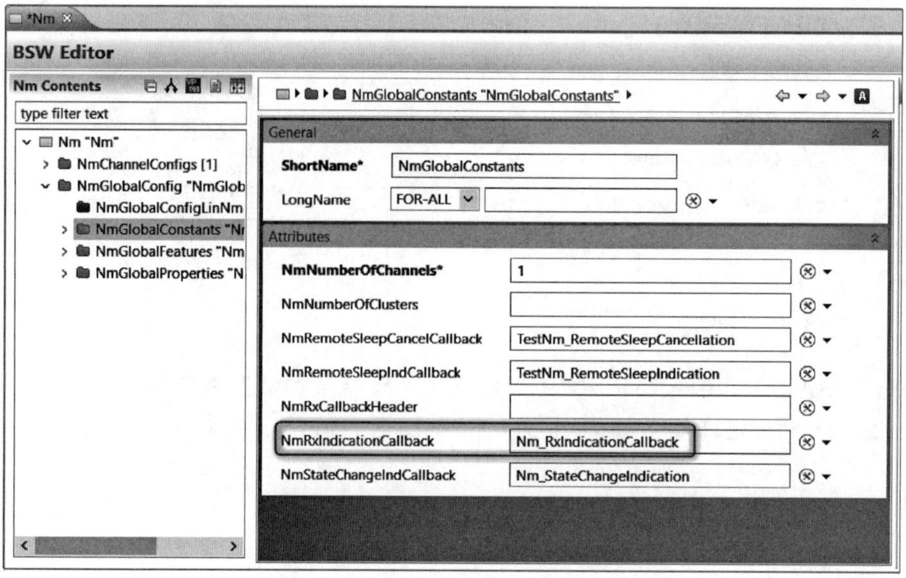

图 4-58 NM RxIndication 通知

```
FUNC(void,NM_CODE)Nm_RxIndicationCallback(CONST(NetworkHandleType,AUTOMATIC)
NetworkHandle)
{
if(NetworkHandle< NM_NUMBER_OF_CHANNELS)
{
Nm_Test[NetworkHandle].IsNmReceived= TRUE;
}
}
```

当 IsNmReceived 为 true 时，调用 Nm_GetUserData API 获取 NM 报文中的数据以供用户应用程序使用。

```
if(Nm_Test[index_chanel].IsNmReceived)
{
        Nm_GetUserData(index_chanel,Nm_Test[index_chanel].nm_rx_data);
        Nm_Test[index_chanel].IsNmReceived= 0;
}
```

第二种方法是使用 ComUserDataSupport。在这种情况下，应使用 PDUR 和 Com 模块来检索用户数据。注意，如果启用 ComUserDataSupport，CanNM_SetUserData 将不可用。

4.3.3 部分网络

为了减少用于 CAN 通信的功耗，网络管理提供了在一个 CAN 总线上保持部分 ECU 处于唤醒状态的部分网络。如图 4-59 所示，通过一个公共 CAN Bus 传输的报文被分为三个软件簇，从 ECU1 的角度来看，只有 2 个相关的 PNC。当 NM 报文在总线上没有对 PNC1 和 PNC2 的请求并且节点本身不请求通信时，该节点可以进入总线睡眠模式，同时其他两个 ECU 之间仍然存在通信。

部分网络的功能由以下几个 BSW 模块实现，图 4-60 显示了这些模块的分层架构和 NM

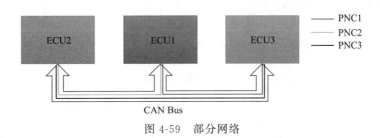

图 4-59　部分网络

报文的数据流。
- CanTrcv：使用 PN 信息进行选择性唤醒。通知 CanIf PN 的可用性。
- CanIf：通知 CanSM PN 的可用性。发送/接收 NM 消息。
- CanNM：发送/接收 NM 报文。通过检查是否设置了相关的部分网络软件簇（PNC）来过滤接收到的 NM 报文。
- PDUR：从 CanNM 到 Com 接收过滤后的 NM 报文的用户数据。将 Com 设置的用户数据传输到 CanNM。
- Com：从/向 ComM 接收和传输用户数据。通过 BswM 将有关 PNC 的 PDUs 分组，以用于单独的 PDUGroup 切换。
- ComM：为每个 PNC 执行状态机。
- CanSM：通知 CanNM PN 的可用性。处理通知的 CanNM 超时异常。
- BswM：接收来自 ComM 的 PNC 当前通信模式的请求。

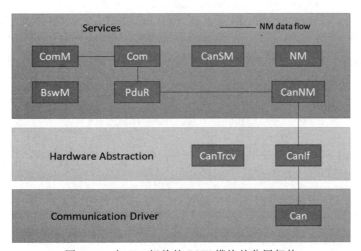

图 4-60　与 PN 相关的 BSW 模块的分层架构

（1）CanNM 处理 NM PDUs

在一般的 AUTOSAR 网络管理用例中，CanNM 应从 CanIf 接收/传输 NM PDUs 并执行 NM 状态转换。当应用 PN 功能时，CanNM 执行有关用户数据的 NM PDU 过滤算法，并可能通知上层将更改的 PN 信息传递给 Com 模块。以下说明 CanNM 如何处理和传输 NM 用户数据中包含的部分网络信息。

① NM PDU 结构。

如图 4-61 所示，NM PDU 包含的 PN 信息由 3 部分组成。
- Control Bit Vector(CBV)：控制位向量（CBV），bit6 部分网络信息位（PNI 位）为

1，表示 NM PDU 包含部分网络请求信息。

• User data：用户数据，至少有 6 字节的用户数据可用。这里 CanNMPnInfoOffset 和 CanNMPnInfoLength 两个参数定义了包含 PN 请求信息的 PN Info 的位置。

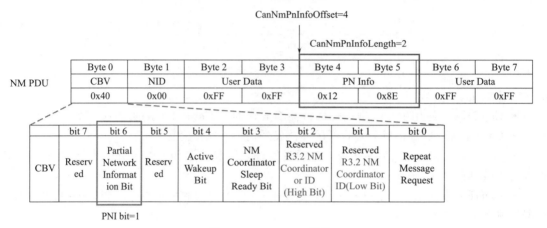

图 4-61　NM PDU 结构

• PNI 位：对于 Rx NM-PDU，如果 CanNMPnEnabled == TRUE 且 PNI Bit == 1，则 CanNM 应按照 NM PDU 过滤算法处理 NM-PDU 的部分网络信息；对于 Tx NM-PDU，如果 CanNMPnEnabled 为 true，则发送的 PNI 位应设置为 1。

② RX：NM PDU 过滤算法。

NM PDU 过滤算法的输入是 NM 报文中包含的 PN Info 和 CanNM 模块中配置的 PN Filter Mask。使用 RTA-BSW 的 PNC 滤波器算法的配置用例在 3.2 节中已介绍过。

PN Info 的每一位代表一个 PN（部分网络）的状态。如果该位设置为 0，则没有对该 PN 的请求。CanNMPnFilterMaskBytes 在 PN Info 的每个字节处定义 PN 验收滤波掩码。验收滤波掩码的每一位都有以下含义。

• 0：PN 请求与 ECU 无关。如果在接收到的 NM-PDU 中设置了该位，则 ECU 的通信栈不会保持唤醒。

• 1：PN 请求与 ECU 相关。如果在接收到的 NM-PDU 中设置了该位，则 ECU 的通信栈保持唤醒。

PN Info 和 PN Filter Mask 应按位与比较，比较的结果可以如下。

• 请求至少一个 PN：应接收 NM-PDU 以进行进一步的 Rx 指示处理。

• 不请求相关的 PN：NM-PDU 应从进一步的 Rx 指示处理中删除。这意味着该 NM-PDU 不会重置 NM-Timeout Timer 并且无法使 NM 状态保持在就绪睡眠状态。

true 的 CanNMAllNmMessageKeepAwake 通常用于网关，该网关应始终在任何类型的 NM-PDU 上保持唤醒。

如表 4-5 的例子所示，由于 PN Info 的一个字节包含相关的 PN，这个 NM-PDU 应该被进一步处理而不被丢弃。当请求状态发生变化时，CanNM 将通过调用 PDUR_CanNMRx-Indication 通知上层（Com Module）。

表 4-5　NM PDU 过滤算法示例

验收滤波掩码	字节 0：0x01	字节 1：0x97
	00000001	10010111

验收滤波掩码	字节 0:0x01	字节 1:0x97
PN Info （PN 信息）	Byte 4:0x12 （字节 4:0x12）	Byte 5:0x8E （字节 5:0x8E）
	00010010	10001110
	No relevant PN （不相关的 PN）	Relevant PN （相关的 PN）

③ Tx：NM PDU 的自发传输。

如果节点本地请求 PN，PN 控制模块（ComM）负责调用 Nm_NetworkRequest（Can-NM_NetworkRequest）并设置发送的 NM PDU 中的 PNC 位。

需要注意的配置参数：CanNMPnHandleMultipleNetworkRequests 如果为 true，Can-NM 将在调用 CanNM_NetworkRequest 时从网络模式更改或重新启动重复报文状态；如果为 false，则该请求仅触发从就绪睡眠状态到正常操作状态的转换（见图 4-53）。

④ EIRA 和 ERA。

根据 PN 请求的不同来源，聚合的 PN Info 可以分为两类位向量。这些位向量被传递到上层由 ComM 处理。

- EIRA（外部内部请求数组）：由于部分网络的活动，每个必须切换 I-PDU 组的 ECU 都使用 EIRA 类别的 PN 请求源。如果内部和外部请求相应的 PN，则应打开 I-PDU-Groups。

应该只有一个 CanNMPnEiraRxNSduRef 接收到 Com 模块的信息，因为它是所有 Can 通道上的聚合 PN 信息。CanNMPnEiraCalcEnabled 应为 true。

- ERA（外部请求数组）：网关用于仅收集外部 PN 请求。每个 CanNM 通道都可以有 CanNMPnEraRxNSduRef，因为它是按通道报告的。

CanNMPnEraCalcEnabled 应为 true。

⑤ PN 定时器。

每个 PNC 都有自己的 PN-EIRA 定时器或 PN-ERA 定时器。定时器使用全局配置参数 CanNMPnResetTime 启动。PN 的状态仅在其 PN 定时器到期时更新。也就是说，如果内部或外部请求 PN，则应根据 CanNMPnResetTime 重新开始对该 PN 的监视。

它应遵循以下配置规则。

```
CanNMMsgCycleTime< CanNMPnResetTime< CanNMTimeoutTime
```

（2）使用 ComM 进行 PNC 状态管理

下面将介绍除 PNC Gateway 以外的有关 PNC 管理的 ComM 功能。

在上述内容中，我们了解到 PNC 请求是通过 EIRA 或 ERA 位向量传输的。传入向量由 CanNM 计算和聚合，并通过 Com Signals 指示给 ComM，Com Signals 还负责从节点的本地 ComM 用户传输活动的 PNC 请求。因此，ComM 主要提供以下有关 PNC 的功能。

- 从 ComSignal 中配置的通知函数 ComM_ComCbk() 接收来自 Com 的外部 PNC 状态。

- 处于 PNC_REQUESTED 状态时，通过调用 Com_SendSignal() 发送更新的 PNC 状态。意味着 Tx PNC 状态仅在本地 ComM 用户更改 PNC 请求时更新。不反映外部 PNC 请求状态（当它不是 PNC 网关时）。

- 调用 BswM_ComM_CurrentPncMode() 通知 PNC 状态改变的 BswM。
- 提供服务 API ComM_RequestComMode() 供应用程序请求 PNC 状态切换。

① PNC State Machine。
② PNC 状态机。

每个部分网络软件簇都有自己的 PNC 状态机（图 4-62），由 ComM 管理。由于 NM 报文的用户数据最多有 7 个字节，因此 ComM 模块应支持多达 56 个 PNC 状态机。有 2 个主要状态，即 PNC_FULL_ComMUNICATION 和 PNC_NO_ComMUNICATION。PNC_FULL_ComMUNICATION 包含 3 个子状态。

状态信息会通知到 BswM，也可以在调试时通过变量 ComM_PncRamStruct 观察。

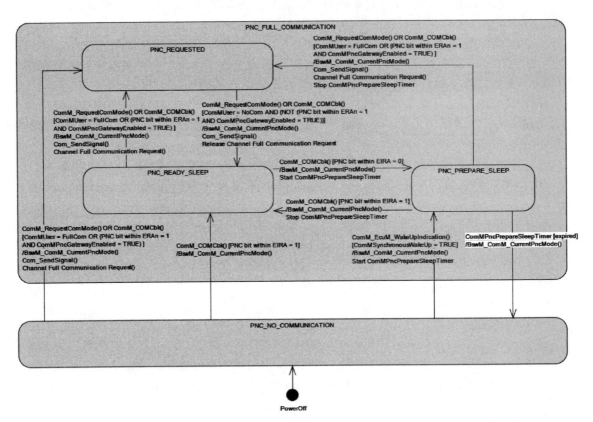

图 4-62 PNC 状态机

③ PNC、ComMUser 和 ComMChannel。

- PNC 和 ComMUser：多个 ComMUser 可以分配给一个 PNC，一个 ComMUser 可以分配给多个 PNC。每个具有 ComMode（No/Silent/Full 通信）的 ComUser 可以调用 ComM_RequestComMode()。
- PNC 和 ComMChannel：由于一个 PNC 可以从不同的通信通道控制 ComIPdus，因此多个 ComMChannel 也可以分配给一个公共 PNC。只有当 PNC 的所有 ComMChannel 都处于完全通信状态时，PNC 才能进入 PNC_FULL_ComMUNICATION 状态。

一个 PNC 下的任何 ComMUsers 请求 "Full" 通信都可以触发该 PNC 跳转到 PNC_REQUESTED 状态。在该状态跳转过程中，ComM 会请求该 PNC 下所有 ComMChannels 进入 ComM_FULL_CONFIGURATION。

当一个 PNC 下的所有 ComMUsers 都请求 "No" 通信时,该 PNC 进入 PNC_READY_SLEEP 状态并释放它对所关联的所有 ComMchannels 的 "Full" 通信请求。

如图 4-63 所示的配置用例,注意避免 ComMUser、ComMChannel 和 PNC 之间的重复映射。

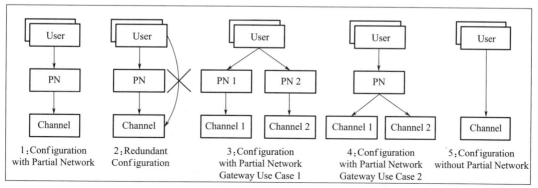

图 4-63　PN 和 ComMChannel 的映射配置用例(AUTOSAR_SWS_ComManager)

4.4　Gateway 网关路由

无论对于主要是以中央网关(CGW)扮演路由角色的上一代架构,还是网关成为诸多功能的一部分被部署到(跨)域或区域控制器中的进化新架构,控制器/计算机都需要使用不同的语言将信息从一种语言(例如 CAN FD)翻译成另一种语言(例如 FlexRay、以太网)。

4.4.1　路由的主要功能与原理

网关功能包含以下内容。
- 报文路由。
- 包路由。
- 信号路由(实际上通过信号处理加工)。
- 路由优先级。
- 接收和发送报文之间的不同类型的速率适配,例如周期和更改即时传输(TOC),如图 4-64 所示。

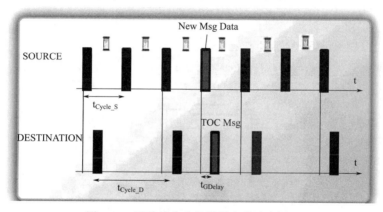

图 4-64　网关接收和发送报文的速率适配

- 诊断总线上的报文镜像。
- 网络管理。

在 ECU 中，在信息传输到总线之前，软件处理网关功能包括以下五层（图 4-65）。

- 应用程序（App）。
- 信号处理（Signal）。
- SDU 打包和处理。
- 传输通道。
- 传输介质。

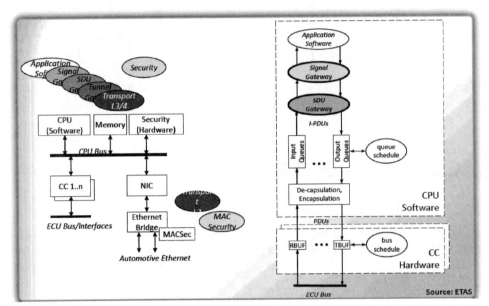

图 4-65　网关软件功能分层

从 ECU 内部的对等分层角度来看，网关功能包括以下类型（图 4-66）。

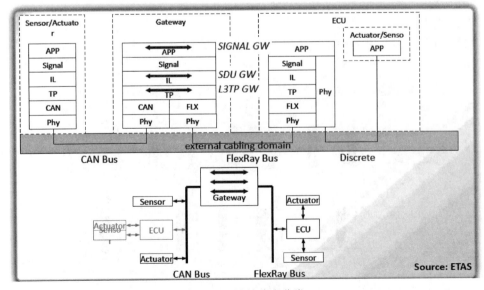

图 4-66　网关路由分类

- 信号网关。
- SDU 网关。
- Tp 网关。

注意：IL＝依据 OSEK Com 3.03 的 Interaction layer。而 AUTOSAR 将报文/信号适配为 PDU 概念。

AUTOSAR 视角中的网关功能（图 4-67）如下。
- 在应用程序中执行的信号处理。
- 在 AUTOSAR Com 中执行的信号路由。
- 在 PDU 路由器中执行的报文路由和 Tp 路由。

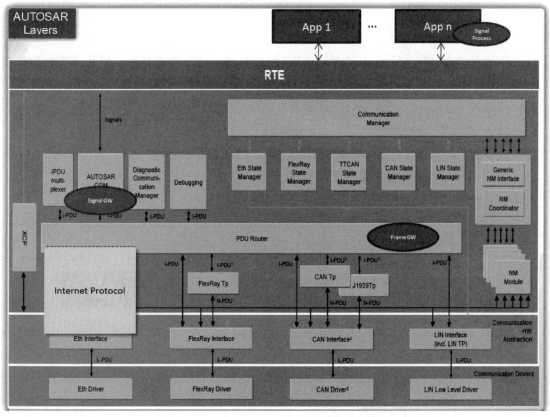

图 4-67　AUTOSAR 中的网关路由分类

4.4.2　路由性能

对于部署在控制器/处理器上的典型网关功能，有三个路由性能关键因素。
- 启动时间（开始通信所需的时间）。
- 在多条 100％负载的总线上接收到的所有报文都已在目标接口上无损传输（理想状态）。
- 延迟时间要求与 OEM 密切相关（图 4-68）。
  - OEM1：延迟＜2ms。
  - OEM2：延迟＜500μs（如丰田的超低延迟 100μs/5hops，即 20μs/hop）。

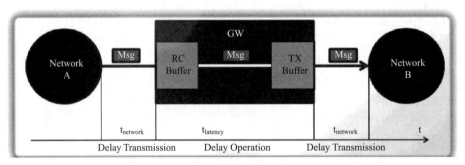

图 4-68　网关路由性能

4.4.3　AUTOSAR 信号路由

信号路由由 AUTOSAR Com 模块实现。信号组之间的路由或具有相同比特大小的组信号（信号组内的信号）都是可能的，如果可以，将一组信号路由到单个信号。可以从一个接收到的 PDU 中提取一个信号，并用相同或不同的起始位置填充另一个发送的 PDU，如图 4-69 所示。

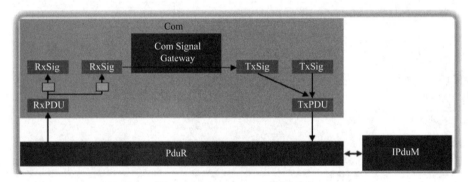

图 4-69　AUTOSAR 信号路由

信号网关的 Com 模块的关键配置是 ComGwMapping 容器（图 4-70）。一个 ComGwMapping 可以有多个 ComGwDestination，但只能有一个 ComGwSource。也就是说 1∶n 路由是可能的，可以通过引用 ComGwSignal 容器中相应的 ComSignal 轻松配置源和目标信号（组）。

信号网关的所有功能都是在周期性函数调用 Com_MainFunctionRouteSignals 期间实现的。Com_MainFunctionRouteSignals 的调用周期可以通过参数 ComGwTimeBase 来配置（图 4-71）。

只有新接收的信号值将被复制到路由缓冲区，若配置了接收信号的 updatebit 位置，也会被检查。当 Com_MainFunctionRouteSignals 处理网关接收到的信号时，会执行以下操作。

- 从 Rx 信号缓冲区复制数据并打包到 Tx PDU 缓冲区。
- 设置更新位（如果已配置）。

像 AUTOSAR Com 模块中的正常信号流一样，在 Com_MainFunctionRouteSignals 中准备传输的 PDU 时，将评估 ComSignal 的传输模式条件（TMC）和 ComIPdu 的传输模式选择器（TMS）。如果配置了信号的更新位位置，则在此功能期间也会设置它。

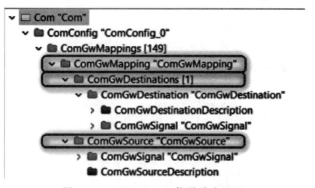

图 4-70　AUTOSAR 信号路由配置

图 4-71　AUTOSAR 信号路由周期配置

（1）准备网关描述

信号网关可以在系统描述中进行描述，这使得使用 Cobra 生成 ComGwMapping 配置成为可能。如果没有这样的描述，可以按照以下步骤创建一个。

① 在 ECUs 中创建网关 Gateway，如图 4-72 所示。

② 用通用编辑器打开创建的网关并为其分配 ECU，如图 4-73 所示。

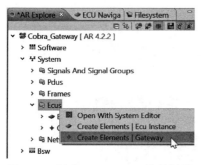

图 4-72　创建 AUTOSAR 信号网关

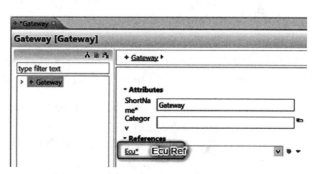

图 4-73　编辑 AUTOSAR 信号网关节点

③ 在系统编辑器中打开网关，在 ISignalMapping 下拖放源信号触发和目标信号触发创建路由表，如图 4-74 所示。

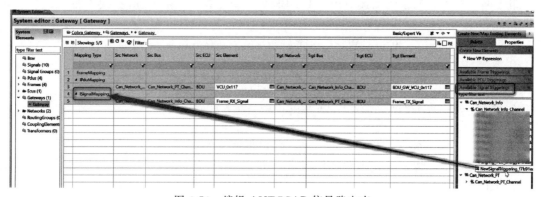

图 4-74　编辑 AUTOSAR 信号路由表

④ 将路由表导出为 xls（图 4-75），保存在 RTA-CAR 工程路径下。

注意：虽然在同一个 xls 文件中导出 IPduMappings 和 ISignalMappings 是可行的，但建议将它们保存在单独的 xls 文件中。

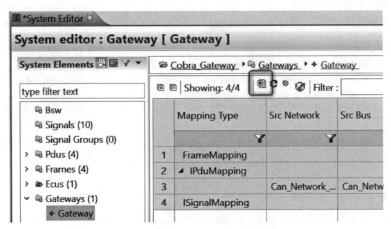

图 4-75　导出 AUTOSAR 信号路由表

（2）使用 Cobra 进行 BSW 配置

在使用 Cobra 生成 ComGwMapping 配置之前，Com 模块和所有 ComSignals 必须已经可用。以下是配置 Com 模块的步骤。

① BSW 配置生成，如图 4-76 所示。

运行 BSW Conf-Gen 自动生成 Com-Stack 除网关功能外的配置，这可确保所有 ComSignals 或 ComSignalGroups 都可用于引用 ComGwSignals。

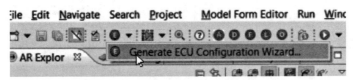

图 4-76　BSW 的自动配置推送

② 安装并运行 Cobra。

a. 输入。

带有网关路由表的系统描述，由 RTA-BSW 自动配置生成的 Com 模块 EcuC 值。

b. 输出。

Project_EcucValues_ComGW.arxml 包括 ComGwMapping。

c. 参数。

- ProjectPath：在 navigator 中选中项目获得的项目路径。
- Gateway：系统编辑器中网关描述导出的 xls 文件名。

d. 描述

使用 Signal Gateway 插件（图 4-77），它根据网关路由表信息更新 Com 模块的配置，并将更新的配置信息保存在 arxml 文件位置 ComConfig \ ComGwMappings 中。

e. 工作流程。

使用所需参数在外部工具配置中安装 Cobra，选择项目并运行插件。将生成 Project_EcucValues_ComGW.arxml。

③ 将实体（Com_MainFunctionRouteSignals）映射到任务，以实现信号路由的周期

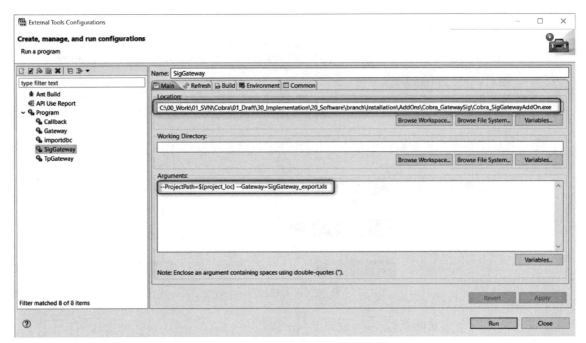

图 4-77　配置使用 Cobra 路由插件

转发。

4.4.4　AUTOSAR PDU 路由

(1) PDU 接口路由关

PDU 接口网关（图 4-78）配置的前提是已准备好包含所有必要网络的系统描述文件（对于多网络的 DBC 导入，用户可以参考 2.1.3 小节的 Cobra_DBCImport 插件），然后按照下述步骤完成配置。

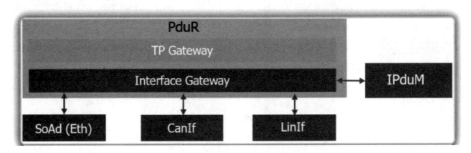

图 4-78　AUTOSAR PDU 路由

① 自动生成 BSW 配置（图 4-79）。

在此步骤中，ISOLAR-B 将自动生成 RTA-BSW 模块的基本配置，例如 Com、PduR、CanIf、CAN、ComM 或其他支持通信协议的模块。

在这个生成过程中，ISOLAR-A 网络描述中的所有 I-PDU 都将默认被视为非网关 PDU。这意味着生成后的 ISOLAR-B EcuC 模块中将生成完整的 PDU 集（例如，对于从 CAN 到 CAN 的网关：Com2PduR、PduR2CanIf、CanIf2PduR、PduR2Com）。

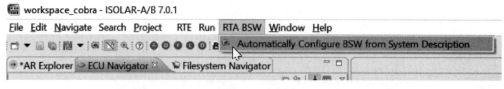

图 4-79 BSW 的自动配置推送

用户在以下步骤中需要做的是在 ISOLAR-B 中修改相应的模块，如图 4-80 所示。

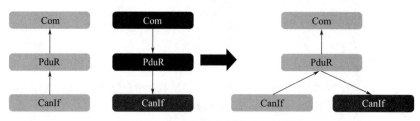

图 4-80 修改生成的模块 PDU 路径

② 更新 PDUR 模块配置。

图 4-81 显示了如何将 Rx 和 Tx 报文的两个独立的 PduRRoutingPath 合并为一个。

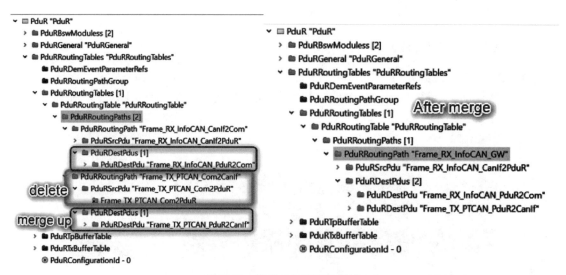

图 4-81 修改 PduR 路由路径

Tx 报文的 PduRDestPDU 将被剪切并粘贴到 Rx 报文的 PduRDestPdus，然后可以删除整个 Tx 报文的 PduRRoutingPath 容器，使 Rx 报文的 PduRRoutingPath 看起来与图 4-81 的右侧部分完全相同。

在这种情况下，接收到的报文有两个目的地（PduR2Com 和 PduR2CanIf）。如果本地模块（Com Module）不需要接收 I-PDU，则可以删除 PduRDestPdu PduR2Com。

如图 4-82 所示，应为通过通信接口的网关分配 TxBuffer。PduRTxBufferLength 应足够大，以包含路由帧的最大可能数据长度。TxBuffers 应参考 PduRDestPdu，如图 4-83 所示。

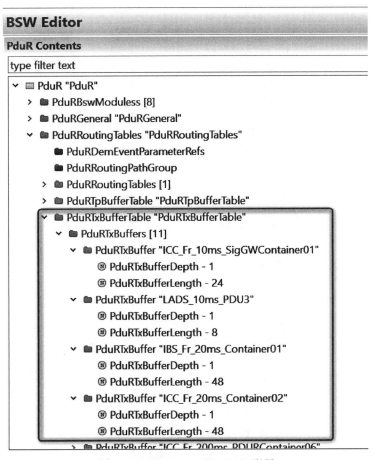

图 4-82　PduRTxBufferTable 配置

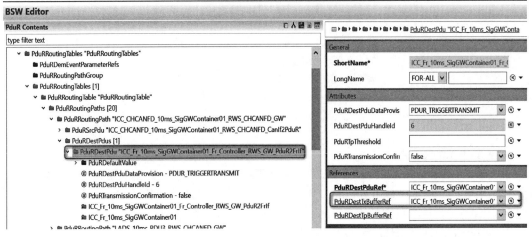

图 4-83　PduRDestPduRef

如图 4-84 所示，PduRGeneral 中的 PduRIFGatewayOperation 和 PduRMulticastFromIfSupport 应设置为 true。PduRMulticastFromIfSupport 应为从接口模块到上层模块或

下层接口模块的多播启用。

```
▼ 🗀 PduR "PduR"
    ▶ 🗀 PduRBswModuless [2]
    ▼ 🗀 PduRGeneral "PduRGeneral"
        🗀 PduRDemSupport
        ⓧ PduRCanTpChangeParameterRequestApi - false
        ⓧ PduRDevErrorDetect - false
        ⓧ PduRFifoTxBufferSupport - false
        ⓧ PduRFrTpChangeParameterRequestApi - false
        ⓧ PduRGwTpWithLimitedBuffer - false
        ⓧ PduRIFGatewayOperation - true
        ⓧ PduRMemorySize - 0
        ⓧ PduRMinimumRoutingLoRxPduId - 0
        ⓧ PduRMinimumRoutingLoTxPduId - 0
        ⓧ PduRMinimumRoutingUpRxPduId - 0
        ⓧ PduRMinimumRoutingUpTxPduId - 0
        ⓧ PduRMulticastFromIfSupport - true
        ⓧ PduRMulticastFromTpSupport - false
        ⓧ PduRMulticastToIfSupport - false
        ⓧ PduRMulticastToTpSupport - false
        ⓧ PduRQueueingSupport - false
        ⓧ PduRSbTxBufferSupport - false
        ⓧ PduRTPGatewayOperation - false
        ⓧ PduRVersionInfoApi - false
        ⓧ PduRZeroCostOperation - false
    ▼ 🗀 PduRRoutingTables "PduRRoutingTables"
        🗀 PduRDemEventParameterRefs
        🗀 PduRRoutingPathGroup
        ▶ 🗀 PduRRoutingTables [1]
        ▶ 🗀 PduRTpBufferTable
        ▶ 🗀 PduRTxBufferTable
        ⓧ PduRConfigurationId - 0
```

图 4-84　配置 PduRGeneral

③ 更新 Com 模块配置。

图 4-85 显示了如何修改 Com 模块。由于 Tx 报文的源内容现在不是来自 Com Module，因此 ComIPdu 及其所有 ComSignals 将被删除。更重要的是，如果 Rx 报文被直接网关而不传输到 Com Module，则它的 ComIPdu 和 ComSignals 也将被删除。

④ 更新 EcuC 模块配置。

如图 4-86 所示，删除 Tx 报文的 EcuC PDU Com2PduR。ComIPdu 和 PduRDestPdu 之前都引用了它，在上述步骤中已将其删除。如果确定不需要 Rx 报文的 PduR2Com，也应将其删除。

第 4 章　基于 TDA4VM BIP 的 ComCluster 通信软件簇　165

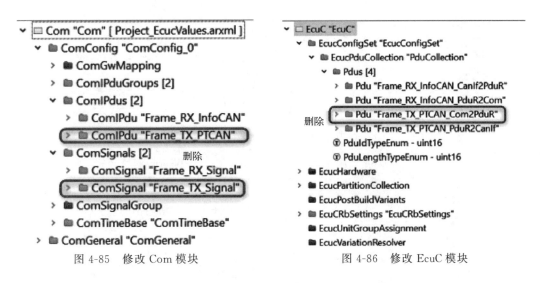

图 4-85　修改 Com 模块　　　　　　　　图 4-86　修改 EcuC 模块

（2）ContainerIPdu 路由

ContianerIPdu 的布局如图 4-87 所示。每个 ContainedIPdu 都有一个头部，包括其头部 ID 和 DLC 长度信息。使用头部可以再次从 ContainerIPdu 中提取 ContainedIPdu，而不管其位置如何，这是一种动态布局方式。如果为每个 ContainedIPdu 定义了位偏移，则静态布局也是可能的。

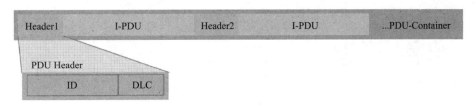

图 4-87　ContainerIPdu 的布局

由此可见，一个 ContainerIPdu 是几个较小的 IPdus 的集合，它允许在具有较大负载的网络（例如以太网或 CanFd）和具有较小负载的网络（例如 CAN 或 LIN）之间更有效地传输数据（图 4-88）。

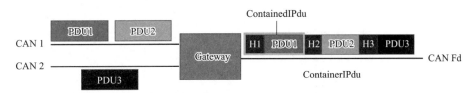

图 4-88　ContainerIPdu 使用举例

在 ISOLAR-A 中，ContainerIPdus 可以在 System Editor 的网络描述中通过引用 ContainedPDUTriggerings 进行描述（图 4-89）。

ContainedIPdus 的 PDU 类型在系统描述中为 ISignalIPdu。在 ISOLAR-A 中 ContainedIPdu 的属性（例如标题）可以使用通用编辑器进行编辑（图 4-90）。

以下是一个配置用例。如图 4-91 所示，一个接收到包含 2 个 ContainedIPdus 的 ContainerIPdu 将被发送到 Com 模块以供应用层使用。

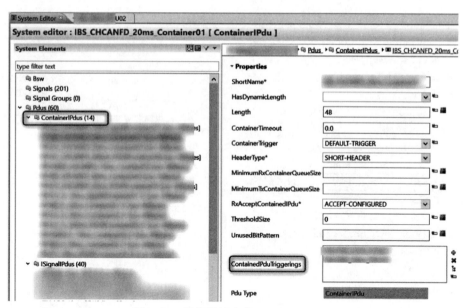

图 4-89　网络描述中的 ContainerIPdu

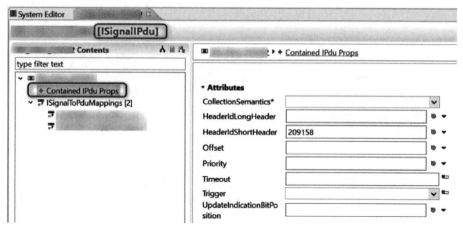

图 4-90　网络描述中的 ContainedIPdu

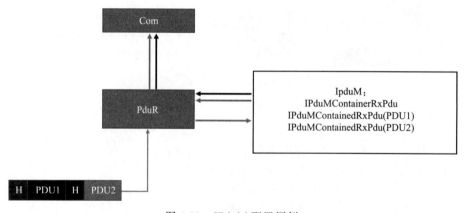

图 4-91　IPduM 配置用例

① ISOLAR 从系统描述中自动配置 BSW。

对于 ContainerIPdu，RTA-BSW 可以自动生成一些模块的配置（例如 CAN、CanIf、Fr、FrIf）。

② Com 模块配置。

对于那些路由的 ContainerIPdus，需要由 Gateway 的 Com 模块处理，ComIPdu 和 ComSignals 需要进行相应的配置（图 4-92）。由于信号只被 ContainedIPdu 而不是 ContainerIPdu 引用，请注意只创建 ContainedIPdu 的 ComIPdu。

图 4-92　Com 配置

③ EcuC 模块配置。

对于 ContainerIPdus，ISOLAR 在步骤①自动生成 BSW 配置时不会自动生成 EcuCPDUCollection 中的任何 PDUs。在此用例中，应由用户创建以下 6 个 PDU（图 4-93）。

- ContainerIPdu_CanIf2PDUR。
- ContainerIPdu_PDUR2IPduM。
- ContainedIPdu1_IPduM2PDUR。
- ContainedIPdu1_PDUR2Com。
- ContainedIPdu2_IPduM2PDUR。
- ContainedIPdu2_PDUR2Com。

对于不需要由 IPduM 处理和直接网关的 PDUs，也应创建 CanIf2PduR（rx Pdu）或 PduR2CanIf（tx PDU）等 EcuC PDUs。

④ CanIf 模块配置。

在 CanIf 模块中，ContainerIPdu 的 CanIfRxPduCfgs 和 CanIfTxPduCfgs 应添加在 EcuC 模块的最后一步中创建的 CanIfRxPduRef 和 CanIfTxPduRef。

在此示例中，ContainerIPdu_CanIf2PduR 引用其 CanIfRxPduCfg，如图 4-94 所示。

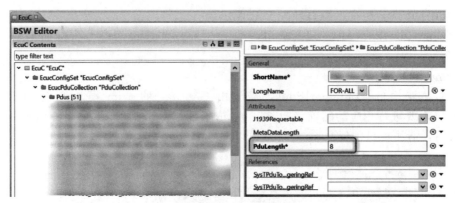

图 4-93 EcuC 配置

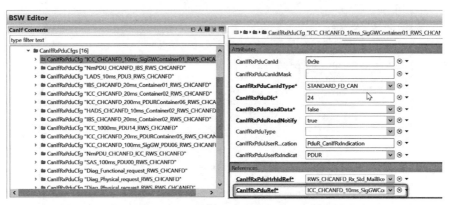

图 4-94 为 ContainerIPdus 添加 CanIfRxPduRef/CanIfTxPduRef

⑤ IPduM 模块配置。

从 PduR 的角度来看，ContainerIPdus 和 ContainedIPdus 都是常规的 PDU。ContainerIPdu 的打包和解包处理由 IPduM 模块实现。PDUs 从 PduR 模块传输到 IPduM 进行处理，并将输出的 PDUs（例如从 ContainedIPdus 构建的 ContainerIPdu，从一个 ContainerIPdu 重构的 ContainerIPdus，从一个 ContainerIPdu 提取的 ContainedIPdus）发送回 PduR 模块以进行进一步的路由。

在图 4-95 中，一个 ContainerRxPdu 包含两个 ContainedRxPdu。

图 4-95 IPduM 模块配置

- 对于 ContainerRxPdu，参考 EcuC PDU 的路径：PduR2IPduM。
- 对于 ContainedRxPdu，参考 EcuC PDU 的路径：IPduM2PduR。

⑥ PduR 模块配置。

在 PduR 中配置网关路由功能。对于那些不需要解析传输到上层的 ContainerIPdu，可以像普通 PDU 路由一样配置 PDURRoutingPath，如图 4-96 所示。

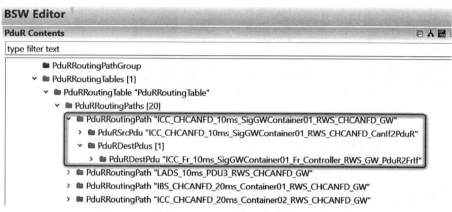

图 4-96 非 ContainerIPdu 的 PduR 接口路由配置

对于那些需要被 IPduM 解析的路由 ContainerIPdu，PduRRoutingPath 如图 4-97 所示。

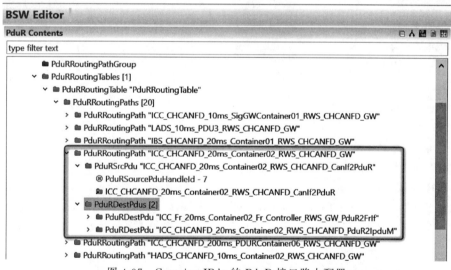

图 4-97 ContainerIPdu 的 PduR 接口路由配置

4.4.5 AUTOSAR Tp 路由

需要 Tp 网关的典型用例为诊断报文路由，如图 4-98 所示。图 4-99 显示了通过网关 ECU 将物理请求/响应和功能请求从诊断网络路由到其他网络。

作为该工作流程的前提，应完成网关本身的诊断通信配置。对网络两侧的两个 Tp 模块进行配置后，Tp 网关的路由功能主要通过 PduR 配置来实现（FrTp 配置将稍后作为用例进行进一步解释）。

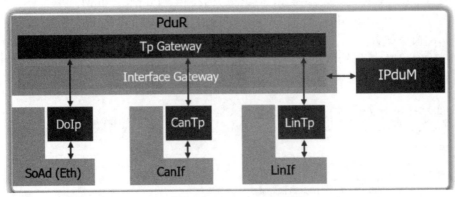

图 4-98　AUTOSAR Tp 路由

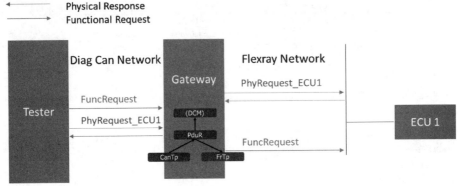

图 4-99　Tp 路由示例

（1）EcuC 配置

应为 Tp 路由创建 EcuCPDUCollection 中的 PDU。以路由到 ECU1（在 FlexRay 网络上）的物理请求为例，应创建 PDU CanTp2PduR、PduR2FrTp。对于功能请求，源 PDU CanTp2PduR 可能已在自诊断配置阶段创建。

（2）PDUR 配置

应配置 Tp 路由的 PduRRoutingPath。对于物理请求和响应，PduRRoutingPath 应包含一个源和一个目标 PDU（如 EcuC 中配置的），如图 4-100 所示。应为目标 PDU 分配一个

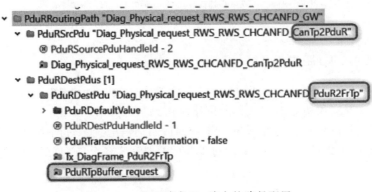

图 4-100　物理请求 Tp 路由的路径配置

PduRTpBuffer。

对于功能请求，应在现有 PduRRoutingPath（CanTp2Dcm）中添加一个额外的目的 PDU，以进行自我诊断。应为两个目的 PDU 分配一个 PduRTpBuffer，如图 4-101 所示。

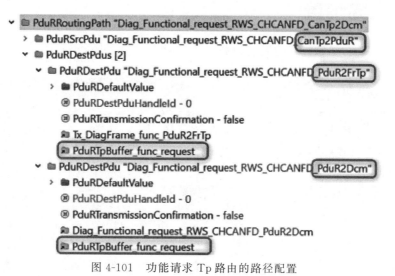

图 4-101　功能请求 Tp 路由的路径配置

PduRGeneral 中的两个参数应配置为 true，如图 4-102 所示。

- PduRMulticastFromTpSupport：支持从 Tp 模块到上层模块和下层 Tp 模块的多播（即功能请求路由）。

图 4-102　PduRGeneral 配置

- PduRTPGatewayOperation：启用 PduR Tp 网关。
- PduRMemorySize：应配置为所有 PduRTpBuffers 和 PduRTxBuffers 的总和。

4.5 以太网配置

AUTOSAR 中定义了典型的以太网分层架构图，如图 4-103 所示。

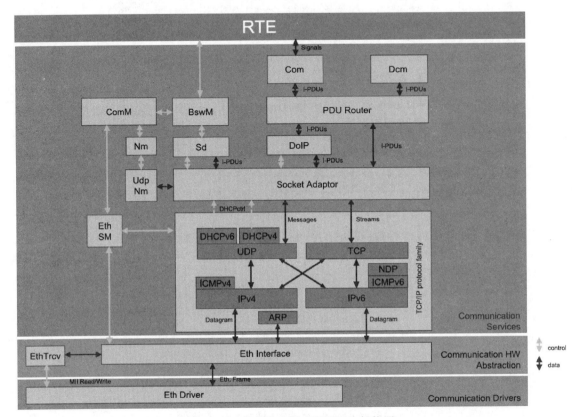

图 4-103　车载以太网 AUTOAR 架构图

以太网系统描述做好以后，导入 RTA-CAR 工具中，从驱动层到应用层以下所涉及的 BSW 模块 Eth/EthIf/EthSM/TcpIp/SoAd/Sd/SomeIpXf/ComM/PDUR/EcuC/LdCom(Com) 会被自动生成出来。

Eth：以太网驱动层，主要是配置 MAC 地址、数据收发速率以及接收发送方式是轮询还是中断，如图 4-104 所示。

EthIf：以太网接口层，主要是配置层二的 Ethernet Type 属性，通常 IPv4（0x0800）是必配的，其他的类型如 EthTSyn（0x88F7）按需配置，如图 4-105 所示。

TcpIp：AUTOSAR 把层三和层四的属性统一归到 TcpIp 一个模块里，该模块主要是配置 TcpIp 协议相关的参数，如 ARP/ICMP/DHCP/autoIP 的参数、IP 地址、UDP 分片等，如图 4-106 所示。

SoAd：是 AUTOSAR 中使用以 PDU 通信的模型与面向 Socket 通信的以太网之间的桥梁（图 4-107 和图 4-108）。一个 Socket 结合了传输层端口号和主机的网络层 IP 地址，唯一地标识了特定主机设备上运行的特定进程。一个 Socket Connection 是一对 socket，一个在

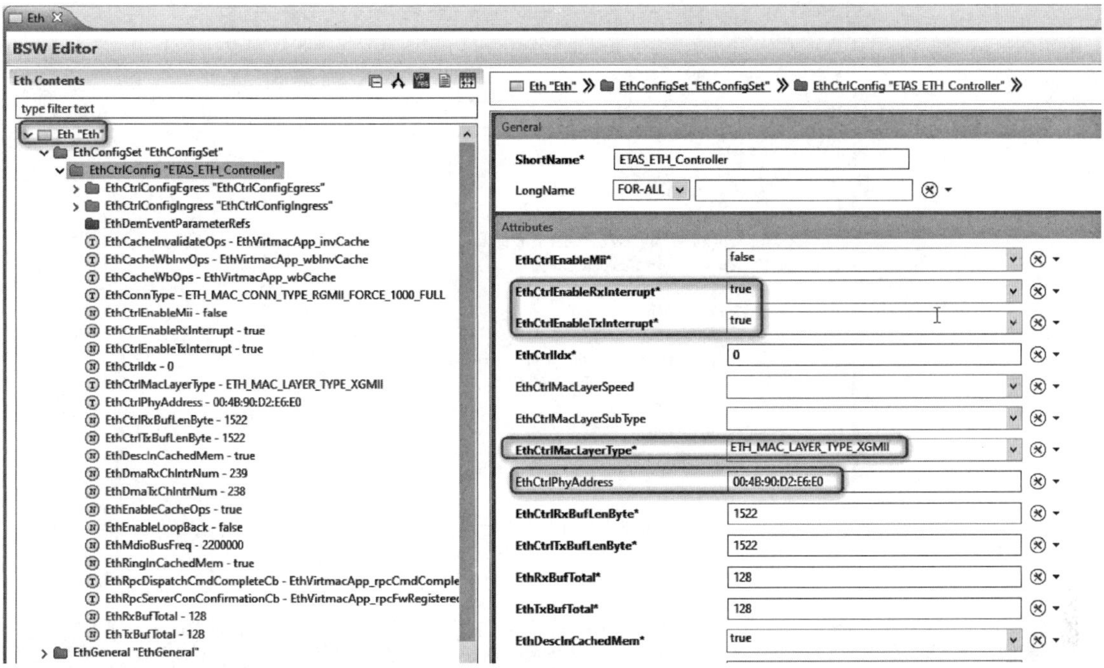

图 4-104　以太网驱动层基本配置信息

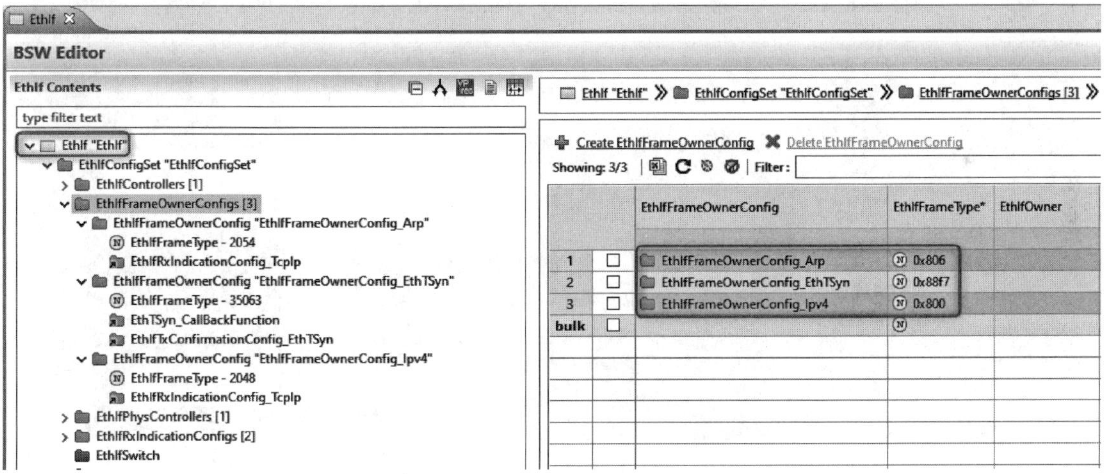

图 4-105　以太网接口层基本配置信息

客户端，一个在服务器端。所以 SoAd 的对象是一个绑在 Socket Connection 上的 TX/RX PDU。

SomeIpXf：信号的序列化是根据 Implementation Data Type 进行序列化、反序列化，在 AUTOSAR 应用中是与 RTE 交互的，如图 4-109 和图 4-110 所示。

LdCom：LdCom 的对象是 PDU，与 Com 的唯一不同是它不再拆分 PDU 里的信号，这个动作由序列化代劳了，如图 4-111 所示。

Sd：Client 端可以主动进行查找服务，Server 端可以主动提供服务，使得服务的动态成为可能。举个例子，如图 4-112 所示。

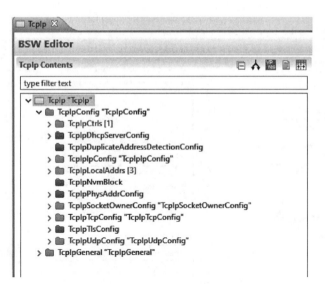

图 4-106　TcpIp 层配置信息

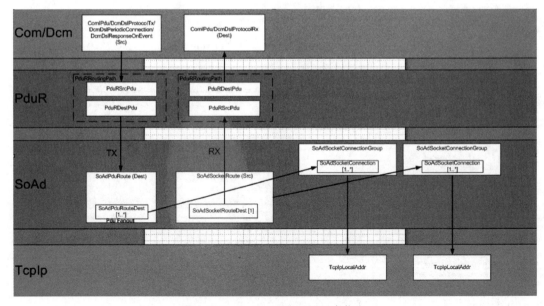

图 4-107　Socket 适配层的要素信息

- Client 以组播的方式发送寻找服务。
- Server 收到 FindService 消息后，回一个对应的 OfferService。
- 当 Client 收到 OfferMessage 后，会主动请求调用某 Method。

4.5.1 基于 TDA4 的以太网应用

ETAS 协议栈在 TDA4VM 开发板上的三种以太网应用如下所示。

（1）基于 UDP 的信号通信

该用例中，定义了基于 UDP 的一收一发以太网信号。导入系统描述 ETAS_UDP_SignalBased_EcucValues.arxml，可以看到如下基本信息，如图 4-113 及图 4-114 所示。

图 4-108　Socket 适配层的配置信息

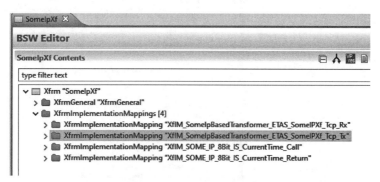

图 4-109　SOME/IP transformer 在配置工具中的体现

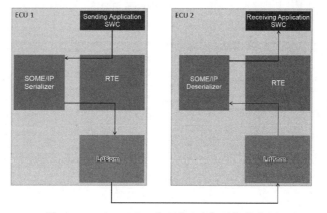

图 4-110　SOME/IP 序列化/反序列化的应用

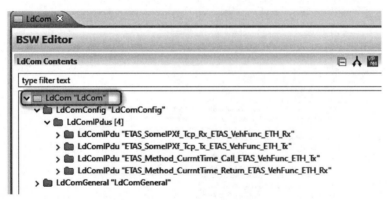

图 4-111　LdCom 的配置信息

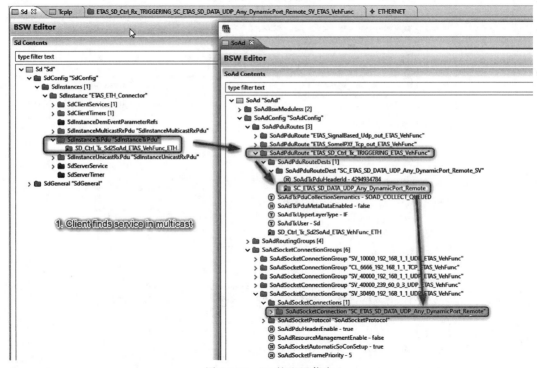

图 4-112　Sd 的配置信息

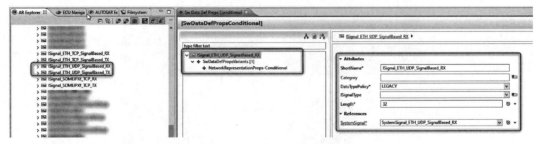

图 4-113　UDP 信号描述

自动生成 BSW 配置（点击 auto-conf-gen button），如图 4-115 所示，模块被生成出来。

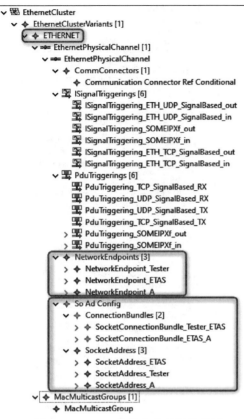

图 4-114　UDP 信号收发的网络描述　　　　图 4-115　以太网相关的 BSW 模块

每个模块细节参数如下。

Com 里生成的 UDP PDU 信号如图 4-116 所示。

ComM 的 Channel 配置信息如图 4-117 所示。

图 4-116　Com 里生成的 UDP PDU 和信号

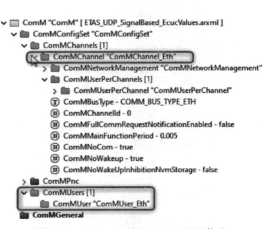

图 4-117　ComM 的 Channel 配置信息

EcuC 的 PDU 信息如图 4-118 所示。

EthIf 的配置信息如图 4-119 所示。

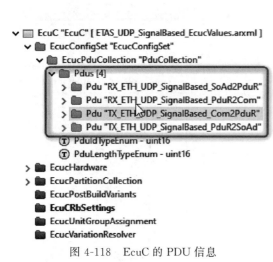

图 4-118 EcuC 的 PDU 信息　　　图 4-119 EthIf 的配置信息

EthSM 的配置信息如图 4-120 所示。
PduR 的配置信息如图 4-121 所示。

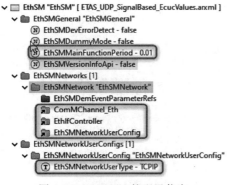
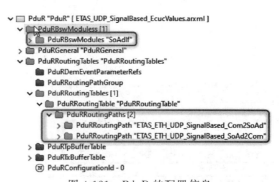

图 4-120 EthSM 的配置信息　　　图 4-121 PduR 的配置信息

SoAd 的配置信息如图 4-122 所示。
TcpIp 的配置信息如图 4-123 所示。

(2) 基于 TCP 的大数据通信

该用例中,定义了基于 TCP 的带序列化的一收一发以太网信号。与用例 1 的区别点在于传输层通信协议是 TCP 而非 UDP,并且数据的收发加上了序列化与反序列化。序列化与反序列化是在 RTE 这层做的,如图 4-124 和图 4-125 所示,生成的 RTE 代码如图 4-126 和

图 4-127 所示。

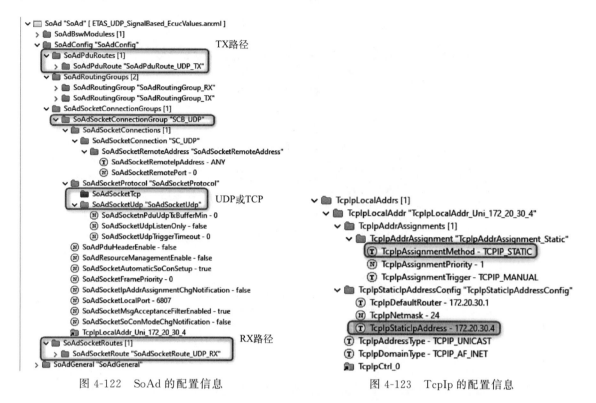

图 4-122　SoAd 的配置信息　　　　图 4-123　TcpIp 的配置信息

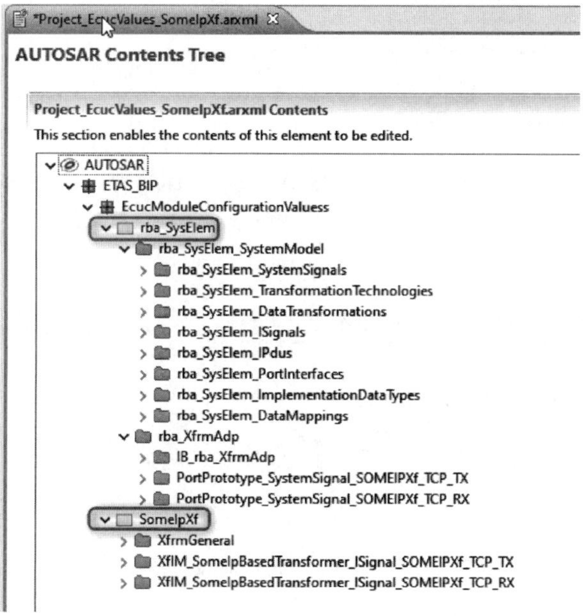

图 4-124　基于 TCP 的带 SOME/IP transformer 的以太网通信

（3）面向服务的通信（SOME/IP-SD）

该用例中，定义了本 ECU 作为 Service 的 Client 端，即 Consumer。该 Service 里包含一个 Event0 和一个获取 CurrentTime 的 Method，如图 4-128 所示。

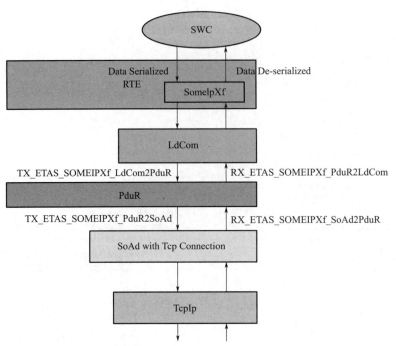

图 4-125 基于 SOME/IP transformer 的通信的数据流

```
FUNC(Std_ReturnType, RTE_CODE)
Rte_Write_Eth_SWC_PPort_SOMEIPXf_TX_DataElements_SerialisedAppRecord_Tx(P2CONST(ETAS_Eth_IDT_RDT_1, AUTOMATIC, RTE_APPL_DATA) data) /* 2 */
{

   /* The signal is ISignal_SOMEIPXf_TCP_TX */
   Rte_Xfrm_Rtn = SomeIpXf_LdCom_ETAS_Eth_Serialized_TX(&Rte_Xfrm_Buf_000000[0], &Rte_Xfrm_Buf_Len_000000, data);

   /* Box: pduInfoTypeBox begin */
   Rte_LdComTxData.SduDataPtr = &Rte_Xfrm_Buf_000000[0];
   Rte_LdComTxData.SduLength = ((VAR(PduLengthType, AUTOMATIC))Rte_Xfrm_Buf_Len_000000);
   /* Box: pduInfoTypeBox end */

   if ( ((VAR(StatusType, AUTOMATIC))E_OK) != LdCom_Transmit(((VAR(PduIdType, AUTOMATIC))0), &Rte_LdComTxData) )
   {
     rtn = ((VAR(Std_ReturnType, AUTOMATIC))RTE_E_COM_STOPPED);
   }
   /* Send complete */
   return rtn;
}
```

图 4-126 序列化后的 TCP 信号 RTE 发送接口

```
FUNC(Std_ReturnType, RTE_CODE)
Rte_Read_Eth_SWC_RPort_SOMEIPXf_RX_DataElements_SerialisedAppArray_Rx(CONSTP2VAR(Eth_uint8, AUTOMATIC, RTE_APPL_DATA) data)
{

   Rte_GetResource();
   Rte_memcpy(&Rte_Xfrm_Buf_000001[0], &Rte_Rx_000044, Rte_Xfrm_Buf_Len_000001);
   Rte_ReleaseResource();


   Rte_Xfrm_Rtn = SomeIpXf_Inv_LdCom_ETAS_Eth_Serialized_RX(&Rte_Xfrm_Buf_000001[0], Rte_Xfrm_Buf_Len_000001, data);

   return rtn;
}
```

图 4-127 TCP 信号 RTE 接收接口后反序列化

4.5.2 SOME/IP 的服务调用

在 ETAS 以太网协议栈里的调用关系：SD for Control path，SomeIpXf for data path，如图 4-129 所示。

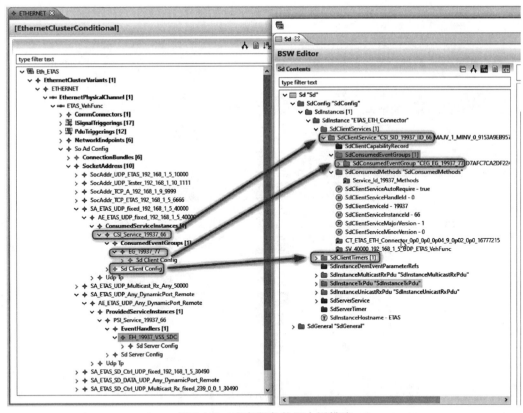

图 4-128　面向服务的以太网描述

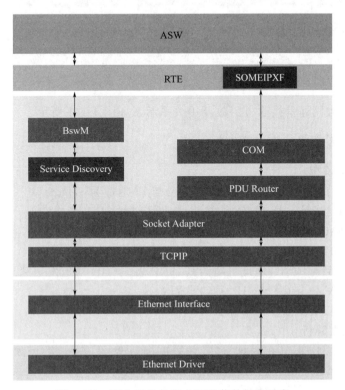

图 4-129　面向服务的以太网通信数据流示意

面向服务的以太网通信发送方函数调用关系示意如图 4-130 所示。

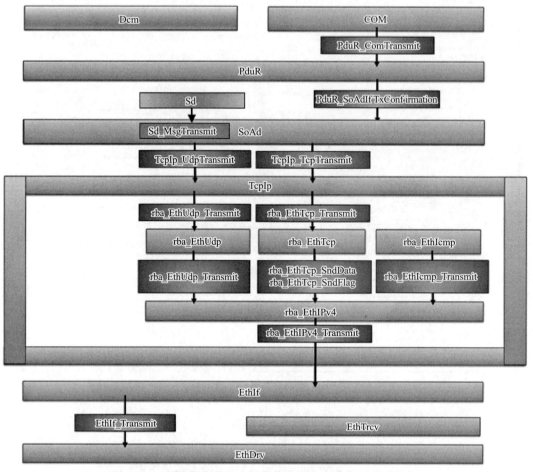

图 4-130　面向服务的以太网通信发送方函数调用关系示意

面向服务的以太网通信接收方函数调用关系示意如图 4-131 所示。

4.5.3　以太网的报文格式与内容解析

(1) ARP 报文解析

当 ECU（例如 IP 地址 172.20.30.4）想要与 IP 地址为 172.20.30.2 的设备通信时，它不知道目标 MAC 地址，所以它将首先尝试广播 ARP 请求——"172.20.30.4 询问 172.20.30.2 的 MAC 地址"。目的地目标将通过 ARP 回复"172.20.30.2 的 MAC 地址为 00:16:81:10:5C:90"，如图 4-132 所示。

之后，ECU 将目标 MAC 地址更新为其 ARP 表。ECU 知道发送消息所需的信息。

以下图均通过 Vector CANoe12.0 监测截取。

APP 协议交互报文如图 4-133 所示。

(2) ICMP 报文解析

当一个节点（例如，IP 地址 192.168.1.10）想要在网络上测试主机（IP 地址 192.168.1.88）的可达性时，它可以使用回声请求（PING）询问。如果可以到达，主机将响应回应（PONG），如图 4-134 所示。

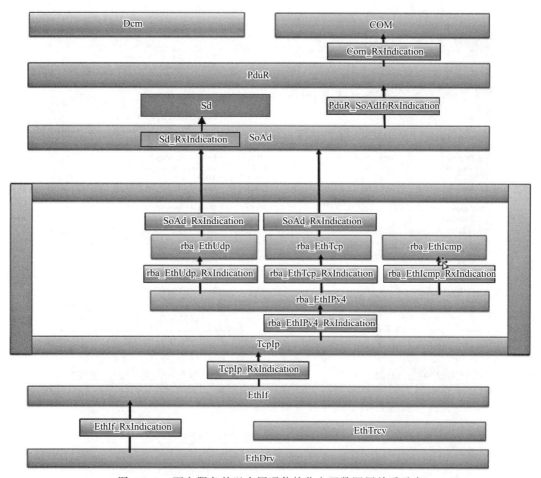

图 4-131　面向服务的以太网通信接收方函数调用关系示意

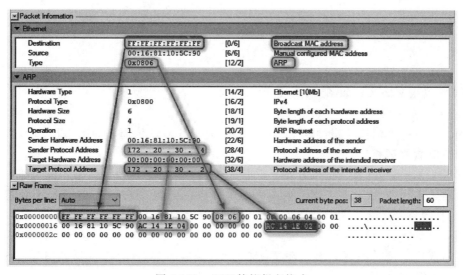

图 4-132　ARP 协议报文格式

图 4-133　ARP 协议交互报文

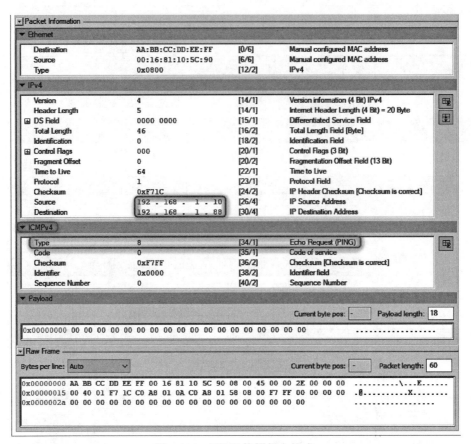

图 4-134 ICMP 协议报文格式

ICMP 协议交互报文示例，如图 4-135 所示。

图 4-135 ICMP 协议交互报文

（3）UDP 报文解析

UDP 协议报文格式，如图 4-136 所示。

UDP 协议交互报文示例，如图 4-137 所示。

长帧：一旦一个帧长度超过 MTU，将应用 IP 分片机制传输，如图 4-138 所示。

（4）TCP 报文解析

三次握手是一切 TCP 通信的开始，只有三次握手成功了，数据传输才被允许。

上电后，第一个 TCP 服务器进入监听模式以等待 TCP 客户端请求由 SNY 帧建立连接。第二个 TCP 服务器将响应 ACK SNY。第三个 TCP 客户端将响应 ACK。最后，完成了三次握手（图 4-139），这意味着建立连接。

在尝试建立连接时，TCP 客户端将仅通过 SYN 帧告知 TCP 服务器其预期 MSS（最大段大小），如图 4-140 所示。

如果总数据长度大于 MTU（maximum transmission unit），那么长帧发送的时候 IP 协议会分片发送，第一帧 MTU size 发送，第二帧 MTU size 发送……，最后一帧小于等于 MTU size，如图 4-141 所示。

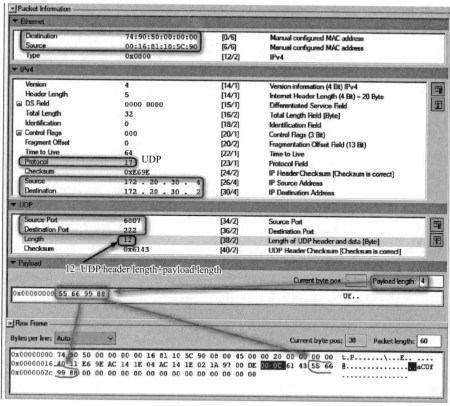

图 4-136 UDP 协议报文格式

图 4-137 UDP 协议交互报文

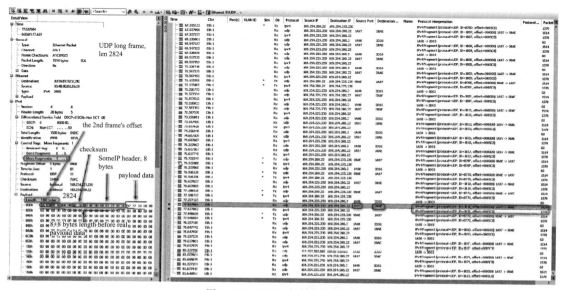

图 4-138 UDP 长帧报文示意

图 4-139　TCP 协议三次握手报文

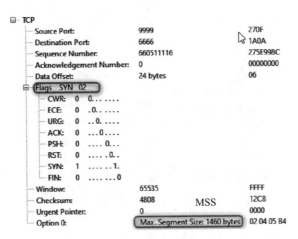

图 4-140　TCP 协议报文格式

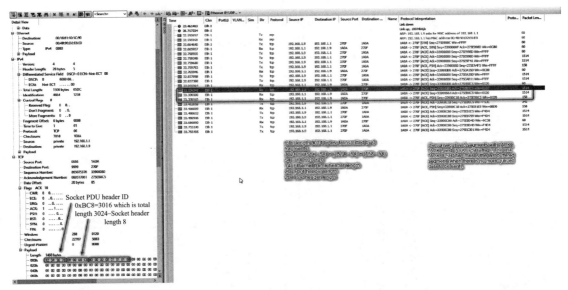

图 4-141　TCP 长帧报文数据部分示意

接收长帧时会用到 IP 协议里的组包（reassembly），原理同发送时的数据拆分。先把数据收到一个 buffer 中，当收到最后一帧时，将整个数据包送到应用层。

（5）DoIP 报文解析（图 4-142）

（6）SOME/IP-SD 报文解析

图 4-143 和图 4-144 简要介绍了服务发现的过程。

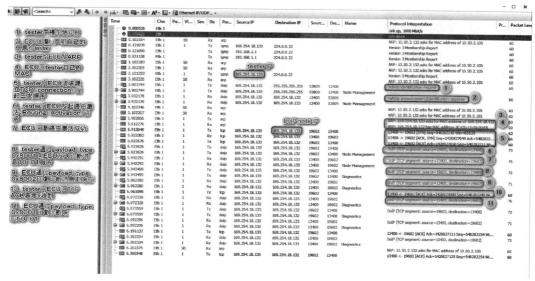

图 4-142 DOIP 协议报文交互示意

Ethernet in Automotive
Service Discovery

- Manage distributing of Services on the network
- Makes service known in the network through Offers
- Services can be found through Finds
- Manage consuming of event groups through subscriptions
- Method Calls needs no subscriptions
- Manage stopping and opening of data paths
- Configure dynamically sockets on the ECUs: need of placeholder pre-configuration

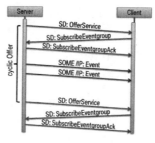

图 4-143 服务发现交互报文

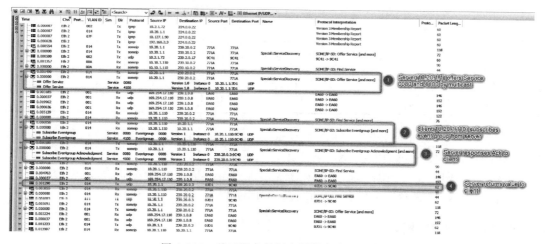

图 4-144 基于服务的以太网报文交互示意

4.6 通信软件簇 BSW 集成

通过 2.2 节介绍的内容，ISOLAR-B 会把系统和网络描述中与当前 ECU 相关联的配置信息提取出来，并以 ETAS_Project_[ModuleName]_EcucValues.arxml 配置文件的形式更新到 ECU 视图（ISOLAR-B ECU navigator）下通信软件簇的 BSW 服务与通信模块中。

- 通信相关组件（例如 ComM、Com、PduR、CanIf、CAN、SoAd、SOME/IP、TcpIp、EthIf）。
- 网络管理相关组件（例如 Nm、CanNM、CanSM、EthSM）。
- 诊断相关组件（例如 Dem、Dcm）。
- Nv Needs 相关组件（例如 NvM、Fee、MemIf）。

一方面 BSW 基础软件之间相互集成的接口会需要调整和集成；另一方面标准化的 AUTOSAR 接口会因为 BSW 基础软件的配置变化而产生变化，也因此需要再次与应用软件的 AUTOSAR 接口集成。

注意：BIP 已经预先对大多数基础软件模块之间的相互集成（依赖关系）进行了识别，并进行 arxml 集成。建议用户在每次系统部署迭代后都可以参考这些集成，来提高集成效率。当然，在集成过程中用户可以按照项目特定需求更新 BSW 模块的配置。

4.6.1 EcuC PDU 集成

通过 2.2 节介绍的内容，系统描述中应用于当前 ECU 的 PDU 会以集合的形式自动部署到 EcuC 模块的 ETAS_Project_EcuC_EcucValues.arxml 配置文件中。

这时基础软件 BSW 中有若干 PDU 通信通道需要引用刚刚生成到 EcuC 模块中的 PDU 集合，来完成 PDU 通信链路（表 4-6）。

表 4-6 EcuC PDU 引用关系

源模块	源模块路径	目标模块	目标模块路径
EcuC	*_Xcp2CanIf	Xcp	XcpConfig\XcpTransportlayers\XcpTxPDURef
EcuC	*_CanIf2Xcp	Xcp	XcpConfig\XcpTransportlayers\XcpRxPDURef
EcuC	*_CanTp2PDUR	CanTp	CantpConfig\CanTpChannels\CanTpRxNSdus
EcuC	*_PDUR2CanTp	CanTp	CantpConfig\CanTpChannels\CanTpTxNSdu
EcuC	*_PDUR2Dcm	Dcm	Dcm\DcmDsl\DcmDslProtocolRows\DcmDslConnection\DcmDslMainConnection\DcmDslProtocolRx
EcuC	*_Dcm2PDUR	Dcm	Dcm\DcmDsl\DcmDslProtocolRows\DcmDslConnection\DcmDslMainConnection\DcmDslProtocolTx

对于 [GelericPurposeIPdu]，BIP 将 XcpConfig\XcpTransportlayers\[XcpRxPDURef]\[XcpTxPDURef] 与 EcuC PDUs Xcp* 连接，如图 4-145 所示。

对于 [DcmIPdu]，BIP 将 CantpConfig\CanTpChannels\[CanTpRxNSdus]\[CanTpTxNSdus] 与 EcuC PDU Uds* 连接，如图 4-146 所示。

4.6.2 Com-BswM 集成

在 BIP 中，系统中的所有 ISignalIPdus 都映射到 ISignalIPduGroups。因此，在 AUTO-

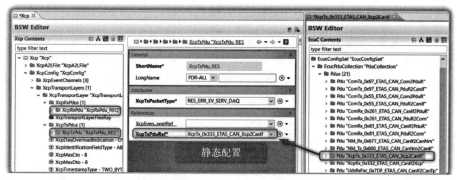

图 4-145　Xcp PDU 引用配置

图 4-146　CanTp PDU 引用配置

SAR 系统的部署期间不会在 EcuC Com 模块中生成默认的 ComIPduGroup_Rx/ComIPduGroup_Tx。

在 AUTOSAR 中，通信 IPdu 通路的使能和禁止是由 BswM 模块以 IPduGroup 的形式来控制的。因此需要在 Com 模块中配置 ComIPduGroup_Rx/ComIPduGroup_Tx，以使 BswM 控制启用/禁用、发送/接收 PDU 组，如图 4-147 所示。

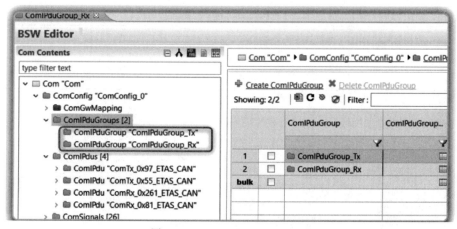

图 4-147　ComIPduGroup 配置

4.6.3 CanSM-Dem 集成

在 AUTOSAR 系统的部署期间，ISOLAR-B 生成的 CanSM 配置描述文件 ETAS_Project_CanSM_EcucValues.arxml 为网络中的每个 CAN 通道生成一个 CanSM 通道。

按照 AUTOSAR 定义，CanSM 的总线关闭是一个诊断故障事件。对于生成的每个 CanSM 通道，用户都需要为其进一步创建 Dem 事件 DemEvent 的引用，如图 4-148 所示。

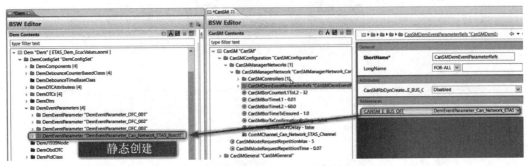

图 4-148 CanSM 的 Dem 故障事件配置

为此：
- 配置 CanSMRbDynCreate_CanSM_E_BUS_OFF 为 Disabled；
- 在 Dem 中创建了一个 DemEvent 参数并由 CanSM 在 CanSM_E_BUS_OFF 处引用。

4.6.4 ComM-Dcm 集成

类似于 CanSM，在 AUTOSAR 系统的部署期间 ISOLAR-B 生成的 ComM 配置描述文件 ETAS_Project_ComM_EcucValues.arxml 为网络中的每个 CAN 通道生成一个 ComM 通道。

按照 AUTOSAR 定义，Dcm 诊断通信模块的通信控制 28 服务需要通过 ComM 控制总线通信。因此对于接收/传输 DcmIPdu 的 ComM 通信信道（表 4-7），BIP 配置了 DcmDslMainConnection 连接并引用该通信通道，如图 4-149 所示。

表 4-7 Dcm 的 ComM 通道配置

源模块	源模块路径	目标模块	目标模块路径
ComM	ComMChannel	Dcm	Dcm \ DcmDsl \ DcmDslProtocolRows \ DcmDslConnection \ DcmDslMainConnection\DcmDslProtocolComMChannelRef

图 4-149 Dcm 的 ComM 通道选择

然后，对于 Dcm，将控制其接收/发送状态的 ComM 通道（表 4-8），BIP 配置有 DcmDspComControlAllChannel 并引用 ComM 通道，如图 4-150 所示。

这样一来 Dcm 诊断通信模块的通信控制 28 服务则可以达到控制 ComM 通道的总线通信的要求。

表 4-8 Dcm 的 ComM 通道控制配置

源模块	源模块路径	目标模块	目标模块路径
ComM	ComMChannel	Dcm	Dcm\DcmDsp\DcmDspComControl\DcmDspComControlAllChannels\DcmDspComControlAllChannel\DcmDspAllComMChannelRef

图 4-150 Dcm 的 ComM 通道控制选择

4.6.5 Can-MCAL 集成

类似于 ComM，在 AUTOSAR 系统的部署期间，ISOLAR-B 生成的 CAN EcuC 配置文件 ETAS_Project_Can_EcucValues.arxml 包含了网络中每一路 CAN 模块的 Frame 报文信息。文件 ETAS_Project_Can_EcucValues.arxml 是生成 MCAL CAN 模块的必要输入配置文件。

MCAL 的配置有两种途径：
- 基于 MCAL 供应商提供的配置工具 tresos 的配置；
- 使用 BIP 基于 ISOLAR 的配置（例如，TDA4VM 的 MCAL 配置生成）。

基于 tresos 的 MCAL 配置和生成：

由于不同的 AUTOSAR 工具使用不同的参数定义模板，因此在将 arxml 文件导入 tresos 做 MCAL 配置生成前，用户应更新配置文件的 AR-Package 路径。首先用 arxml 编辑器打开 ETAS_Project_Can_EcucValues.arxml，将 AUTOSAR_CAN 替换为<target specific AR Path root>，如图 4-151 所示。

然后将 ETAS_Project_Can_EcucValues.arxml 导入 tresos 的 MCAL 配置工程（文件夹\Targets\[MCU]\MCAL\MCAL_Cfg），以便将项目加载到 tresos 工作区开始配置。

由于 ISOLAR 在生成通用 CAN 驱动配置时，网络描述中只有报文属性可见，因此它生成的 CAN 配置信息只提供到 CanIf 和 CAN 驱动程序模块（如 CAN Hardware Objects）之间的配置和引用。所以，用户在 tresos 中将需要进一步进行 MCU 特定的 CAN Driver 模块配置，例如中断等硬件相关属性。

信息：本书不讨论 MCAL 的逐步配置信息，读者可以自行查阅相应 MCU 的硬件手册以及 MCAL 配置文档。

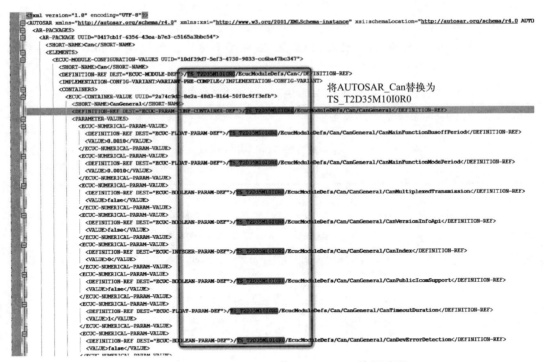

图 4-151　CAN EcucValue 的 AR-Package 路径适配

4.7　要点回顾

在用户持续的软件配置与迭代开发中，当用户通过系统部署（参见 2.2 节）更新通信软件簇的 BSW 通信服务与通信模块（例如 ComM、NM、CanNM、CanSM、CAN、Eth 等）后，一方面 BSW 基础软件之间相互集成的接口会需要调整和集成；另一方面标准化的 AUTOSAR 接口会因为 BSW 基础软件的配置变化而产生变化，也因此需要再次与应用软件的 AUTOSAR 接口集成。

可见基于 AUTOSAR 的基础软件配置开发需要持续迭代配置与接口集成。而对于 AUTOSAR 的初学者，建议用户在修改之前熟悉 BIP 从配置到生成，然后进行集成的过程，以加深对 AUTOSAR 经典平台的配置与集成的理解。

第5章 基于TDA4VM BIP的AppCluster应用软件簇

为了帮助用户提高软件持续配置与迭代的效率，BIP 预先将应用 SWC-C UpperTester 模块（例如，测量标定应用，硬线信号的 IO 抽象层等）预集成为应用软件簇功能，完成诸如测量标定数据应用、硬线信号的读写等功能的典型应用。

应用软件簇收集用户应用软件组件，BIP 用户可以基于此，根据具体应用场景在分区部署时按照应用需要，通过本章的描述部署到系统中的单个或多个 ECU 中。

5.1 用户应用的部署

右键 Software | Composition | Create Element 创建一个新的 Composition，如图 5-1 所示。

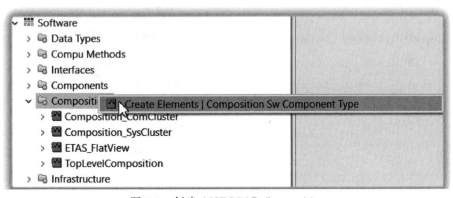

图 5-1 创建 AUTOSAR Composition

然后通过指定 AR Package path ＜Composition＞，将新创建的 Composition 保存到 swc_config 文件夹中，该文件夹包含软件组件 SWC 和 Compositions 的描述，如图 5-2 所示。

将用户应用软件组件 SWC 分配到 Composition 中，如图 5-3 所示。

将应用程序 Composition 分配到 TopLevelComposition 中，方法与将软件组件原型分配到组合 Composition 中类似，如图 5-4 所示。

接下来，用户需要为其应用软件组件执行手动或自动连接。然后将组合 Composition 分配给 System | SWC To ECU Mapping Editor 中的 HAD ECU | （图 5-5)，方法是将组合 Composition 拖放到目标 ECU 以完成部署，如图 5-6 所示。

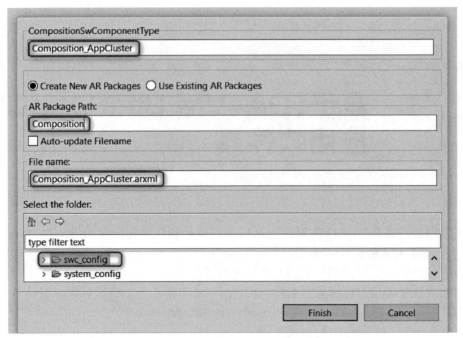

图 5-2　配置 AUTOSAR Composition 配置文件的参数

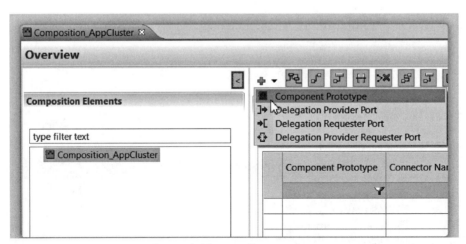

图 5-3　部署 SWC 到 Composition

作为 SWC 到 ECU 映射的结果，用户实际上是将组合 Composition 的软件组件 SWC 实例部署到 ECU 上（图 5-7）。

在图 5-7 中，SWC 2 和 SWC 3 之间的 VFB 连接在 ECU 映射后变为 ECU 间通信，而另一个 VFB 连接保持 ECU 内通信，见表 5-1。

表 5-1　VFB 接口的实例化分类

通信类型	需要的软件元素
ECU 间通信	需要 AUTOSAR Com、PDU、[Stack]If、MCAL 模块支持的总线通信
ECU 内部通信	同一 ECU 内的通信，其通信信息仅由 RTE 数据传输

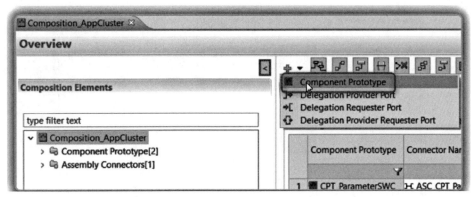

图 5-4　部署 Composition 到 TopLevelComposition

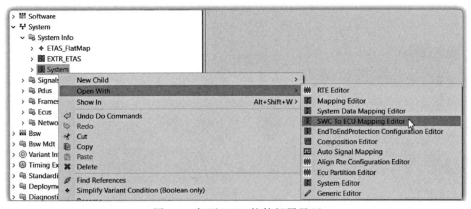

图 5-5　打开 ECU 软件部署界面

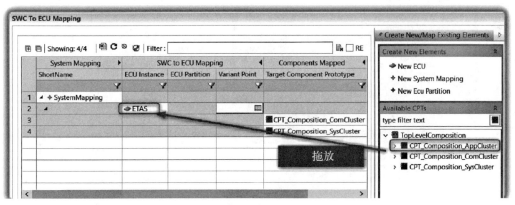

图 5-6　映射 Composition 到 ECU

因为添加了新配置信息，所以用户需要通过 System｜Create ECUExtract 操作将 AUTOSAR 更新的配置信息推送到 BSW｜EcucValueCollections。

注意：如果用户在尝试更新新的 ECUExtract 时删除了以前的 ECUExtract 引用信息（如删除了以前的端口，或重命名了以前的 ADT），则需要在再次提取之前删除以前生成的 ECUExtract。

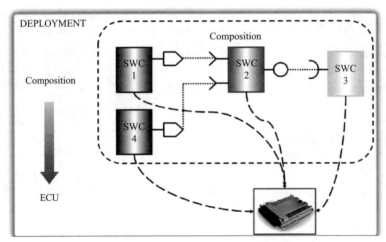

图 5-7　Composition 到 ECU 映射图示

5.1.1　提取 ECU

当添加新元素（例如，新的软件组件实例，新的 VFB 连接）时，用户需要通过 System｜Create ECUExtract（图 5-8 中①）来更新 AUTOSAR EcucValueCollection 创建 ECUExtract，这会将更新的 ECU 提取信息自动转发到 BSW｜EcucValueCollections（图 5-8 中②）。

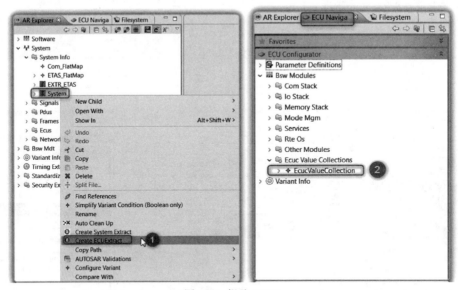

图 5-8　提取 ECU

5.1.2　用户应用的分区分配

通过 ECU 的提取，用户在 ISOLAR 中分配给特定 ECU 的应用 SWC-C 组件以及包含它们的软件簇被提取给了当前的 ECU。接下来用户可以通过下面的操作将这些应用在 ECU 内部配置中分配给不同的分区，如图 5-9 所示。

- 双击"EcucValueCollection"，在"EcucPartition Multicore"视图中打开 EcucValue 描述。

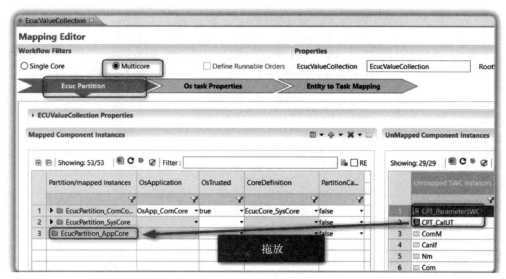

图 5-9　应用的 EcucPartition 分区分配

- 通过拖放将应用程序 SW-Components 分配到应用程序分区中。

5.1.3　用户应用的任务调度分配

进一步地，用户需要指定哪些应用功能需要被什么样的任务来调度。在"Entity to Task Mapping"视图中，双击 BSW｜EcucValueCollection 打开 EcucValue 描述。然后通过拖放将用户应用程序可运行文件分配给 OS-Aplication 任务，如图 5-10 所示。

信息：关于如何创建任务，这里不再赘述。用户可以查阅 ISOLAR 参考手册或咨询 ETAS 专家以获取这些信息。

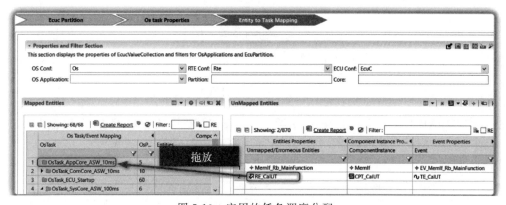

图 5-10　应用的任务调度分配

5.1.4　生成任务调度 OS 与应用的 AUTOSAR 接口代码

用户将应用程序可运行实体 runnable 分配给 OS 任务后，分别单击 "Generate RTA-RTE" 和 "Generate RTA-OS" 生成 RTE 和 OS，如图 5-11 所示。

注意：BIP 的 OS 和 RTE 生成已由 ETAS 预先配置，如果在生成过程中遇到问题，可以随时联系 ETAS 以获取进一步帮助。

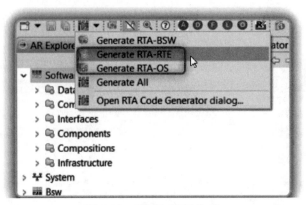

图 5-11　OS 与 RTE 生成

5.2　测量与标定

测量、标定和诊断工具（MCD）允许开发人员在运行时访问 ECU 中的二进制内部数据（图 5-12）。
- 可以测量的变量（例如传感器采集的测量变量或者 ECU 内部的计算变量）。
- 参数（也称为匹配标定常量）表征了控制算法的动态特性。在正常运行时，ECU 的读取权限可以在运行时测量和修改。

图 5-12　ECU 内部数据

从 AUTOSAR R4.0 以上的规范开始，AUTOSAR 将数据类型描述规范与 ASAM-MCD 标准（ASAM-A2L）的 A2L 描述规范通过测量和匹配数据（MCSD）格式定义实现了完全兼容。
- MCSD 是由 RTE 根据 AUTOSAR 数据描述 arxml 文件生成的。
- AUTOSAR 基础软件 BSW 也标准化了测量标定标准服务（XCP 协议）模块。

ETAS AUTOSAR 工具 ISOLAR-A 下的用户应用程序配置可以由 RTE 生成 MCSD，并由 BSW 配置工具 ISOLAR-B 通过基于 CAN、FlexRay 和以太网的 XCP 协议来做测量及标定应用。

测量与标定的持续开发与集成的工作过程中如下图所示，RTE 代码时会将用户基于 ISOLAR 描述的测量标定数据以及数据属性生成为 MCSD 文件，进而由 RTA-A2L 从 MCSD 文件和用户 map 文件生成 A2L 文件，如图 5-13 所示。

数据类型描述是测量和标定数据描述的基础。AUTOSAR R4.x 从三个抽象层次来分别

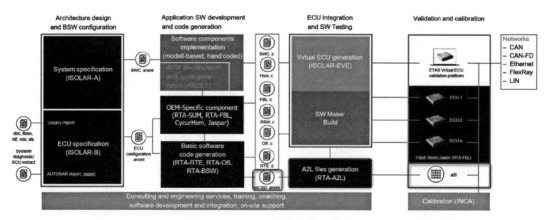

图 5-13　A2L 文件生成的工作流程

描述用于生成 MCSD 文件的测量标定数据类型，如图 5-14 所示。

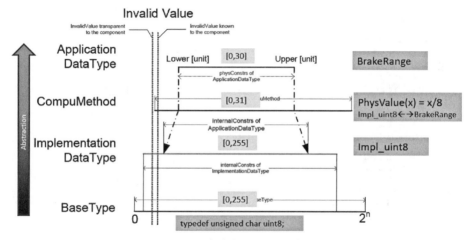

图 5-14　不同数据类型的数值范围

以下章节中对数据类型（表 5-2）的描述也可以参考本节中的信息。

表 5-2　AUTOSAR 数据类型

数据类型	描述
应用数据类型（ADT）	ADT 为应用软件中的数据类型，它描述了应用软件数据的物理数据范围和数据约束
实现数据类型（IDT）	IDT 是 RTE 用于代码生成的软件级数据类型
基本类型（BT）	对于软件级别的实现，IDT 需要被转换成编译器可以理解的基本类型

这三种数据描述方法在 AUTOSAR 中以分层的描述方式相互引用，进而从机器类型抽象到代表物理意义的应用数据类型 ADT，如图 5-14 所示。

下面以三种将 IDT 类型链接到基本类型 BT 的方式为例介绍数据类型描述。

① 实现数据类型："Category" 为 "VALUE"，TypeEmitter＝RTE，如图 5-15 所示。

基本类型 uint8 定义为 NativeDeclaration＝unsigned char（图 5-16）。

在 RTE_Type.h 中生成的代码为 typedef unsigned char uint8。

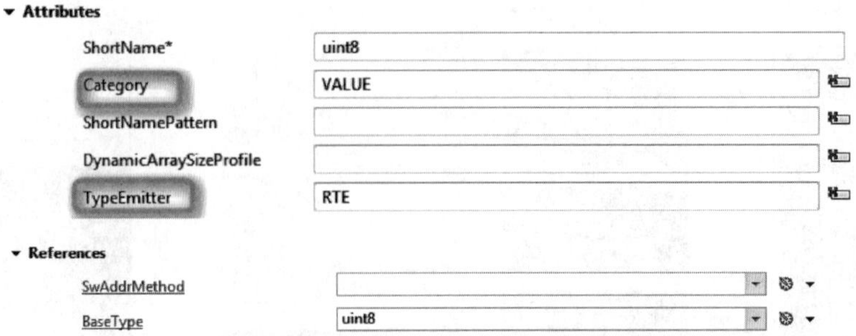

图 5-15 由 RTE 来生成定义的 VALUE 类型的 IDT 示例

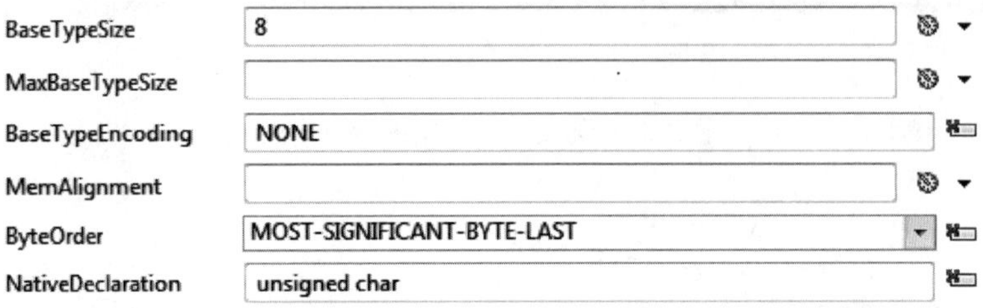

图 5-16 由 RTE 来生成定义的 VALUE 类型的 IDT 引用的 BT 示例

② 实现数据类型："Category"为"VALUE"，TypeEmitter＝OUTSIDE，如图 5-17 所示。

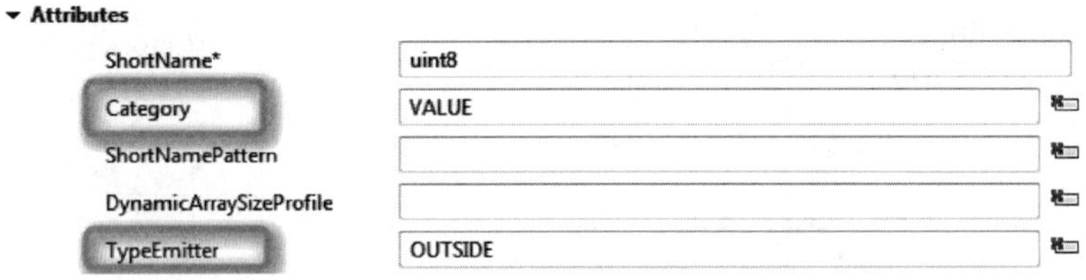

图 5-17 由用户代码来定义的 VALUE 类型的 IDT 示例

基本类型 uint8 定义为 NativeDeclaration＝unsigned char（图 5-18）。

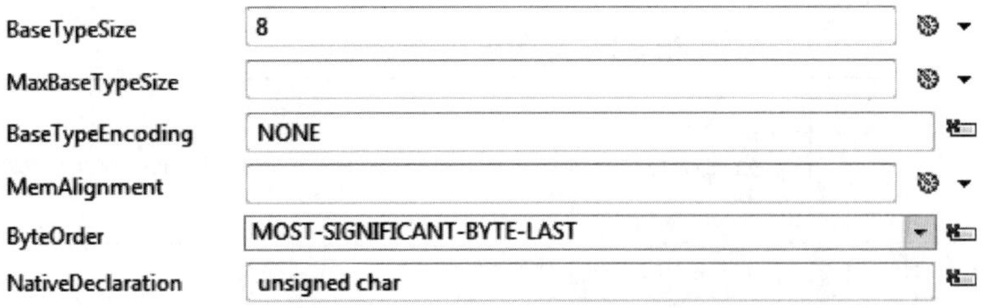

图 5-18 由用户代码来定义的 VALUE 类型的 IDT 引用的 BT 示例

在 RTE_Type.h 中生成代码。
- IDT uint8 没有类型定义，因为 TypeEmitter 是 RTE 以外的值。
- 在这种情况下，软件集成专家应为 IDT uint8 提供基本类型定义。

③ 实现数据类型："Category"为"TYPE_REFERENCE"，TypeEmitter＝RTE 或 No TypeEmitter（默认是 RTE），如图 5-19 所示。

IDT 引用 IDT uint8，如图 5-20 所示。

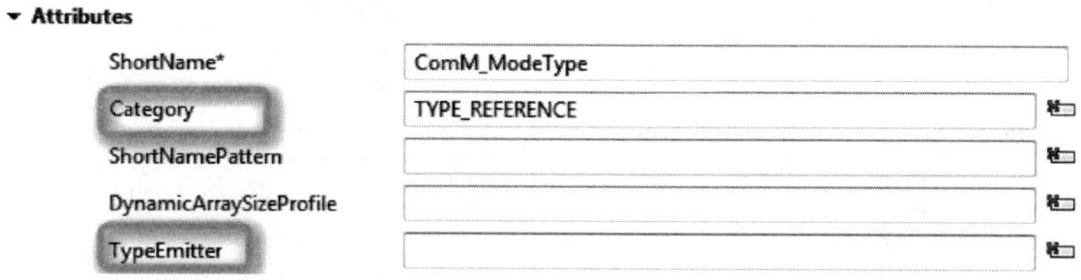

图 5-19　由 RTE 来生成定义的引用类型的 IDT 示例

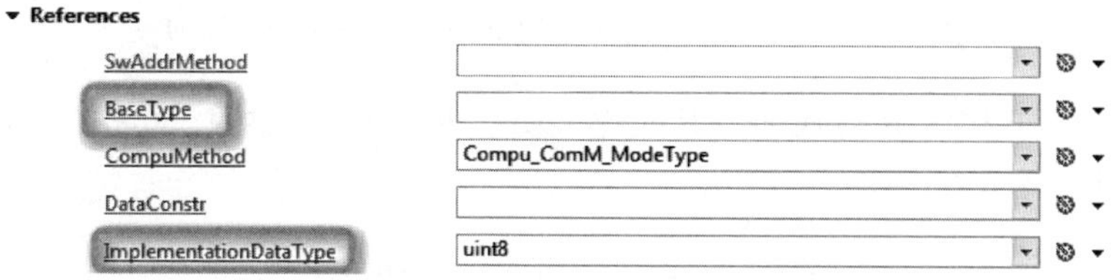

图 5-20　由 RTE 来生成定义的引用类型的 IDT 引用的 BT 示例

基本类型 uint8 定义如下（图 5-21）。
- Category＝VALUE。
- TypeEmitter＝OUTSIDE。
- Ref. BaseType＝uint8。

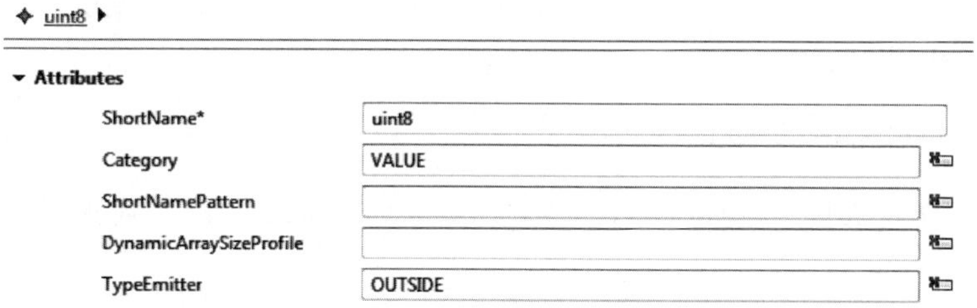

图 5-21　由 RTE 来生成定义的引用类型 IDT 所引用的 IDT 示例

在 RTE_Type.h 中生成的代码为 typedef uint8 ComM_ModeType。

④ 实现数据类型："Category"为"TYPE_REFERENCE"，TypeEmitter＝HEADER_FILE 引用 IDT uint32，如图 5-22 所示。

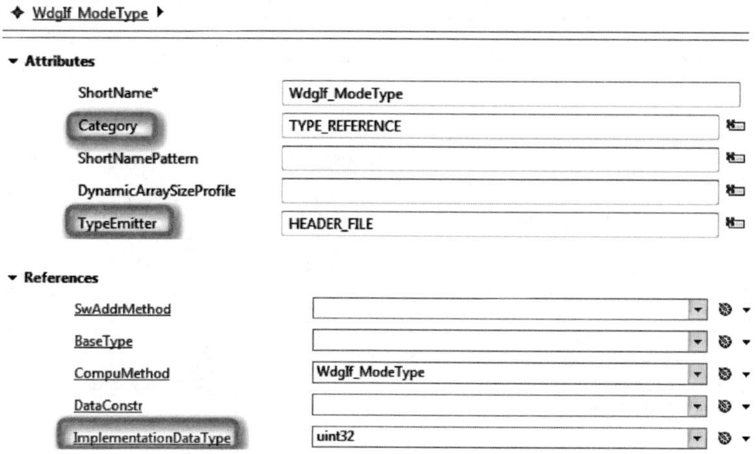

图 5-22　由用户代码来定义的引用类型的 IDT 示例

IDT uint32 定义为“Category＝VALUE” “TypeEmitter＝OUTSIDE”，如图 5-23 所示。

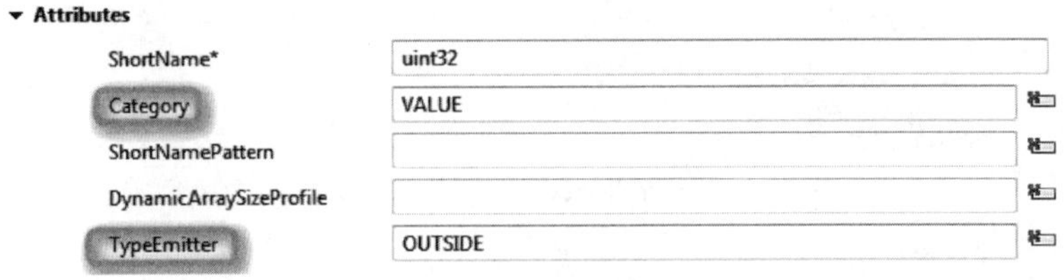

图 5-23 由用户代码来定义的引用类型 IDT 所引用的 IDT 示例

在 RTE_Type.h 中生成的代码：IDT WdgIf_ModeType 没有 typedef，因为 typeEmitter 是 RTE 以外的值。

5.3 基于 Cobra-BIP 描述测量标定

随着用户的持续开发与持续集成，用户有大量的测量和标定的变量需要迭代更新。而利用一套行之有效的方法来提取需要测量和标定的参数，并转换成测量标定应用工具可以解析的描述文件十分必要。

Cobra BIP 已预先配置了本节所述的几个 AUTOSAR 测量变量和标定参数的常用范例。

用户可以参照 4.2 节的描述方法来配置他们的应用程序变量和参数，然后在软件编译后单击一次更新 A2L 文件。

5.3.1 创建 AUTOSAR 测量量

AUTOSAR 描述工具（例如 ETAS ISOLAR-A）通常有三种描述测量变量的方法，见表 5-3。

表 5-3 AUTOSAR 测量变量描述类别

类型描述	作用范围	RTE 接口	代码实现
Ar Typed PIM	SWC 的每个实例	有 RTE 接口	由 RTE 生成
SWC 静态内存	SWC 的内部变量	无 RTE 接口	用户在 SWC 中实现静态内存变量
AUTOSAR 接口变量	描述 SWC 之间交换的变量	有 RTE 接口	由 RTE 生成

ASAM-2MC 测量变量包含如图 5-24 所示的属性（各参数详情可参考 ASAM-2MC 标准）。

```
/begin MEASUREMENT
  /* Name                      */     VSOE_BMSPackSoE_kWh
  /* Long identifier           */     ""
  /* Data type                 */     FLOAT32_IEEE
  /* Conversion method         */     SOE_SWC_CM_single_kwh
  /* Resolution (Not used)     */     0
  /* Accuracy (Not used)       */     0
  /* Lower limit               */     0.0
  /* Upper limit               */     1000.0
  ECU_ADDRESS                         0x0000 /* ECU_Address */
/end MEASUREMENT
```

图 5-24 ASAM-2MC 测量变量属性

ISOLAR-A 和 ASAM-2MC 测量变量属性对照，见表 5-4。

表 5-4　ISOLAR-A 和 ASAM-2MC 测量变量属性对照

ISOLAR	ASAM-2MC
变量名 • SWC ArTypedPerInstanceMemory • SW 静态内存 • 接口数据元素	名称
多语言长名称	长标识符
IDT 类型	数据类型
ADT 计算方法	转换公式
ADT 数据约束的下限	下限
ADT 数据约束的上限	上限
ADT 的计算单位法	PHYS_UNIT
N. A.	ECU_ADDRESS

（1）AUTOSAR 类型的 PIM

AUTOSAR 类型的 PIM 是作用域为 SWC 内部行为的测量变量。SWC 每在合成阶段实例化一次，就会定义一个应用于该实例化 SWC 的 PIM 测量变量。

用户可以按照以下操作步骤来创建 PIM 类型的测量变量。

① 在 SWC 内部行为中创建 ArTypedPerInstanceMemory，定义变量的 ShortName 和 Type，如图 5-25 所示。

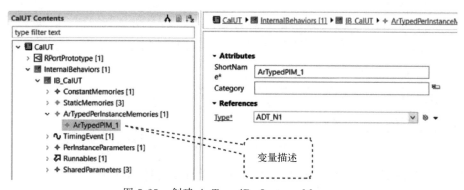

图 5-25　创建 ArTypedPerInstanceMemory

② 为描述 SwCalibrationAccess，给 READ-ONLY 的测量变量数据类型创建一个 SwDataDefProps 只读测量变量，如图 5-26 所示。

注意：通过定义变量的 SwCalibrationAccess 属性，RTE 才会知道该变量描述的是测量变量，因此需要被写入 MCSD arxml 文件。

③ 生成 RTE 代码。这时该变量（图 5-27）以及其描述将被生成到 MCSD（图 5-28）文件中。

注意：测量变量由编译器抽象 RTE_START_SEC_［PartitionName］［AUTOSAR_SwadMethod］定义，用户可以在软件链接阶段将这些变量链接到特定的存储区域。这在第 6 章的 Memory 存储分配中介绍了相应的方法。

图 5-26 ArTypedPerInstanceMemory 的测量变量属性配置

```
#define RTE_START_SEC_EcucPartition_ComCore_VAR_CLEARED_32
#include "Rte_MemMap.h"
VAR(uint32, RTE_APPL_DATA) Rte_ArPim_CalUT_ArTypedPIM_1;
#define RTE_STOP_SEC_EcucPartition_ComCore_VAR_CLEARED_32
#include "Rte_MemMap.h"
```

图 5-27 RTE 生成 ArTypedPerInstanceMemory 的测量变量示例

```
<MC-DATA-INSTANCE>
  <!--This is ArTyped Per-Instance Memory /ETAS_BIP/CalUT/IB_CalUT/ArTypedPIM_1 on Application Software Component Instance
  <!--Reported because the ArTyped PIM is marked as measurable and RTE measurement support is enabled-->
  <SHORT-NAME>ArTypedPIM_1</SHORT-NAME>
  <LONG-NAME>
    <L-4 L="EN">unsigned integer 32bit</L-4>
  </LONG-NAME>
  <CATEGORY>VALUE</CATEGORY>
  <ADMIN-DATA>
    <SDGS>
      <SDG GID="ETAS-RTARTE">
        <SD GID="MC-DATA-CLASS">AR-TYPED-PER-INSTANCE-MEMORY</SD>
      </SDG>
    </SDGS>
  </ADMIN-DATA>
  <FLAT-MAP-ENTRY-REF DEST="FLAT-INSTANCE-DESCRIPTOR">/ETAS_FlatView/ETAS_FlatMap/ArTypedPIM_1</FLAT-MAP-ENTRY-REF>
  <RESULTING-PROPERTIES>
    <SW-DATA-DEF-PROPS-VARIANTS>
      <SW-DATA-DEF-PROPS-CONDITIONAL>
        <BASE-TYPE-REF BASE="Rte_MCSD_SwBaseTypes" DEST="SW-BASE-TYPE">AUTOSAR_Platform_BaseTypes_uint32</BASE-TYPE-REF>
        <SW-CALIBRATION-ACCESS>READ-ONLY</SW-CALIBRATION-ACCESS>
        <COMPU-METHOD-REF BASE="Rte_MCSD_CompuMethods" DEST="COMPU-METHOD">ETAS_BIP_CompuMethods_N1</COMPU-METHOD-REF>
        <DATA-CONSTR-REF BASE="Rte_MCSD_DataConstrs" DEST="DATA-CONSTR">ETAS_BIP_DataConstrs_N1</DATA-CONSTR-REF>
        <SW-REFRESH-TIMING>
          <CSE-CODE>1000</CSE-CODE>
          <CSE-CODE-FACTOR>1</CSE-CODE-FACTOR>
        </SW-REFRESH-TIMING>
        <UNIT-REF BASE="Rte_MCSD_Units" DEST="UNIT">ETAS_BIP_Units_Rpm</UNIT-REF>
      </SW-DATA-DEF-PROPS-CONDITIONAL>
    </SW-DATA-DEF-PROPS-VARIANTS>
  </RESULTING-PROPERTIES>
  <SYMBOL>Rte_ArPim_CalUT_ArTypedPIM_1</SYMBOL>
</MC-DATA-INSTANCE>
```

图 5-28 ArTypedPerInstanceMemory 测量变量的 MCSD 文件示例

④ 使用 RTA-A2L 从 MCSD 文件中生成不带地址信息的 A2L 片段，如图 5-29 所示。

```
/begin MEASUREMENT Rte_ArPim_CalUT_ArTypedPIM_1
        "unsigned integer 32bit"
        ULONG
        ETAS_BIP_CompuMethods_N1
        0
        0
        0
        16383.5
        DISPLAY_IDENTIFIER  ArTypedPIM_1
        ECU_ADDRESS 0x00000000
        MAX_REFRESH 1000
                    1
        PHYS_UNIT "rpm"
/end MEASUREMENT
```

图 5-29 ArTypedPerInstanceMemory 测量变量的 A2L 文件示例

(2) SWC 静态存储数据

将测量变量描述为静态内存的方法与 ArTypedPerInstanceMemory 几乎相同，只有一个区别：在 SWC 内部行为中将数据类型创建为静态内存，如图 5-30 所示。

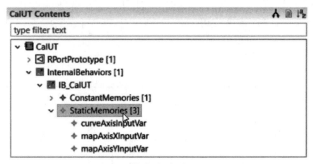

图 5-30　SWC 静态内存类型的测量变量

(3) Interface 数据

它描述了在设计阶段 VFB 上的 SW-C 组件交换的数据并由 RTE 接口实现的测量变量。

创建 Interface 数据类型的测量变量与创建普通 Interface 数据的界面相同，只需要额外增加一个参数：为接口数据类型创建一个 SwDataDefProps，并将该数据类型的属性 SwCalibrationAccess 定义为 READ-ONLY，如图 5-31 所示。

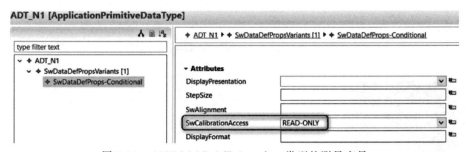

图 5-31　AUTOSAR S/R Interface 类型的测量变量

5.3.2　创建 AUTOSAR 标定量

ASAM-2MC 标定参数至少包含如图 5-32 所示的属性（各参数详情可参考 ASAM-2MC 标准）。

```
/begin CHARACTERISTIC
    MyCalParam               /* Name */
    ""                       /* LongIdentifier */
    VALUE                    /* Datatype    */
    0x0002006a               /* Address */
    STANDARD_VALUE_S16       /* Deposit */
    0.0                      /* MaxDiff */
    ident                    /* Conversion ComputeMethod */
    -32768.0                 /* LowerLimit */
    32767.0                  /* UpperLimit */
/end CHARACTERISTIC
```

图 5-32　ASAM-2MC 标定变量属性

AUTOSAR 工具通常有两种描述标定参数的方法，例如 ETAS ISOLAR-A：

- 参数 SWC；
- SWC 内部标定参数。

（1）标定参数 SWC

标定参数 SWC 是一种提供可供所有 SWC 访问的标定数据池的设计方法。

使用 Parameter-SWC，标定参数可以在上下文中描述，如图 5-33 所示。

- 参数 SWC 的 P-port。
- 参数接口。

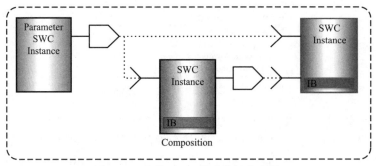

图 5-33 参数 SWC 类型的标定变量

在参数 SWC 中配置标定参数时，一些重要的数据类型属性总结，如图 5-34 所示。

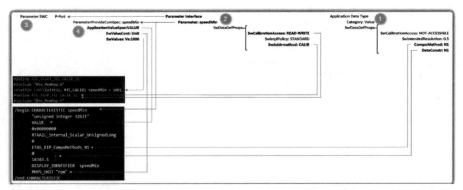

图 5-34 参数 SWC 类型的标定变量关键参数

① 使用 CompuMethod、数据约束为参数接口数据元素创建 ADT 数据类型，如图 5-35 所示。

- 计算方法：指定数据的物理和内部表示之间的转换。
- 数据约束：描述了变量的物理下限和上限。

② 创建一个包含"Parameter Data Prototype"PDP 的参数接口，该接口引用第一步创建的 ADT 数据类型，如图 5-36 所示。

参数数据原型将由 RTE 实例化为标定参数。

对于每个参数接口数据 PDP，使用 SwCalibrationAccess＝READ-WRITE、SwImplPolicy＝STANDARD、SwAddrethod＝CALIB 创建 SwDataDefProps，如图 5-37 所示。

- SwCalibrationAccess：READ-WRITE 表示这是一个匹配参数。
- Addressing Method：寻址方法。支持定义抽象内存段，即指定哪些变量将放在生成代码的相同段中，以便 AUTOSAR BSW 可以根据标定内存管理策略将它们作为一个整体进行管理，例如通过 Overlay。

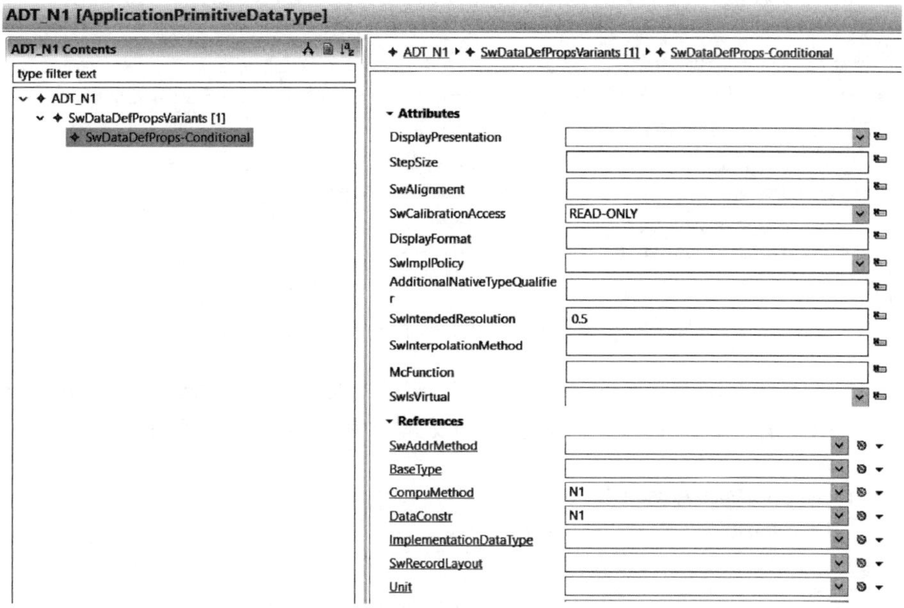

图 5-35　为 ADT 数据类型设置计算方法

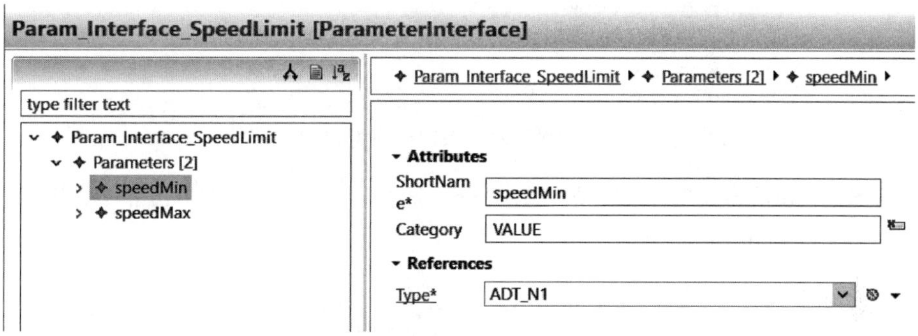

图 5-36　创建 AUTOSAR 参数 Interface

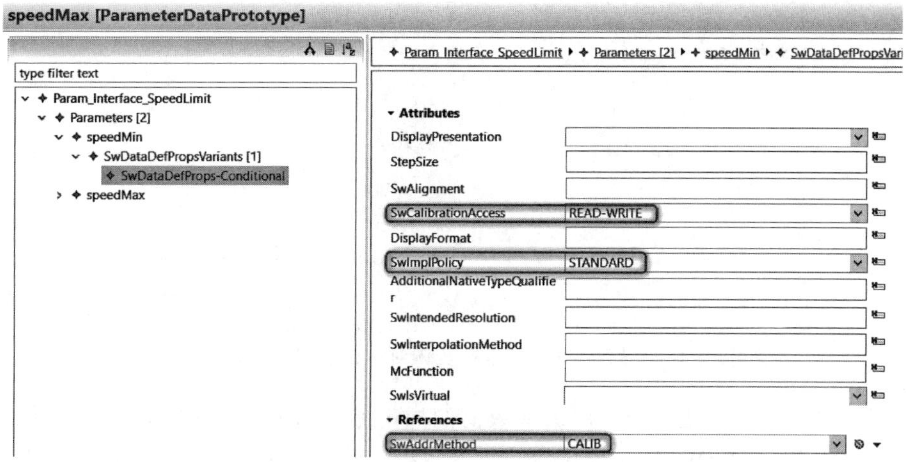

图 5-37　参数 Interface 标定变量的标定属性配置

③ 使用引用参数接口的 P-Port 创建一个 Parameter-SWC，如图 5-38 所示。

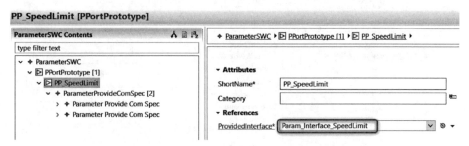

图 5-38　参数 SWC 引用标定变量参数 Interface

④ 为端口创建 "Parametersupplied Com Spec"，以将 "ApplicationValueSpecification" "Sw Value Cont" 定义为每个标定参数的预定义常量值，如图 5-39 所示。

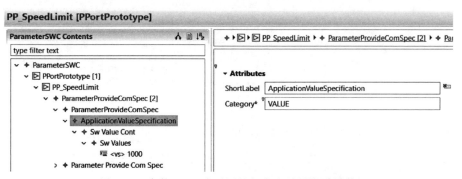

图 5-39　参数 SWC 为引用的标定变量设定默认值

⑤ 用户 SwComponentType 将使用 R-Port 引用参数接口，以便 runnable 运行实体访问所需的参数，如图 5-40 所示。

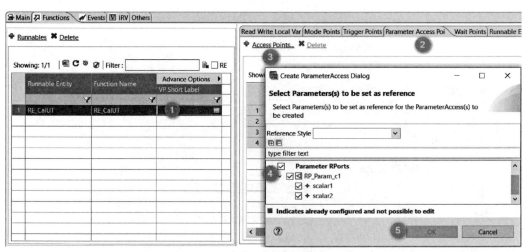

图 5-40　参数 SWC 可运行实体对标定变量的访问设定

⑥ 生成的 RTE.c 将包含具有初始常数值的标定参数 scalar1，如图 5-41 所示。

同时生成的 RTE_[SWC].h 将包含用于 SWC 访问匹配参数的 AUTOSAR 接口 RTE_Prm_API，如图 5-42 所示。

```
#define RTE_START_SEC_CALPRM_32
#include "Rte_MemMap.h"
volatile CONST(uint32, RTE_CALPRM) speedMin = 500;
#define RTE_STOP_SEC_CALPRM_32
#include "Rte_MemMap.h"
```

图 5-41　RTE 生成标定变量示例

```
#if defined(RTE_PRV_ALL_API) || defined(RTE_RUNNABLEAPI_RE_CalUT)
/* Inline calprm optimization; Rte_Prm_RP_SpeedLimit_speedMin to direct access */
#define Rte_Prm_RP_SpeedLimit_speedMin() ( (volatile CONST(uint32, RTE_CALPRM)) speedMin )
#endif
```

图 5-42　RTE 生成标定变量 AUTOSAR 接口示例

⑦ RTE 生成的 MCSD 文件包含匹配参数标量，如图 5-43 所示。

```xml
<MC-DATA-INSTANCE>
  <!--This is Calibration Parameter /ETAS_BIP/Pkg_ParameterInterface/Param_Interface_SpeedLimit/speedMin in port
  /ETAS_BIP/ParameterSWC/PP_SpeedLimit on Calibration Parameter Component Instance
  /ETAS_FlatView/SwComponentTypes/ETAS_FlatView/CPT_ParameterSWC-->
  <!--Reported because it is a calibration parameter-->
  <SHORT-NAME>speedMin</SHORT-NAME>
  <LONG-NAME>
    <L-4 L="EN">unsigned integer 32bit</L-4>
  </LONG-NAME>
  <CATEGORY>VALUE</CATEGORY>
  <ADMIN-DATA>
    <SDGS>
      <SDG GID="ETAS-RTARTE">
        <SD GID="MC-DATA-CLASS">CALPRM</SD>
      </SDG>
    </SDGS>
  </ADMIN-DATA>
  <FLAT-MAP-ENTRY-REF DEST="FLAT-INSTANCE-DESCRIPTOR">/ETAS_FlatView/ETAS_FlatMap/speedMin</FLAT-MAP-ENTRY-REF>
  <RESULTING-PROPERTIES>
    <SW-DATA-DEF-PROPS-VARIANTS>
      <SW-DATA-DEF-PROPS-CONDITIONAL>
        <BASE-TYPE-REF BASE="Rte_MCSD_SwBaseTypes" DEST="SW-BASE-TYPE">AUTOSAR_Platform_BaseTypes_uint32</BASE-TYPE-REF>
        <SW-CALIBRATION-ACCESS>READ-WRITE</SW-CALIBRATION-ACCESS>
        <COMPU-METHOD-REF BASE="Rte_MCSD_CompuMethods" DEST="COMPU-METHOD">ETAS_BIP_CompuMethods_N1</COMPU-METHOD-REF>
        <DATA-CONSTR-REF BASE="Rte_MCSD_DataConstrs" DEST="DATA-CONSTR">ETAS_BIP_DataConstrs_N1</DATA-CONSTR-REF>
        <UNIT-REF BASE="Rte_MCSD_Units" DEST="UNIT">ETAS_BIP_Units_Rpm</UNIT-REF>
      </SW-DATA-DEF-PROPS-CONDITIONAL>
    </SW-DATA-DEF-PROPS-VARIANTS>
  </RESULTING-PROPERTIES>
  <SYMBOL>speedMin</SYMBOL>
</MC-DATA-INSTANCE>
```

图 5-43　标定参数的 MCSD 文件示例

⑧ 之后通过 RTA-A2L 为标定参数标量生成 A2L 片段，如图 5-44 所示。

```
/begin CHARACTERISTIC speedMin
    "unsigned integer 32bit"
    VALUE
    0x00000000
    RTAA2L_Internal_Scalar_UnsignedLong
    0
    ETAS_BIP_CompuMethods_N1
    0
    16383.5
    DISPLAY_IDENTIFIER  speedMin
    PHYS_UNIT "rpm"
/end CHARACTERISTIC
```

图 5-44　标定参数的 A2L 文件示例

(2) SWC 内部标定数据

配置 SWC 内部标定数据关键参数如图 5-45 所示。

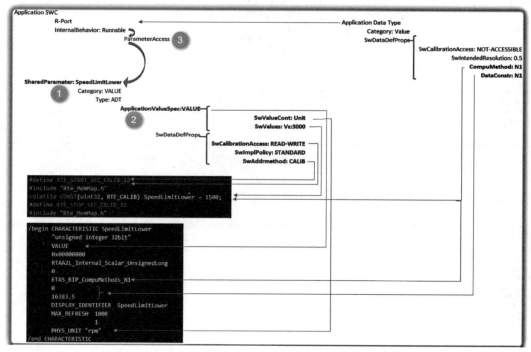

图 5-45 配置 SWC 内部标定数据关键参数

当用户想要描述 SWC 本身可见的标定参数时，可以使用以下功能。

① Per Instance Parameter：SWC 实例化参数。

它是由 RTE 创建的参数，每一个 PIP 的作用域都是定义它的 SWC 实例本身。用户可以参照如下范例的配置步骤来配置 PIP。

a. 在 SWC 中创建 "PerInstanceParameters" SpeedLimitUpper，并设置 Category＝VALUE，Type＝ADT_N1，如图 5-46 所示。

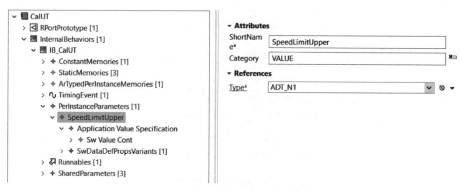

图 5-46 创建 SWC 内部标定数据

b. 为该 SWC 实例化参数 SpeedLimitUpper 配置属性 "Application Value Specification"，并通过 "Sw Value Cont" 给定一个常数值。该常数值将由 RTE 生成，作为标定参数的值，如图 5-47 所示。

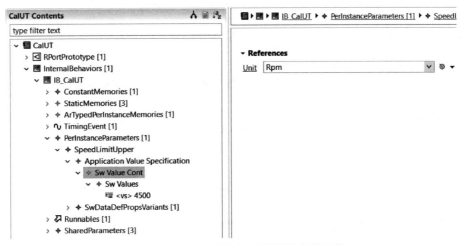

图 5-47　为 SWC 内部标定数据设定默认值

c. 指定 SWC 中的哪个可运行对象可以访问标定参数 SpeedLimitLower，如图 5-48 所示。

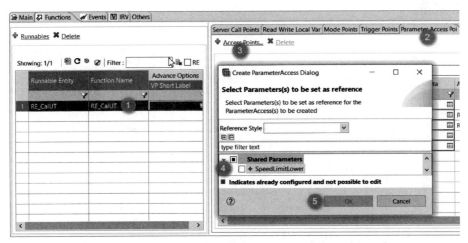

图 5-48　SWC 可运行实体对 SWC 内部标定数据的访问设定

d. 生成的 RTE.c 将包含具有初始常数值的标定参数 SpeedLimitLower，如图 5-49 所示。

```
#define RTE_START_SEC_EcucPartition_AppCore_CALPRM_32
#include "Rte_MemMap.h"
volatile CONST(uint32, RTE_EcucPartition_AppCore_CALPRM) SpeedLimitLower = 1500;
#define RTE_STOP_SEC_EcucPartition_AppCore_CALPRM_32
#include "Rte_MemMap.h"
```

图 5-49　RTE 生成 SWC 内部标定数据示例

同时生成的 RTE_[SWC].h 将包含用于 SWC 访问匹配参数的 AUTOSAR 接口 RTE_CData_API，如图 5-50 所示。

e. 生成的 MCSD 文件包含标定参数标量，如图 5-51 所示。

f. 之后通过 RTA-A2L 为标定参数标量生成 A2L 片段，如图 5-52 所示。

```
/* Inline calprm optimization; Rte_CData_SpeedLimitLower to direct access */
#define RTE_START_SEC_EcucPartition_AppCore_CALPRM_32
#include "Rte_MemMap.h"
extern volatile CONST(uint32, RTE_EcucPartition_AppCore_CALPRM) SpeedLimitLower;
#define RTE_STOP_SEC_EcucPartition_AppCore_CALPRM_32
#include "Rte_MemMap.h"
#define Rte_CData_SpeedLimitLower() ( (volatile CONST(uint32, RTE_EcucPartition_AppCore_CALPRM)) SpeedLimitLower )
```

图 5-50　RTE 生成 SWC 内部标定数据 AUTOSAR 接口示例

```
<MC-DATA-INSTANCE>
  <!--This is Shared Calibration Parameter /ETAS_BIP/CalUT/IB_CalUT/SpeedLimitLower shared between instances of Applicati
  Component Type /ETAS_BIP/CalUT-->
  <!--Reported because it is a calibration parameter-->
  <SHORT-NAME>SpeedLimitLower</SHORT-NAME>
  <LONG-NAME>
  <CATEGORY>VALUE</CATEGORY>
  <ADMIN-DATA>
  <FLAT-MAP-ENTRY-REF DEST="FLAT-INSTANCE-DESCRIPTOR">/ETAS_FlatView/ETAS_FlatMap/SpeedLimitLower</FLAT-MAP-ENTRY-REF>
  <RESULTING-PROPERTIES>
    <SW-DATA-DEF-PROPS-VARIANTS>
      <SW-DATA-DEF-PROPS-CONDITIONAL>
        <BASE-TYPE-REF BASE="Rte_MCSD_SwBaseTypes" DEST="SW-BASE-TYPE">AUTOSAR_Platform_BaseTypes_uint32</BASE-TYPE-REF>
        <SW-CALIBRATION-ACCESS>READ-WRITE</SW-CALIBRATION-ACCESS>
        <COMPU-METHOD-REF BASE="Rte_MCSD_CompuMethods" DEST="COMPU-METHOD">ETAS_BIP_CompuMethods_N1</COMPU-METHOD-REF>
        <DATA-CONSTR-REF BASE="Rte_MCSD_DataConstrs" DEST="DATA-CONSTR">ETAS_BIP_DataConstrs_N1</DATA-CONSTR-REF>
        <SW-REFRESH-TIMING>
          <CSE-CODE>1000</CSE-CODE>
          <CSE-CODE-FACTOR>1</CSE-CODE-FACTOR>
        </SW-REFRESH-TIMING>
        <UNIT-REF BASE="Rte_MCSD_Units" DEST="UNIT">ETAS_BIP_Units_Rpm</UNIT-REF>
      </SW-DATA-DEF-PROPS-CONDITIONAL>
    </SW-DATA-DEF-PROPS-VARIANTS>
  </RESULTING-PROPERTIES>
  <SYMBOL>SpeedLimitLower</SYMBOL>
</MC-DATA-INSTANCE>
```

图 5-51　SWC 内部标定数据的 MCSD 示例

```
/begin CHARACTERISTIC SpeedLimitLower
      "unsigned integer 32bit"
      VALUE
      0xe633a380
      RTAA2L_Internal_Scalar_UnsignedLong
      0
      ETAS_BIP_CompuMethods_N1
      0
      16383.5
      DISPLAY_IDENTIFIER   SpeedLimitLower
      MAX_REFRESH   1000
                    1
      PHYS_UNIT "rpm"
/end CHARACTERISTIC
```

图 5-52　SWC 内部标定数据的 A2L 文件示例

② Shared Parameter：共享参数。

参数的描述方式与 PerInstanceParameter 相同，不同之处在于共享参数将在相同 SwComponentType 的 SwComponent-Prototypes 之间共享。

③ Constant Memory：常量内存。

SW 组件的内部参数在 RTE 上不可见，将由用户在 SWC 组件内部定义和实现。用户可以参照如下范例配置步骤来配置常量内存。

a. 为 SWC 创建 "ConstantMemory" 常量内存，如图 5-53 所示。

b. 为 "Constant Reference" 分配一个常数值，该常数值将由 RTE 生成，作为标定参数的值，如图 5-54 所示。

c. 与 PerInstanceParameter 和 SharedParameter 不同，生成的 RTE.c 不包含参数 constParam，而是需要用户自行定义。

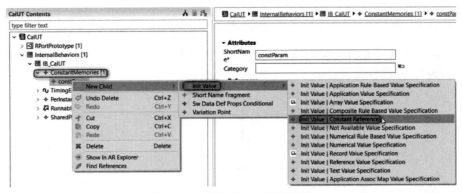

图 5-53　SWC 常量内存的创建

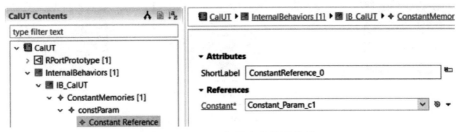

图 5-54　SWC 常量内存的默认值

d. 同时生成的 MCSD 文件包含标定参数标量,如图 5-55 所示。

```
<MC-DATA-INSTANCE>
    <!--This is ConstantMemory /ETAS_BIP/CalUT/IB_CalUT/constParam shared between instances of Application Software Component Type /ETAS_BIP/CalUT-->
    <!--Reported because emit-memorys MCSD policy is enabled-->
    <SHORT-NAME>constParam</SHORT-NAME>
    <CATEGORY>VALUE</CATEGORY>
    <ADMIN-DATA>
        <SDGS>
            <SDG GID="ETAS-RTARTE">
                <SD GID="MC-DATA-CLASS">ASW-CONSTANT-MEMORY</SD>
            </SDG>
        </SDGS>
    </ADMIN-DATA>
    <RESULTING-PROPERTIES>
        <SW-DATA-DEF-PROPS-VARIANTS>
            <SW-DATA-DEF-PROPS-CONDITIONAL>
                <BASE-TYPE-REF BASE="Rte_MCSD_SwBaseTypes" DEST="SW-BASE-TYPE">AUTOSAR_Platform_BaseTypes_uint32</BASE-TYPE-REF>
                <SW-CALIBRATION-ACCESS>READ-WRITE</SW-CALIBRATION-ACCESS>
                <COMPU-METHOD-REF BASE="Rte_MCSD_CompuMethods" DEST="COMPU-METHOD">RB_RBA_Common_CentralElements_CompuMethods_Identical</COMPU-METHOD-REF>
                <DISPLAY-FORMAT>%08d</DISPLAY-FORMAT>
                <UNIT-REF BASE="Rte_MCSD_Units" DEST="UNIT">RB_RBA_Common_CentralElements_Units_NoUnit</UNIT-REF>
            </SW-DATA-DEF-PROPS-CONDITIONAL>
        </SW-DATA-DEF-PROPS-VARIANTS>
    </RESULTING-PROPERTIES>
    <SYMBOL>constParam</SYMBOL>
</MC-DATA-INSTANCE>
```

图 5-55　SWC 常量内存的 MCSD 示例

e. 之后通过 RTA-A2L 为标定参数标量生成 A2L 片段,如图 5-56 所示。

```
/begin CHARACTERISTIC constParam
    "constParam"
    VALUE
    0x00000000
    RTAA2L_Internal_Scalar_UnsignedLong
    0
    RB_RBA_Common_CentralElements_CompuMethods_Identical
    0
    4294967295
    DISPLAY_IDENTIFIER  constParam
    PHYS_UNIT "noUnit"
/end CHARACTERISTIC
```

图 5-56　SWC 常量内存的 A2L 文件示例

5.3.3 使用 AUTOSAR MCSD 生成 A2L 文件

ETAS BIP 中提供的 RTA-A2L 是一个易于使用的小工具，它通过两个步骤生成 A2L 文件，如图 5-57 所示。

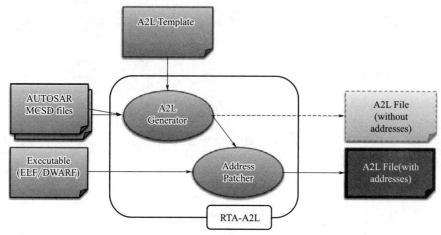

图 5-57　RTA-A2L 工作流程

(1) A2L 生成器

RTA-A2L 读取 RTE 生成的 AUTOSAR MCSD 文件并生成包含以下属性的 A2L 片段。

- CHARACTERISTIC。
- MEASUREMENT。
- ComPU_METHOD。
- ComPU_TAB。
- UNIT。
- RECORD_LAYOUT。

要生成具有虚拟地址的 A2L 片段，用户可以双击 [ETAS-BIP]\TOOLS\A2L\run0.bat 从命令行调用 RTA-A2L（图 5-58）。

```
RTAA2LGen.exe --template <A2LTemplate filename> <MCSD XML File(s)> --out <Output A2L filename>
```

图 5-58　RTA-A2L 生成器的调用格式

(2) 地址更新器

RTA-A2L 读取已编译的可执行文件以解释测量变量和标定参数的地址，并通过填充地址来更新 A2L 片段。

要生成 A2L，用户可以双击 [ETAS-BIP]\TOOLS\A2L\run.bat 从命令行调用 RTA-A2L（图 5-59）。

```
RTAA2LGen.exe [-a <Address source (ELF/Map file)>] [-m <Map file format>] -o <Output A2L filename> -t <A2LTemplate filename> [-v <Verbosity level>] <MCSD XML File(s)>
```

图 5-59　RTA-A2L 地址更新器的调用格式

生成的 A2L 文件可以使用支持 ASAM-2MC 和 XCP 协议的工具进行测量及标定。

5.4 要点回顾

为了帮助用户提高软件持续配置与迭代的效率，BIP 预先将应用 SWC-C UpperTester 模块（例如，测量标定应用、硬线信号的 IO 抽象层等）预集成为应用软件簇功能，完成诸如测量标定数据应用、硬线信号的读写等功能的典型应用。

应用软件簇收集用户应用软件组件，BIP 用户可以基于此，根据具体应用场景在分区部署时按照应用需要，通过本章的描述部署到系统中的单个或多个 ECU 中。

第 6 章 AUTOSAR软件持续集成

在基于 AUTOSAR 架构的软件持续开发与部署过程中，软件集成实现了上述开发在具体目标处理器上的落地过程。显而易见，软件集成在这个迭代循环中扮演着重中之重的角色。

在本章中，以相对典型同时又有别于 MCU 的 Soc 芯片 TDA4VM 部署为例，从以下几方面介绍 AUTOSAR 经典平台的软件集成部署。

- 异构核运行环境。
- BSW 与 Mcal 代码集成。
- BSW 与非 Mcal 代码集成。
- Memory 存储分配。

6.1 TDA4 异构核运行环境

与传统的控制器软件集成相比，基于 Soc 芯片的 AUTOSAR 软件集成是一个复杂无数倍的过程。

在异构的 Soc 芯片应用中，AUTOSAR 核的应用作为整个 Soc 软件系统的一个"子过程"需要在整个 Soc 的软件加载、核的启动、唤醒、外设资源的初始化以及应用管理中加以统一设计。这时，AUTOSAR 经典平台原生的架构往往需要更灵活的部署以适应 Soc 整体软件架构的设计。

6.1.1 TDA4 实时安全域的启动

AUTOSAR 经典平台的启动往往通过如图 6-1 所示的 5 步完成。

- 硬件级启动代码。
  - AUTOSAR 主核启动。
  - AUTOSAR 从核启动（或者由主核触发启动）。
- 用户级启动代码 OS_MAIN()。
- EcuM 启动 EcuM_Init()。
  - EcuM_AL_DriverInitZero。
  - EcuM_AL_DriverInitOne。
  - EcuM_Prv_SetDefinedMCUWakeupSource。
  - EcuM_Prv_StartSlaveCores。
- AUTOSAR OS 启动 StartOS()。
  - StartupHook。
  - AUTOSAR OS 调度。

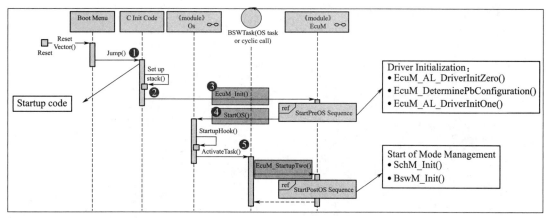

图 6-1　AUTOSAR 经典平台多核启动时序

- BswM_Init()。
- 应用运行。

然而在 TDA4 的 MCU 域部署 AUTOSAR 经典平台时，需要考虑它与主域的启动加载顺序、资源占用顺序等。

当在 TDA4 的 MCU 域部署 AUTOSAR 经典平台的 BIP 启动实例时，为了协调 Soc 不同域的引导启动和初始化，需要对 AUTOSAR 经典平台的启动从【步骤 2】开始加以适配改造。

(1) OS TISCI 应用模式

【步骤 1】略。

【步骤 2】SDK Board 初始化（图 6-2）。

【步骤 3】为跨域通信进行 MCU 域 Router 以及 DirectIpc 初始化（图 6-2）。

信息：用户可以在 6.1.3 小节中找到更多关于 DirectIpc 和 Mailbox 的配置说明。

【步骤 4】RTA-OS 在 TI-SCI 模式下启动，来快速响应其他域通过 TI-SCI 的初始化请求（图 6-2）。

信息：当其他域的远端核通过 Ipc announcement 通知 MCU 域其通过 TI-SCI 的初始化完成后，MCU 域的 RTA-OS 将重启进入 AUTOSAR 应用模式。

(2) OS AUTOSAR 应用模式

【步骤 1】略。

【步骤 2】略。

【步骤 3】为跨域通信进行 MCU 域 Router 以及 DirectIpc 初始化（图 6-3）。

信息：用户可以在 6.1.3 小节中找到更多关于 DirectIpc 和 mailbox 的配置说明。

【步骤 4】RTA-OS 启动 AUTOSAR 应用模式。在该模式下可以通过 Cdd_IpcApp_Announce 消息继续接收和处理与其他域的远端核通信（图 6-3）。

信息：如果用户实际应用时不需要接收和处理其他域远端核的 Ipc announcement，则可以将 Ipc announcement 在 ISOLAR 的 Cdd_Ipc 配置中关闭来进一步提高启动速度。

6.1.2　TDA4 计算域的启动

BIP 在 TDA4 主域部署面向整车计算架构❶的 AUTOSAR 经典平台时，所有的 ARM R5F 核作为一个软件簇运行在 AUTOSAR 多核架构的同一个上下文中。

---

❶　参见前文 1.5.2 小节。

【步骤 1】略。

【步骤 2】略。

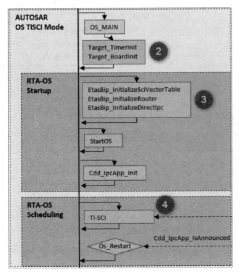

图 6-2　TDA4VM 实时安全域的启动　　图 6-3　TDA4VM 实时安全域的 OS 应用模式启动

【步骤 3-1】OS 主核：在 RTA-OS 通过 InitializeVectorTable() 初始化核的中断向量前和后分别保存与恢复 TDA4 Mailbox 邮箱中断的设置（图 6-4）。

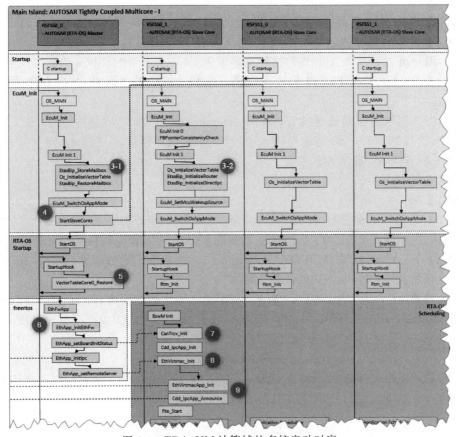

图 6-4　TDA4VM 计算域的多核启动时序

【步骤3-2】EcuM启动核：为跨域通信进行主域Router以及DirectIpc初始化（图6-4）。

信息：用户可以在6.1.3小节中找到更多关于DirectIpc和Mailbox的配置说明。

【步骤4】OS主核：RTA-OS从EcuM_SwitchOsAppMode()中调用StartSlaveCores()来启动从核（图6-4）。

【步骤5】OS主核：RTA-OS恢复freertos的中断向量表来将主核的运行权转交给freertos（图6-4）。

【步骤6】OS主核：运行freertos并初始化EthFwApp以及与R5FSS0_0和R5FSS0_1的Ipc通信（图6-4）。

【步骤7】EcuM启动核：在R5FSS0_0完成board初始化后初始化CanTrcv CAN收发器（图6-4）。

信息：这一步只对基于TDA4VM开发板的应用开发有必要，因为开发板的R5FSS0_0和R5FSS0_1通过同一个I2C0外设通道来做IO扩展，存在硬件资源访问冲突。

【步骤8】EcuM启动核：EthVirtmac向实时安全域的R5FSS0_0请求TI-SCIRM服务（图6-4）。

【步骤9】EcuM启动核：通过Ipc通信通知实时安全域的R5FSS0_0完成基于TI-SCI的初始化（图6-4）。

6.1.3 异构核的域间通信

在TDA4的域间通信❶是建立在TI的硬件Mailbox的基础上，分别使用TI的Ipc以及ETAS的DirectIpc来实现的，如图6-5所示。

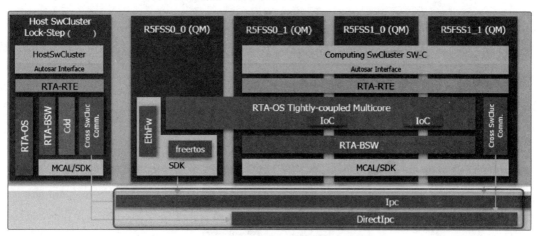

图6-5 TDA4VM异构核域间通信示例

通过部署Mailbox配置，用户可以更直观地配置TDA4的邮箱资源与部署AUTOSAR经典平台RTA-CAR。

然而在硬实时上下文中使用TDA4 R5F核，TI SDK原生的Virtio和Ipc不一定非常适用。因此可以开发一层与SDK独立的更薄更快的DirectIpc，进行可预期的静态分配邮箱以及中断路由。

---

❶ 对于计算域主域的R5F核间通信，则采用AUTOSAR IOC。

6.1.4 域间通信 Mailbox 与 DirectIpc 配置

无论是 Mailbox 还是 DirectIpc 的配置，用户都可以在 ISOLAR-B Ecu Navigator | BSW Modules 下来完成配置和代码生成。

(1) 配置 OS 的中断

对于接收 DirectIpc 消息的核，配置 R5F 核的中断参数（例如，ISR 类别，VIM 中断向量，中断优先级）。在下面示例中，希望主域 R5FSS0_1 核的中断服务程序 EtasBip_DirectIpcFromMCU_10 使用中断优先级 15 来通过 VIM 255 号中断接收 DirectIpc 消息，如图 6-6 所示。

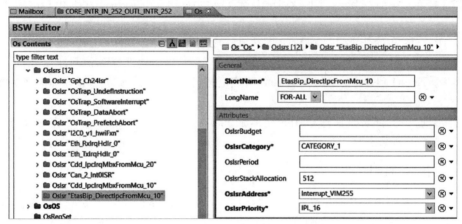

图 6-6　OS 的 DirectIpc 域间通信 Mailbox 中断配置

(2) 指派 OS 中断给 OsApplication

通过将 OS 中断服务程序指派给 OsApplication 来约定该中断服务程序由哪一个 R5F 核来处理。

在图 6-7 的示例中，OsApplication OsApp_SysCore 属于主域的 R5FSS0_1 核，因此通过将中断服务程序分配给 OsApp_SysCore，定义了由 R5FSS0_1 来处理中断 EtasBip_DirectIpcFromMCU_10。

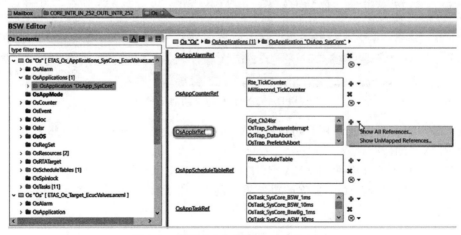

图 6-7　指派 OS 中断给 OsApplication

(3) 配置 Rtm 来监控 OS 中断的响应

BIP 集成了可以监控用户代码运行的 Rtm 模块。用户可以通过将中断服务程序 EtasBip_DirectIpcFromMCU_10 配置分配给 Rtm 的 ISR monitor list 来让 Rtm 监控该中断服务程序的运行信息（例如，WCET 最差执行时间），如图 6-8 所示。

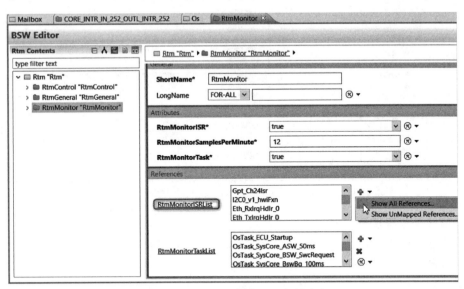

图 6-8　配置 Rtm 监控 OS 中断响应

(4) 连接 OS 中断与 Router 通道

创建连接 Mailbox 中断与 R5F 核 OS 中断的 router 通道。在图 6-9 的示例中，创建 router 通道 CORE_INTR_IN255_OUTL_INTR_255 来连接主域 R5FSS0_1 中断服务程序 EtasBip_DirectIpcFromMCU_10。

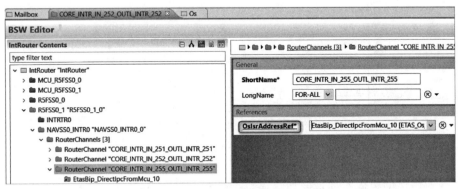

图 6-9　连接 OS 中断与 Router 通道

(5) 配置 DirectIpc 用户

打开 ISOLAR-B ECU Navigator | BSW Modules | Other Modules | Mailbox，用鼠标右键点击"DirectIpc"打开 DirectIpc 配置窗口来为 DirectIpc 添加一个 Mailbox 邮箱 Cluster 配置。

选择用于跨核（域）通信的 Mailbox Fifo，并指定 Fifo User，也就是指定哪个核将接收该 Mailbox 的消息。

在图 6-10 的示例中，配置主域 R5FSS0_1 接收来自 Mailbox Cluster 10 Fifo0 的消息。

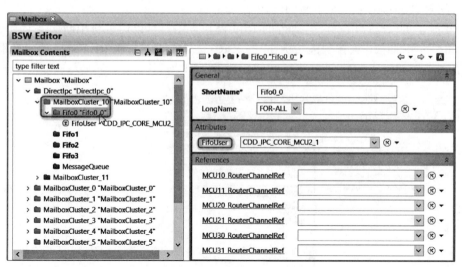

图 6-10　配置 DirectIpc 的 Mailbox 用户-CPU 核

(6) 连接处理器核与 Mailbox

该步骤的操作把前面创建的处理器核的 Router 通道与邮箱建立起连接，进一步将 Mailbox Fifo 的中断连接到处理器核的 OS 中断服务程序上。

在图 6-11 的示例中，配置 Mailbox Cluster 10 Fifo0 的消息通过 Router 通道 CORE_INTR_IN255_OUTL_INTR_255 发送给主域 R5FSS0_1。

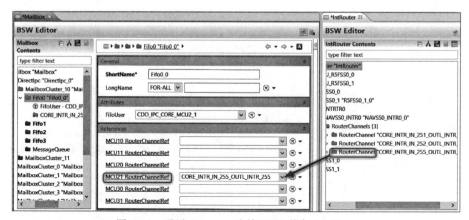

图 6-11　通过 Rounter 连接 CPU 核与 Mailbox

(7) 配置 Mailbox 消息的发送方

最后需要明确配置哪个处理器核将通过该邮箱来发送 DirectIpc 消息给接收处理器核。

在图 6-12 的示例中，配置 MCU 域 R5FSS0_0 通过 Mailbox Cluster 10 Fifo0 发送 DirectIpc 消息给主域 R5FSS0_1。

(8) 配置 Rtm 来监控 DirectIpc 消息的收发

BIP 集成了可以监控 Ipc 收发时间的 Rtm 模块。DirectIpc Mailbox 消息 MessageQueue_0 配置分配给 Rtm 的 DirecIpc 通道来让 Rtm 监控该消息的收发时间间隔，如图 6-13 所示。

6.1.5　域间通信 Mailbox 与 DirectIpc 生成

通过 BIP 提供的 Cobra 插件，用户可以生成 DirecIpc、Mailbox 邮箱、IntRouter 的配

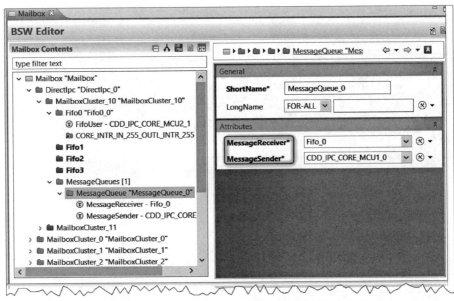

图 6-12　配置 DirectIpc 的 Mailbox 发送方

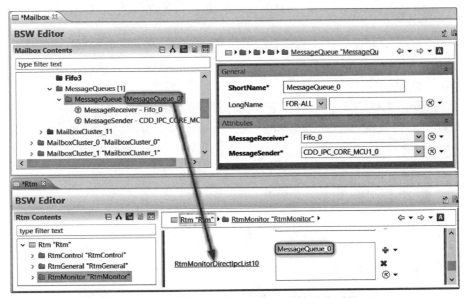

图 6-13　配置 Rtm 监控 DirectIpc 消息收发时间

置,来支持软件的持续集成。

安装并运行 Cobra_Extension：用户可以在工具栏 ISOLAR-AB | Run | External Tools | External Tools Configuration 中点击鼠标右键"Program"添加一个新配置,如图 6-14 所示。

如图 6-15 所示,按照步骤①~④设置 Cobra_Mcal-Importer 工具环境并单击"Run"运行。

运行 Cobra_Extension 插件,控制台打印成功信息并将配置代码生成到 BIP 路径［ProjectRoot］\BSW\src\cobra 下,如图 6-16 所示。

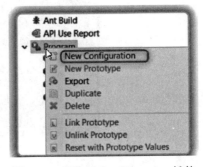

图 6-14　安装 Cobra Extension 插件

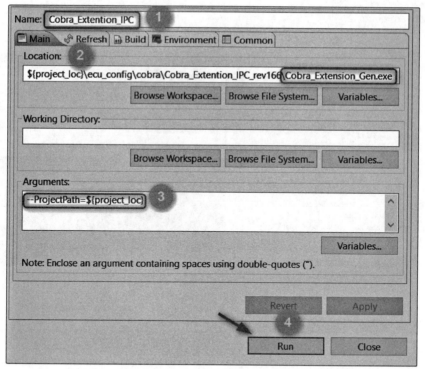

图 6-15 配置 Cobra Extension 插件

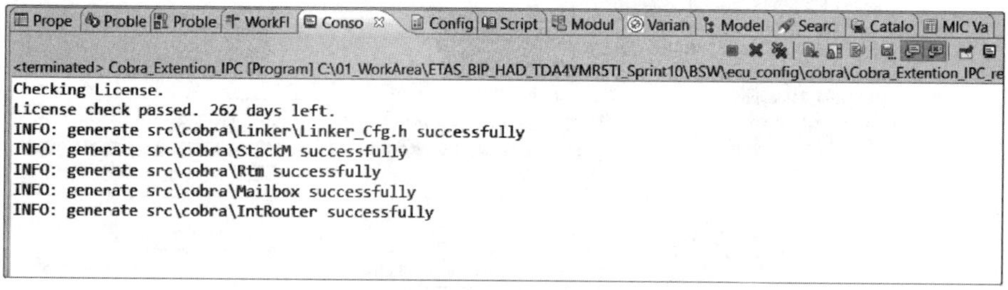

图 6-16 Cobra Extension 生成

如图 6-17 所示为 DirecIpc、Mailbox 邮箱、IntRouter 的配置生成。

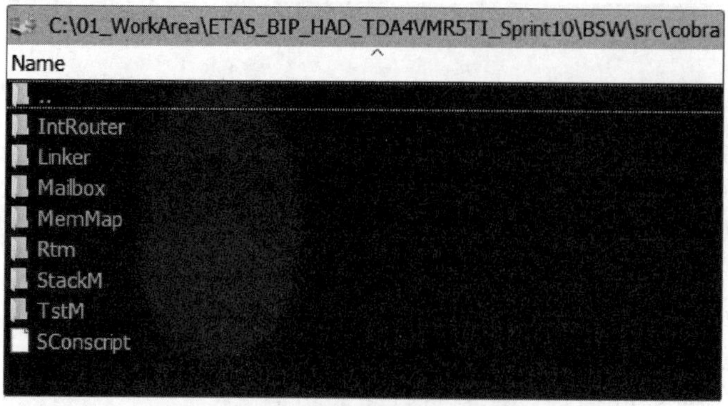

图 6-17 Cobra Extension 插件的代码生成

6.2 BSW 与 MCAL 代码集成

按照 AUTOSAR 分层体系结构，BSW 和 MCAL 之间是标准化接口，对于大多数标准化接口，大多数 MCAL 供应商都有直接与 BSW 集成的标准 API。

然而，仍有一些接口（例如，MCAL API 名称往往包含供应商 ID）需要用户一些"tinny"的封装来把 BSW 和 MCAL 集成起来。这时用户可以调整 BIP[ProjectRoot]\Integration\MCAL\api\[McalModule].h 中的 MCAL 标准化接口和配置定义，以适应 MCAL 供应商特定的 API 定义和配置。

6.2.1 EcuM-MCU

(1) 目标初始化

BIP 通过将 MCAL 集成头文件 [MCAL_Module]_Integration.h 包含到 [ProjectRoot]\BSW\src\integration\EcuM\user\EcuM_PBDefine.h，实现把 MCAL 模块集成到 EcuM Startup-I 初始化中，如图 6-18 所示。

```
#include "Mcu.h"
#include "Port.h"
#include "Dio.h"
#include "Gpt.h"
#include "Fls.h"
#include "Can.h"
#include "Wdg.h"
#include "MCAL_Integration.h"
```

图 6-18 EcuM 的 MCAL 初始化头文件集成

如果用户将 BIP 适配到新的目标处理器，用户应调整 MCAL 模块包含文件并将其添加到 Mcal_Integration.h 中，以适应 MCAL 特定的配置定义。

(2) 目标复位

BIP 已将 EcuM 复位接口 EcuM_AL_Reset() 与 MCAL 集成，提供标准化接口 MCU_PerformReset()，如图 6-19 所示。

```
void EcuM_AL_Reset( EcuM_ResetType reset )
{
/**
* @brief ETAS BIP Integration Guide: 6.2.1 EcuM-MCU Integration
* Customer Integration Required.
* Please see the integration guide section for further details.
*/
    EcuM_ResetType local_Var;
    local_Var = reset;
    switch (local_Var)
    {
        case ECUM_RESET_MCU:
            Mcu_PerformReset();     /* [$Satisfies $BIP_INTG_092] */
            break;
        case ECUM_RESET_IO:
            Mcu_PerformReset();     /* [$Satisfies $BIP_INTG_092] */
            break;
        default:
            break;
    }
}
```

图 6-19 EcuM 的 MCAL 复位 API 集成

若要更改 MCU 复位方法，可以通过更改 EcuM_AL_Reset() 实现。

6.2.2 CanIf-CAN

AUTOSAR 在 AR 4.0.3 和 AR 4.2.2 中对 CAN 模块 API CanIf_RxIndication() 的定义有所不同。ETAS RTA-BSW（NG）的 CanIf 模块定义了特定的编译宏来适配不同 AUTOSAR 规范版本的 API。

当用户集成指定的 MCAL 时，应在 [ProjectRoot]\BSW\src\integration\CanIf\integration\CanIf_Integration.h 中指定其 AUTOSAR 版本，让 CanIf 选择正确的 API。

```
/*
 * Set the MCAL minor release version here.
 * Example:
 * For AR 4.0.3, the minor version is 0U
 * For AR 4.2.2, the minor version is 2U
 * For AR 4.3.1, the minor version is 3U
 * Default is 2U for compliance with AR 4.2.2
 */
#define CANIF_RX_INDICATION_VERSION (2U)
```

6.2.3 Wdg-MCAL

AUTOSAR 定义中，Wdg 模块主要通过下面三个 API 与 WdgIf 做接口集成：
- Wdg_Init；
- Wdg_SetMode；
- Wdg_SetTriggerCondition。

MCAL 供应商通常使用带有供应商 ID 的 Wdg_[vendorId]_xxx API 提供这些服务。这时用户可以调整 BIP[ProjectRoot]\Integration\MCAL\api\Wdg_Integration.h 中的 MCAL 标准化接口和配置定义，以适应 MCAL 供应商特定的 API 定义和配置。

```
#define WDG_AR_RELEASE_MAJOR_VERSION    WDG_59_RWDT_AR_RELEASE_MAJOR_VERSION
#define WDG_AR_RELEASE_MINOR_VERSION    WDG_59_RWDT_AR_RELEASE_MINOR_VERSION
#define Wdg_SetTriggerCondition         Wdg_59_Rwdt_SetTriggerCondition
#define Wdg_SetMode                     Wdg_59_Rwdt_SetMode
```

6.2.4 Fee-Fls

ETSA BIP 使用 MCAL Fls 实现了非易失性存储器功能。为了加快读取速度，BIP 在函数 Fee_Fls_SyncRead() 中集成了通过内存复制从数据闪存读取同步数据的 Fee。使用它时，需要知道配置为 NVM 非易失性存储器功能的 data flash 的起始地址。

将 BIP 移植到新目标处理器时，用户应根据其 MCAL 配置的 Fls 基地址来调整定义在 [ProjectRoot]\Integration\MCAL\api\Fls.h 中的 FLS_BASE_ADDRESS，如下所示。

```
#define FLS_BASE_ADDRESS    0U    /* User Integration. */
```

6.3 BSW 与非 MCAL 代码集成

6.3.1 目标时钟

RTA-CAR 的基础软件 BSW 模块需要在运行时从系统获取实时计数器值来计算当前已经过的时间。

- WdgM：需要该计数值来做 deadline 监控。
- Xcp：需要该计数值来做运行时间测量。
- CanTp：CanTp 多包分段数据收发的定时。
- OS：OS 通过 OS_Cbk_GetStopWatch() 进行时间监控。

BIP 在 ［ProjectRoot］\Integration\Target\Src\Target.c 中提供一个集成 API Target_GetSysTicks32Bits 来获取系统时间的实时计数值。

当用户将 BIP 适配到新的目标处理器时，用户应向 Target_GetSysTicks32Bits() 提供一个 32 位自由运行硬件计数器的值以协助 BSW 模块实现其定时功能。

理论上说，这个 32 位自由运行定时器的频率越接近 CPU 指令周期，那么操作系统的时间监控就会越精确。但是用户应慎重评估计数器在回绕之前可以累加的最长时间，这将是 WdgM deadline 监控的可测量 deadline 的最长时间间隔，例如：当计数器在 500MHz 处滴答作响时，被监控实体的最大可测量期限为 $2^{32} \times 2ns = 8.58s$。

6.3.2 EcuM 上下电

BIP 将 EcuM 下电配置为从步骤（1）到步骤（3）执行的三个阶段。

（1）EcuM_OnGooffOne

在 OS 调度停止前的下电阶段 I，BIP 使用三步配置来执行 EcuM_OnGoOffOne。

- EcuM_GoOffOne：调用 RTE_Stop() 停止 OS 调度并执行 Dem_Shutdown()。
- De-initialize BswM。
- De-initialize SchM。
- ShutdownOS：调用 ShutdownOS，OS 停止调度和对外设 ISR 的响应。

（2）EcuM_OnGoOffTwo

在 OS 调度停止后的下电阶段 II，BIP 使用三步配置来执行 EcuM_OnGoOffTwo。

- TstM_PostRun：处理下电测试流程。
- NvM_WriteAll：处理非易失性数据下电存储。
- ExeMgr_ExecuteShutdown：由用户在 ExeMgr_ExecuteShutdown() 中实现特定于项目的 SWC 级关闭处理。

（3）EcuM_AL_Reset/EcuM_AL_SwitchOff

下电执行的阶段 III，BIP 通过 ［ProjectRoot］\Integration\ECU\StartupShutdown\src\Ecu.c 中的集成函数 Ecu_SwitchOff() 集成 EcuM_AL_SwitchOff 的功能。用户应在 Ecu_SwitchOff() 中实施关闭策略（例如，通过 SPI 控制 SBC 完成下电操作），并不再从 Ecu_SwitchOff() 返回到正常的软件执行。

6.4 Memory 存储分配

对于许多 ECU 和微控制器平台的软件集成环节，一个重要工作是能够将代码、变量和常量模块化映射到特定的内存区域，来达到：
- 避免浪费内存；
- 使用特定属性的 RAM；
- 使用特定属性的 ROM；
- 为引导加载程序和应用程序使用相同的模块源代码；
- 支持分区与存储保护。

存储分配一般要执行如下内容。
- 在连接文件中定义输出段。
  - 创建 memory segment。
  - 创建 sections。
- 创建 MemMap 头文件。
  - 文件结构。
  - 文件内容。
- 将代码、变量和常量通过 MemMap 映射到链接文件指定的存储区域。

6.4.1 AUTOSAR 的 Memory 抽象化

AUTOSAR 将以上方法抽象为 Memlay，并在 MemMap 的支持下加以管理。如图 6-20 所示为源文件和内存映射文件之间的连接结构。

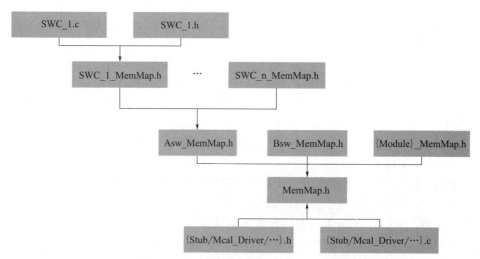

图 6-20 源文件和内存映射文件之间的连接结构

然而在 AUTOSAR 经典平台代码中，会有上千个源代码文件需要按其存储区域编译连接、存储和加载。同时在 AUTOSAR 经典平台的持续开发与集成中，随着应用、信号的变化与增加，RTE 的变量和代码会需要持续更新。这样使得 AUTOSAR 的 memory 存储分配被放大成一个工作量庞杂又极易出错的环节。任何一个微小但是极易忽视的书写错误都可能因在有限的测试手段中不能被及时发现而带来高昂的后期维护成本。

6.4.2 Memory 存储分配的持续集成

为此 BIP 开发了 Cobra 插件，用于在整个项目的配置、集成迭代过程中根据用户配置来自动生成 MemMap 和链接文件，如图 6-21 所示。

- [SWC]_MemMap.h：Cobr 根据 BIP 分区为软件组件 SWC 生成 MemMap。
- RTE_MemMap.h：Cobra 根据 BIP 分区为 RTE 代码生成 MemMap。
- BSW_MemMap.h：Cobra 根据 BIP 分区生成 BSW 模块 MemMap。
- OS_MemMap.h：Cobra 根据 BIP 分区生成 OS 模块 MemMap。
- MemMap.h：Cobra 为整套软件生成带有编译器抽象的 MemMap。
- [EcucPartitionName] 链接文件：BIP 各软件模块的链接文件。

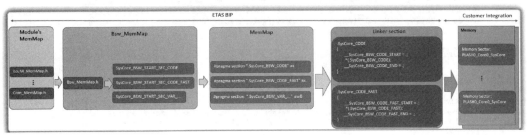

图 6-21　BIP 内存映射和链接

6.4.3 安装并运行 Cobra MemMap

用户通过工具栏 ISOLAR-AB | Run | External Tools | External Tools Configuration，点击鼠标右键"Program"添加一个新的配置，如图 6-22 所示。

如图 6-23 所示，按照步骤①～④设置 Cobra_MemMap 工具环境并单击"Run"运行。

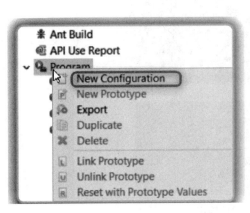

图 6-22　安装 Cobra MemMap 插件

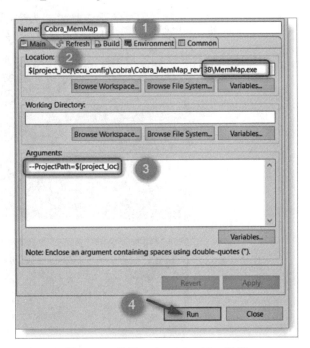

图 6-23　配置 Cobra MemMap 插件

运行 Cobra_MemMap 插件后，控制台会打印成功信息以及在项目路径 [ProjectRoot]\BSW\src\cobra\MemMap 下生成的一组 MemMap。

提示：在控制台窗口中，询问是否要生成 SWCs MemMap。输入 "Y"，然后按 "Enter" 键，如图 6-24 所示。

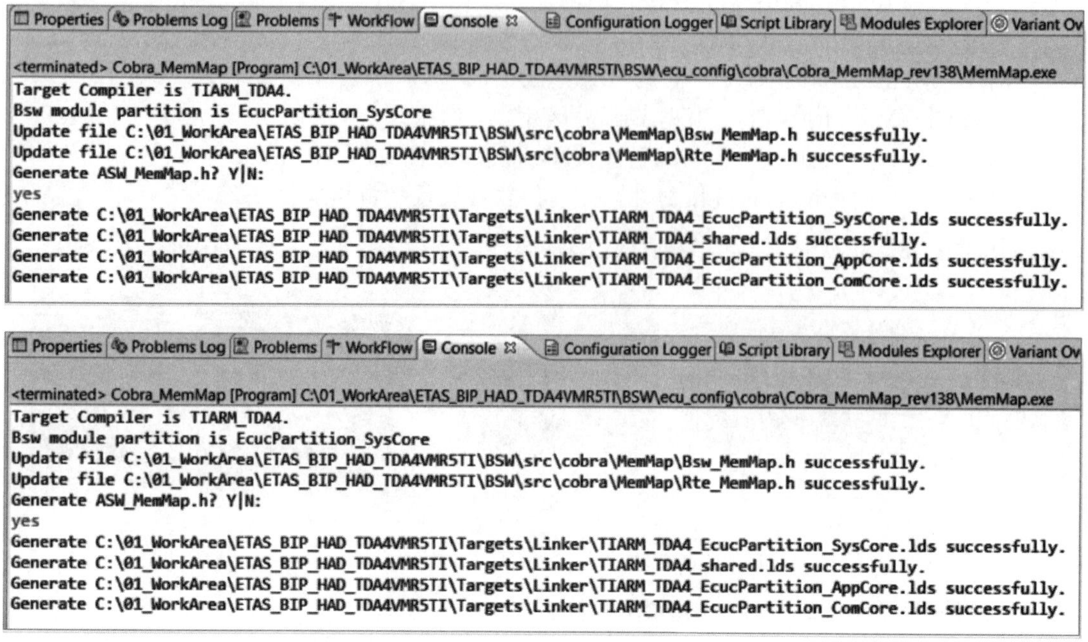

图 6-24　Cobra MemMap 生成

插件 Cobra MemMap 输出如图 6-25 所示。

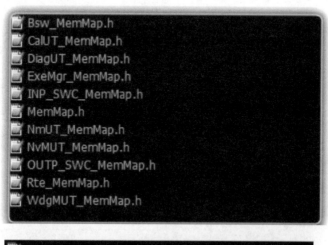

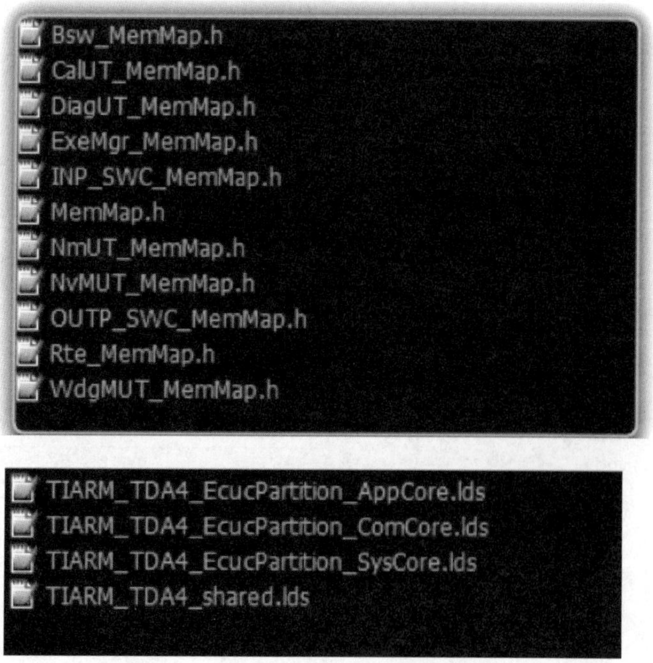

图 6-25　Cobra MemMap 插件输出

6.5 编译环境适配

6.5.1 更改编译选项

BIP 的 build 环境包含一组编译器和链接器选项设置。如果用户需要适配不同的编译环境,可以使用记事本打开［ProjectRoot］\settings.py,通过 ComPILER_FLAGS、ASSEMBLER_FLAGS 和 LINKER_FLAGS 更改 build 选项。

6.5.2 添加编译代码

如果将源代码添加到 BIP 现有源文件的文件夹中,那么新增加的源代码可以直接参与编译。

如果在 BIP 文件的文件夹下创建子文件夹,则需要在创建的子文件夹的同级放置一个 SConscript 文件(可以从其他文件夹复制 SConscript 文件,并将其放置在创建的子文件夹的同一级)。

6.5.3 适配新的目标处理器

如果用户要将 BIP 适配新的目标处理器并集成目标处理器的 MCAL 驱动代码,则应更改如表 6-1 所示的 Targets/MCAL 目录下的相关文件。

表 6-1 适配到新硬件

文件夹	子文件夹	描述	目的
Targets	Linker	Linker 控制文件	用户可以根据项目需要更改 linker 文件
	MCAL\config	MCAL 配置文件	用户可以根据项目需要配置 MCAL
	MCAL\gen	MCAL 配置代码	用户可以生成 MCAL 配置代码到此文件夹
	MCAL\modules	MCAL 静态代码	用户可以使用新的 MCAL 替换 MCAL 静态代码
Integration	MCAL\MemMap	MCAL 模块 MemMap 文件	用户可以使用新的 MCA MemMap
	MCAL\SchM	MCAL 模块 SchM	用户可以使用新的 MCAL SchM
	MCAL\api	MCAL 集成头文件	用户可放置 MCAL 软件集成头文件
	MCAL\src	MCAL 集成源文件	用户可以放置 MCAL 软件集成源文件
	Target\api	目标集成头文件	用户可以放置与芯片相关的集成头文件
	Target\src	目标集成源文件	用户可以放置与芯片相关的集成源文件

6.5.4 适配新的编译器

如果用户将 BIP build 环境适配到新的编译器,用户应更改以下编译器相关文件和脚本。

① 适配编译器有关的代码文件:要将 BIP 编译环境适配到新的编译器,用户应更改如表 6-2 所示的与编译器相关的文件。

表 6-2 适配编译器相关代码文件

文件夹	子文件夹	描述
BSW	src\integration\integration	在 Compiler.h 中更改编译器抽象
		在 Compiler_Cfg.h 中更改内存和指针类

续表

文件夹	子文件夹	描述
BSW	src\cobra\MemMap	在 MemMap.h 中更改 section 编译器抽象
Integration	Target\src	更改启动代码
Target	Linker	更改 Linker 文件语法和选项

② 编译器相关脚本：要将 BIP 编译环境适配到新编译器，用户应更改如表 6-3 所示编译器相关脚本。

表 6-3 适配编译器相关脚本

文件	参数	描述
settings.py	PROJ_NAME	设置项目名称
	ComPILER_CHOICE	选择在 settings.py 中预定义的编译器名称。例如，如果使用 tasking 编译器，请将其设置为"TASKING"
	ComPILER_TOOL	编译器名称，它必须与位于[ProjectRoot]\site_tools 中的文件名匹配
	ComPILER_ROOT	设置编译器可执行位置
	CPU_TARGET	设置在这个项目中使用哪个 CPU
	CPU_USED	设置在这个项目中使用哪个 CPU
	ComPILER_FLAGS	设置编译器的属性，需要根据 RTA-OS 目标提供的特定 RTA-OS Port 指南中 6.2 节进行修改
	ASSEMBLER_FLAGS	设置汇编器的属性，需要根据 RTA-OS 的 Target 提供的具体 RTA-OS Port 指南中 6.2 节进行修改
	LINKER_FLAGS	设置 Linker 的属性，需要根据 RTA-OS 的 Target 提供的特定 RTA-OS Port 指南中 6.2 节进行修改
	LINKER_FILE	在项目中设置主 Linker 文件
SConstruct	[xxx]_path	指定编译的源代码文件夹/子文件夹
	[xxx]_build_dir	指定子系统的编译输出目录
	objects +=	编译每个子系统的 SConscript 文件并收集所有对象
[ProjectRoot]\site_scons\site_tools*.py	N.A.	用编译器 scons 脚本来编译 BIP

6.6 要点回顾

在 Soc 芯片基于 AUTOSAR 架构的软件持续开发与部署过程中，AUTOSAR 核的应用作为整个 Soc 软件系统的一个"子过程"，需要在整个 Soc 的软件加载、核的启动、唤醒、外设资源的初始化以及应用管理中加以统一设计。

这时，AUTOSAR 经典平台原生的架构往往需要更灵活的部署以适应 Soc 整体软件架构的设计。借助"软件簇"的模块化部署方法，进一步降低簇与簇之间的耦合性，增强设计与部署灵活性。